成為池上

MAKING CHIHSHANG

—地方的可能性—

黃宣衛——著

目錄

自序

生長在東台灣鄉間，從小就有機會接觸台灣原住民。在面對「異文化」的諸多好奇中，「為什麼那麼多原住民接受基督宗教」最是吸引我。因此，探討台灣原住民族一九五〇年代後大規模接納基督宗教的過程、動力、意義與影響，便成為我學術研究的起步。從一九八〇年發表了生平的第一篇論文〈傳統社會與西洋宗教：三個臺灣高山族的例子〉，到一九九五年完成的博士論文Religious Change and Continuity among the Ami of Taiwan，至今還在探索相關的問題。我的田野工作一開始是在花東地區的阿美族村落，後來擴及東台灣的撒奇萊雅族與漢人，甚至雲南的苗族，以便進行比較研究。

在多年的學術生涯中，如何讓自己的研究對社會有更直接的回饋，始終縈繞心頭。這樣的想法於二〇一三年間因借調花蓮的東華大學而落實。當時參與科技部「新世紀東臺灣的脈動——經濟生活、人文創新與社會培力」計畫，與校內二十多位不同學科背景的老師合作，以東台灣的秀姑巒溪流域為主要場域，目標是結合學術研究與社會實踐。這不但讓自己對東台灣有更深刻的了解，也開啟了學術生涯的另一扇門。

二〇一六年二月借調期滿，回到中研院民族所任職，但想進一步了解東台灣地方社會發展的念頭卻更為強烈。二〇一八年出版了《共築蓬萊新樂園：一群池上人的故事》一書，可說是這方面的初步成果。此書的一開頭我就說：「這本小書主要是回答自己心中的一個疑惑：為什麼池上會那麼有名？或者換個方式來說，我想去探索：池上為什麼會變成今天這個樣子？思考台灣地方社會的未來時，池上經驗有什麼意義？」我覺得當時並沒有達成目標，這本書即以前書為基礎，進一步蒐集資料而寫成。或許仍然不是很成功，但不論從歷史縱深、資料內容，還是論述方式，應該都可以看出我的努力。

池上的研究興趣始於一九九七年，此後即斷斷續續前往，也零星發表了一些成果，直到二〇一六年夏天起才有較長時間的停留。在那裡結識了許多朋友，大部分也成為我田野資料的報導人，其中有些人還被寫進本書中。將這些人納入書中並不是因為他們是我的朋友，而是因為他們的所作所為對池上的確有重要貢獻。儘管本書稱不上是「鄉公所」的研究，但為了取得相關資料，我的確多次麻煩公所內的許多同仁，包括張堯城鄉長、潘正寅祕書，以及研考、社會、民政與原住民部門的負責人。在池上也曾經有幾位工作上的夥伴，他們是簡淑瑩、徐麗鳳、姜慧珍與林淑月，對他們的貢獻由衷表示感謝。

除了從歷史的角度來探討池上，本書也採用並分析了不少地理方面的圖資，這淵源於二〇一九年與中央研究院人社中心地理資訊科學研究專題中心（GIS）的合作。當時我負責主持中研院客家文化研究計畫，選定以秀姑巒溪流域為調查範圍，計畫雖以「客家」為題，但基於同時關照區域研究與區域治理的目標，所關注的族群不只限於客家，而會觸及生活在秀姑巒溪流域的所有族群，所關懷的也不只限於社會文化，而會涉及與社會文化密切關連的物質條件。因此以「秀姑巒溪流域的族群、產業與地方社會：以客家為中心的調查研究」為主軸，邀請了十位不同學科背景的學者，在流域內不同的地區、進行不同主題的研究。當時有幸能邀請中研院GIS中心參與，提供計畫成員必要的資料與技術支援，並陸續建置了一個資料庫：秀姑巒溪流域百年歷史地圖（http://gissrv4.sinica.edu.tw/gis/xiuguluan-river.html）。本書中大多數圖資都從中取得，感謝中心副技師廖泫銘以及當時擔任專案經理的張智傑之協助。

中研院民族所是我長期服務的單位，也是研究經費的主要來源。十分感激此生有這樣的機遇在這裡工作，既能有薪水提供我穩定的生活，又有很棒的同事與學術環境，讓我專心從事喜歡的工作。我也很感謝科技部（以前的國科會）在經費上的多次補助，本書中許多資料便是執行科技部計畫時取得。特別值得一提的是，二〇一六至二〇一八年執行科技部專書寫作計畫、最後並沒有完成預定要寫的《地方社會的向心與離心：池上平原的多元宗教格局》一書。當時專書未完成的其中一個關鍵是，計畫執行期限結束時，我還不能很清楚地回答：「池上平原是個怎樣的地方社會？」特別是近二、三十年受到新自由主義影響下的池上地方社會。如今這本書完成了，對於當地的許多新興現象有更多的了解，我想是時候回頭撰寫當初的宗教專書了。

本書於二〇一九年開始撰寫，前前後後至少有五個版本。期間曾受邀在台灣大學人類學系、東華大學台灣文化學系、陽明交通大學客家學院、台東大學人文學院，以及中研院民族所與ＧＩＳ中心演講，獲得許多寶貴的回饋。多位學界朋友先後對書稿提供修改意見，十分感激，他們是：孟祥瀚、黃雯娟、劉鎮輝、林玉茹、詹素娟、丁仁傑、謝國雄，或許不能完全回應他們的提問，但我已經盡力而為。幾位助理在資料與編輯上的協助，也一併在此致謝：楊竣凱、鄭宜潔、梁芝瑄、顏煒禛。鄭依憶小姐在行政與研究上的諸多協助，感念在心。孫德齡小姐從二〇一八年起便在書寫方向、章節安排、文字修飾等方面催生本書，感謝她在這個過程中的貢獻。當然，任何疏失與錯誤，仍須由我獨力承擔。

最後，內人容貴長期辛苦持家，照顧我及兩個女兒長大成人，近年更跟著我四處走動，組成友人戲稱的「田野二人組」。我的研究成果中，有太多她的影子與貢獻。就把這本書獻給她吧！

導論

二〇〇二年初春，我走訪海岸山脈中的泰源盆地，友人山豬陪同前往，他老家就在那兒。我們從台東沿花東縱谷一路北上，經過台東的卑南、鹿野、關山與池上，再從花蓮的富里往東轉往目的地。

此行參訪幾個社造比較積極的村落。其中之一是鹿野的永安社區，居民包括閩南、客家與原住民，產業以鳳梨與茶葉為主，見到幾個熱心的年輕人在推動社區工作，讓我印象深刻。我們還走訪了池上的萬安社區，當地居民主要是客家人，但也有不少講閩南話的平埔族後裔，此地最引起我注意的是剛剛起步的有機稻米種植。當時，兩村的社造都做得有聲有色，但多年後的發展卻頗不相同。永安社區經過多年的努力，二〇一七年獲選為全台十大經典農村，是鹿野鄉最亮眼的明星社區。萬安社區除了自身的出色發展，更與鄰近各村攜手合作，將池上打造成一個閃亮的稻米之鄉。

途中我們也在幾個知名景點停留，特別是關山的親水公園。當時的關山鎮除了這個公園，還有規畫完善的自行車道，一年的觀光客超過一百萬人次，池上完全不能相提並論。二十年之後，情況卻整個翻轉。

根據池上鄉公所二〇一七年春節期間針對遊客做的隨機調查，[1]在可複選的情況下，遊客對池上印象最深刻的前三名景點分別是伯朗大道（占百分之二十八）、金城武樹（占百分之二十）與大坡池（占百分之十八）。前兩個景點都位於一望無際的水稻田間，若說這片無敵稻景是池上鄉的名片絕不為過。第三名的大坡池則是同時受到觀光客與本地人的喜愛，許多活動都選擇在這裡舉辦。

另一方面，根據台東縣政府的統計，同樣在二〇一七年，全縣全年遊客總人次超過七百七十萬，其中以池上的伯朗大道遊客最多，達到一百三十一萬多人次；其次為鄰近的鹿野高台，因為有熱氣球活動吸引人潮，遊客有一百零三萬多人次；第三名為老牌的知本溫泉，遊客數為七十二萬多人次；池上的大坡池風景區、東海岸的水往上流，以及三仙台風景區的遊客也都超過五十萬人次。[2]二〇一九年，全年遊客達到近八百三十萬，前五名依序為伯朗大道、知本溫泉、三仙台、水往上流、大坡池。[3]由此可見，池上儼然已成為台東熱門的觀光景點。

兩份資料說明了池上鄉的觀光榮景。究其原因，媒體的報導固然功不可沒，但池上地方社會自上個世紀末以來的嘗試和作為，更是讓池上今日成為台灣明星鄉鎮的重要因素。

「池上」成為一個品牌

一九九七年是池上觀光發展的重要起點。當年，伯朗咖啡於池上稻田間取景，廣告紅透半邊天，池上的名氣也因此上漲，「伯朗大道」的名稱開始出現。二〇〇四年，大坡池獲選為「台灣優良公園綠地案例優選獎」。這些都為池上的後續發展打下基礎，不過直到二〇〇九年台灣好基金會進駐，池上才真的一躍成為媒體焦點。在地方人士的協助下，鋼琴家陳冠宇一身白衣在田間演奏白色的鋼琴，美妙旋律在稻穗搖曳中流轉，相當吸引媒體注目，照片甚至被刊登在《時代》雜誌官網。這次成功的經驗，使得「秋收音樂會」成為池上每年「一期一會」的藝術展演。二〇一三年，「雲門舞集」應邀演出，將原本免費的活動改採門票制，演出場次也從一場改為週五、六、日連續三場，池上鄉民享有週五的免費鄉親場，外地遊客則必須透過付費機制參與，活動名稱由「秋收音樂會」改為「秋收稻穗藝術節」，從此奠定了此一活動的模式。從這一年起，每年的「秋收」活動，全鄉總動員，大人小孩輪流當志工，成為池上鄉年度盛事。

同樣在二〇一三年，長榮航空以伯朗大道附近的稻田為背景，請來國際巨星金城武拍攝廣告，影片中金城武休息飲茶的地點，成為觀光客打卡的景點，影片中的那棵茄苳樹被稱為「金城武樹」，金城武坐過的石椅也成了許多遊客來此取景的重點。從此，池上躍居台灣東部的明星景點，稻田的自然景觀加上藝文活動的池上意象，使得池上的觀光事業益發欣欣向榮。

池上的觀光產業何以如此蓬勃發展？是怎樣的外在力量與在地條件的接合（articulate）使得大坡池與無敵稻景成為引人注目的地景？這是本書有意探索的一部分。但筆者認為，稻米產業之於池上的重要性，以及當地人對於維持這片稻景的重視，是另一個更值得注意的面向。

池上便當[4]出名甚早，也使「池上」的名聲遠播，但實際跟大多數池上人產生關連的是稻米，也是稻米才真的讓池上鄉脫胎換骨，其中關鍵性的轉折是二〇〇五年池上米獲得全國第一張產地標章認證。這是全亞洲的第一張產地標章認證，除了使得池上鄉的稻農平均收入高於鄰近鄉鎮，至少還有兩方面的意義與影響。

首先，池上農民種植的稻米通常不繳公糧，一方面替國家省下鉅額的公帑，另一方面，在取得產地標章認證後，池上米更是直接進入市場競爭的第一線。稻米在台灣歷史上長期被國家定位為生計糧食經濟作物，戰後的不同時期，稻米的政策除了穩定社會秩序（特別是稻米保價收購的公糧政策確保了糧源與糧價穩定），公糧稻米外銷也為國家賺取可觀外匯。然而，台灣稻米長期大量外銷，嚴重影響了美國米的利益，台美雙方因此於一九八四年簽訂《中美食米外銷協定》，但此協定造成台灣的稻米嚴重滯銷，不但倉容不足，公糧基金也持續虧損至今。

收購公糧長期以來就是台灣農政爭論不休的議題。一方面，面對國人的飲食習慣改變，稻米的消耗量逐年減少，而且大多數稻農在政府保價收購的政策下，是採取重量不重質的方式以爭取更大的利益，讓保價收購下的米質欠佳更難賣到好價錢，造成基金不斷虧損。另一方面又有人主張，保價收購涉及農民生計與社會穩定，若貿然取消將使台灣的農村地景迅速改觀。面對前述困境，農糧單位於一九八四年開始實施稻田轉作計畫，隔年（一九八五）實行良質米產銷計畫。一方面消極減產，一方面則是提升米的品質，促進食米消費。政府一系列的稻米減產作業使得台灣水田面積不斷減少，而食米精緻化的推廣政策，先是在一九八〇年代，作為紓解稻米生產過剩的機制，到了一九九〇年代，則成為抗衡WTO國際稻米開放進口的戰略。

在此農業政策的脈絡下，東部縱谷農村被中央政府列為良質米的重點發展區域，而池上平原便是農糧署「良質米產銷計畫」的示範點之一，池上稻米產業因而得以欣欣向榮。尤其是二〇〇五年取得產地認證後，池上米成為一個品牌，有如脫胎換骨，益發朝重質不重量的方向發展，稻穀收購價遠高於公糧價。這不僅是面對WTO競爭的生存策略，使稻農、米商獲得較高的利潤，從中雖可看到市場機制的支配性，但同時也浮現打造稻米與池上地方新意象的機會，為後續發展的基礎與未來想像提供諸多可能。

其次，取得產地標章的稻米相當於獲得品質保證，可以賣到較高的價格，農民因而踴躍到鄉公所登記；鄉公所則以認證的規費收入為基礎，施行比其他鄉鎮更好的社會福利，逐漸形塑出「福利米鄉」的意象。舉例來說，二〇一六年初，鄉公所發給設籍的鄉民每人一張「池上米優惠卡」，持卡可以到鄉內三大碾米廠以八五折購買池上米，全年額度三十公斤，全部用完約可省下五百四十元。二〇一八年實施全台最高的婦女生育補助：每胎每人補助六萬元，若加上縣府生育補助，在池上鄉生育就有高達七到七點五萬的補助可領。鄉公所在鄉內第一示範公墓興建的納骨塔二館「池恩堂」於二〇二〇年十一月八日落成，為了鼓勵鄉民當志工，只要服務滿一千小時即成為榮譽志工，可以用半價購買塔位，百歲以上長者甚至可免費使用塔位。

另外，以二〇一八年為例，池上鄉每個月都有一項重點活動，如一般觀光客習稱的秋收音樂節、光雕音樂節，漢人民俗活動的元宵遶境與中元普渡，以及十月底的馬卡道平埔族夜祭、寒假期間的阿美族雙冬豐年祭、聖誕節踩街等，不但吸引觀光客的目光，也反映池上鄉對多元族群與多元文化、宗教的重視。

觀光與池上米的品牌，是今日池上展現的地方亮點，突顯出二十一世紀以來池上面臨的挑戰及持續不斷的嘗試與作為，而筆者認為這也是東台灣，乃至台灣社會面對未來挑戰可能的出路。

東台灣及其當前處境

池上鄉位在今日有如台灣後花園的東台灣，要了解池上，可以從東台灣及其當前處境著手。[5]

清代文獻中以「大山之後」、「山後」或「後山」指稱東台灣。但「後山」的語意本身即是以台灣島的西部平原為中心，且帶有漢人本位的立場，更藉由「番居」之地，將「後山」再現為一未開化的、次等的地域，並不是很恰當。日治中期出現的「東台灣」或「台灣東部」僅指縱谷和東海岸所組成的平地及丘陵地帶，日治後期和戰後的國府逐步調整行政區劃，始將中央山脈東側納入，不過另立「蕃地」或「山地鄉」區隔治理，且限制一般人士進出其間。隨著山地平地化政策之推展，在交通系統、生活機能、行政管理上，各山地鄉逐步整合，併入各縣轄境的功能區範圍之內。因而，愈到晚近，「大山之後」不僅僅是指花東縱谷和東海岸，也逐漸包含原本異質性甚高的廣大中央山脈東側。花蓮縣和台東縣整個轄境範圍，也就逐漸成了目前習稱的「台灣東部」、「花東地區」，或「東台灣」。

戰後東台灣的邊界，由早期的自然邊界取向，逐步轉為國家治理下的行政邊界取向。相對應的是，地方居民的生活經驗和研究者的知識建構上，均有類似的共識。以花蓮台東兩縣境為「台灣東部」或「東台灣」的範圍和邊界，成為多數人的認知，而這和政府推動區域計畫作為國家整體發展策略，也有相當的關連。

一九七〇年代之後，台灣歷經三次主要的空間尺度變化，花蓮縣和台東縣始終被歸類為「東部區域」，可見從國家空間治理的角度而言，由花蓮、台東兩縣所組成的台灣東部，一直都被視為是單獨的區域，必須單獨定位。[6] 再者，由於地理條件與早期歷史發展因素之影響，此區域原住民人口比例遠高於台灣其他地區，[7] 台灣所謂的「四大族群」在花東兩縣分布相當，[8]而且兩縣的縣長也長期由泛藍陣營者擔任，使得這兩縣的獨特性益發突顯。

花東地區歷經幾個時期的人口遷移，可分為移入與遷出兩種。就移入花東地區的人口而言，一八七四年的牡丹社事件，開啟了一八七五年清朝對東台灣「開山撫番」的政策，但在此之前，台灣西部受到影響的平埔各族群（例如池上的馬卡道）早已陸續東移。「開山撫番」政策除了有明顯的經濟利益和國家主權宣示考量，更大的影響莫過於國家與不同族群之間的戰役，[9]而導致的族群人口移動。一八九五年日本政府來到東台灣，直到一九四五年撤離，整個台灣仍處於農業時代，東海岸有漁業發展的誘因，吸引許多的閩南人和客家人來此務農、墾山、從商、捕魚。一九四九年國民政府撤退來台，一九五五年大陳島民來到台灣，為了安置軍民，台灣省公路局於一九五六年成立「橫貫公路工程總處」，負責建設中橫公路，行政院國軍退除役官兵輔導委員會於一九六五年先後在花東設立農場多處，大批外省人來到東台灣。一九八〇年台灣經濟轉型，外籍勞工的引進以及外籍配偶的嫁娶，不同背景的新住民也成了花東地區的新成員。另一方面，隨著台灣整體的經濟發展，一九八〇年以後大量不分族群的青壯年遷出東台灣，主要是為了尋找更好的工作機會或待遇。

不同歷史時期的人口遷移造成人口結構的改變，不僅影響日後政府行政體系設置的興革，更依此發展出了不同的經濟結構產業，以及相應的社群特色和人文面貌，再加上各種人為的作為與制度和政策規畫的影響，從而呈現獨特的東台灣區域性樣貌。

就現況而言，東台灣的人口自一九八〇年代後長期呈現負成長，高齡人口比例逐漸增加。自然環境的共通性則有地形變化大、平原相對狹小、河短溪湍急、夏季多颱風，以及為地震頻仍之地區，但陸域及海洋資源豐富且多元等特點。兩縣面臨的課題也很類似，例如：（一）缺乏充分的在地就業機會，青壯人口必須出外謀生，導致人口逐漸流失，人力資源的短缺又造成經濟活力低迷不張，形成惡性循環；（二）高齡人口（六十五歲以上）高於全台比例，然而符合高齡社會的公共設施及服務均感不足；（三）地形狹長且多變化，發展因此呈現小規模且分散為長軸之狀態，串連整合的困難度較高；（四）海陸資源均豐富，惟地理環境脆弱度高，開發與生態保育之間須建立平衡且健全的機制。

當然，政府對於東台灣的發展狀況並非視而不見。[10] 然而，當東台灣的各項資源分配、軟硬體建設與西部發展拉大的同時，隨著交通建設的擴展，花蓮與台北、台東與高屏的互動不斷增強，花蓮與台東兩地的互動反而十分微弱，此可由近年全台各地物流網絡強度得到證明。此一南北分向的外部連結，亦呈現東部台灣區域再結構化的新發展。若再將族群文化的因素，以及近年不同類型移入者[11] 的背景考慮進來，東台灣的內在差異性將更加明顯。

總的來說，東台灣雖因地理條件、歷史發展等因素而有若干共同面臨的問題，但內部差異仍然十分顯著。以小區域的發展而言，花蓮、台東兩縣的人口都有向兩端移動的趨勢，因此台東縣的人口集中在台東市附近，花蓮縣的人口則往花蓮市集中，其結果是兩縣內的人口密度落差甚大，以至於公共服務可及性低且成本過高，相對之下，位於縱谷中段的花蓮縣南端玉里鎮、富里鄉，以及台東縣北端的池上鄉、關山鎮，或者處於海岸山脈東側的豐濱、長濱、成功、東河各鄉鎮，面臨的社會問題也就更為險峻。

在這樣的背景下，環顧東台灣各鄉鎮，池上可謂獨樹一幟。不但池上便當、池上米名聞遐邇，在全球拚觀光的熱潮中，金城武樹、伯朗大道等名詞更是許多人都琅琅上口，讓鄰近鄉鎮眼紅不已。農產品的產地認證、觀光景點的形塑，這些都可以複製、學習，但要在產業、環保、社福等各方面都做到像池上目前的樣貌，恐怕並不容易。

近年來，許多有關池上的文獻偏向探討池上的成功經驗。有從社區營造出發，有從管理行銷出發，不一而足。關於池上成功經驗的解釋，不外乎以下幾點：有些強調池上的榮景來自外力的加持，例如農委會、文化部、客委會等公部門，以及台灣好基金會、長榮航空公司、樂賞音樂教育基金會等團體提供的經費，讓池上能夠不斷建設發展；有些強調農會、便當店等在地商業組織懂得行銷，讓池上的名聲得以遠播；有些強調池上的土壤、氣候、大坡池等因素，讓池上擁有得天獨厚的條件，非其他地方所能比擬。這些說法都言之成理，但仍不足以說明池上的特殊性。

池上不但發展成觀光熱門景點、擁有全台第一張產地認證，甚至還有讓很多鄉鎮羨慕不已的社會福利制度，這些都不是輕易可以做到的。進一步觀察可以發現，許多池上鄉內的施政與活動，固然也有來自上級機關與私人企業的贊助，但頗大的一部分來自鄉公所自身的財源。在此，我們看到地方政府——鄉公所——正以一種新的方式，成為地方與其他的政府資源及企業資本家資源的媒介，影響著地方社會的發展。

此外，一九九〇年代是重要的關鍵期，至少從一九九〇年代初期開始，池上就有一群熱愛鄉土的人士，出錢、出力共同為地方發展而努力。從玉清宮、保安宮、池上鄉福德宮聯合慶成祈安五朝清醮，到《池上鄉志》的編纂，以及大坡池的整治與池上米的認證，我們看到池上鄉民以相當積極的方式投入地方事務，一方面迎戰新自由主義經濟時代的來臨，另一方面以超越部落、社區的尺度，善用外來資源，從事社會改造的工作。筆者也發現，傳統漢人社會裡的共善與共好，至今仍然鮮活可見，也提供了一九九〇年代新引入的環保等觀念順利架接的基礎，在民間團體的主導下，成為新時代的共善共好形式，將大坡池由原來的強調觀光發展，改變為注重生態保育，進而有了一個國家級的生態濕地。

在這樣的脈絡下，池上鄉發展出以全鄉為範圍的池上米認證，並且以認證的規費收入為基礎，以福利米、生育補助等方式，將主要產業稻米的部分收益轉變成可以讓所有鄉民共享。這無疑是以地方社會為基礎，在特殊的制度與歷史條件下，發展出來的社會再分配，是一種社會創新。其中，社工出身、從台北來到池上鄉公所任職的張堯城是關鍵因素之一。

池上近三十年來的發展，可以從廣義的「社造」，也就是「社區總體營造」來解讀。一般人聽到「社區」一詞，多會聯想到傳統社會中的「鄰里」、「庄頭」、「村落」、「部落」，筆者認為，這侷限了「社造」二字的意涵，建議代之以「地方社會」，那麼「社造」就可以說成是「地方社會的營造」，這樣不但包括村落的層次，也可以含納更大的空間範圍，既不違反英文 community 的原意，更重要的是，如此較能解釋池上的案例，既面對不同空間尺度的地方社會發展，且可反思「社區總體營造」這二十幾年來的推行及未來可能。

民間動能、國家治理與池上社造路

歷經一九八〇年代的台灣社運風潮，一九九四年起政府推動的社區總體營造政策深深影響全台地方社會，池上也不例外。一九九〇年代中期之後，的確在鄉內的每個村子都陸續成立社區發展協會，也有幾個社區發展協會在社區總體營造方面有突出的表現，例如萬安、大埔、錦園等。但是，只從這些村落的社區總體營造，無法說明為什麼池上米的產地認證會推動成功、池上鄉公所為什麼會推出那麼多全鄉性的社會福利政策等問題。也就是說，光是觀察村落/社區層次的社造，不足以說明池上的特殊性，而要從更大的空間尺度來探討造成變遷的動力。

如果將「社造」定義為「地方社會營造」，這個研究的「地方社會」包括了兩個層次：村落/社區，以及整個池上地方社會。而若以「民間自主組成」且「關心公益」作為社造組織的標準，在池上鄉眾多的社造組織中，「池潭源流協進會」無疑是最重要的一個。這個團體於二〇〇〇年三月間成立，目標是關心生態環境日益惡化的大坡池。[12] 二〇〇三年起，協會開始介入池上米產地認證，因而產生許多後續效應，包括池上米收購價格節節升高、認證規費收入不斷增加、鄉公所有能力施行高於其他鄉鎮的社福政策等等。若追問為什麼二〇〇〇年時會有那麼多人願意加入協會，就必須了解這些人的環保生態觀念從何而來，才會有這樣的動力。原來，一九九〇年代的池上，除了以村落為單位的社造，救國團與社教站帶來的新觀念，以及將全鄉諸多社團串連起來的影響，也不容忽視。救國團池上團委會與池上社教工作站的巧妙結合，成功引進許多新觀念，包括環保生態觀念在內。而正是這兩股不同空間尺度的社造力量匯集在一起，才讓池上的發展有異於其他鄉鎮。

此處，「池上地方社會」有兩個不同意涵，一是疆界清楚的「池上鄉」，一是以生活圈為劃界概念、疆界較為模糊的池上，在某個意義上含括池上市街所服務的腹地，若從地理學的角度來看，則除了池上鄉的大多數村落，也包括海端鄉的一部分，例如廣原村的錦屏。換言之，除了村落層次的社造之外，還有另外一個層次的社造，問題在於這個層次的社造是以什麼為單位。目前來看，鄉公所已經把整個鄉當成一個再分配的單位，但這應該只是因為特殊地理條件，許多機遇聚合下的歷史發展結果，並不表示在社造過程中，參與者始終以「鄉」為營造單位。也就是說，從「池上地方社會」的發展來看，在不同歷史階段、透過不同方式，「池上」其實對不同人有不同的意涵，他們的地方感也不盡相同。

本書主題「成為池上」，就是以池上地方社會為探討範圍，透過觀察百餘年的歷史發展過程，討論民間動能如何與國家治理接合，共構出當前的池上，將池上鄉打造成一個閃亮的稻米之鄉。

觀察池上歷史，強韌的民間力量一直是推動地方發展的主要動能。當然，在這個過程中，諸如國際政治角力或是全球資本主義發展等島外力量，也在不斷地影響著地方社會。包括池上在內的東台灣，我們看到這些島外力量主要是透過國家來影響地方，換言之，不同時期的國家中介了國際政經因素，以不同的治理方式與政策對地方造成影響。因此筆者將從民間動能與國家治理兩個面向切入，梳理池上的長期歷史過程，特別關注一九九〇年代起這條社造路的萌芽與發展，剖析得以如此發展的條件與背景，以及其在當代的意義。

「民間動能」包括不同族群社會文化所衍生的動力，在不同政權治理及歷史條件下，我們可以看到不同的樣貌。以來自台灣西南部、最早定居池上的平埔族群與阿美族來說，主要目的是為了躲避漢人的侵擾，希望在當時尚無人居住的池上地區農耕漁獵，過著自給自足的生活，並免受國家的統治。以漢人來說，一直以來，家族是其基本社會單位，早期在官方招募移民的誘因下，白天替糖廠工作，晚間開闢自己的田園，就是為了能有可耕作的土地，以改善生活；等到自己在池上立足後，又會返鄉招募親人、同鄉前來。不過，限於歷史發展條件，宗族的發展在池上地區並不是那麼重要，雖然移居池上的恆春阿美族有氏族制度，池上客家人中也有居住在萬安魏家莊的魏家，以及街上信奉基督教著名的蔡家，都形成了家族人口鼎盛的局面，但距離華南地區的單姓村、宗族-祠堂-族長現象，仍有一段距離。也因此，不同親屬系統構成的聚落／部落／村落，在早期成為非常重要的社會單元，因為具有集體防衛、經濟互助等重要功能，呈現在宗教方面則形成單一的祭祀單位。然而，各個族群在各自親屬與經濟發展的脈絡下，其政治與宗教發展也大相逕庭，而且這樣的民間動能不只限於池上，可能來自於更遙遠的地方。

平埔族群與阿美族到池上沒過多久，清政府便來此駐軍、屯田，漢人紛紛移入，池上的平埔族群與阿美族終究跟台灣其他地區的原住民一樣，不得不被納入國家的治理之下。清政府把台灣割讓給日本，意味當代國家治理的開端，原本相對鬆弛的治理形態轉變為越來越嚴密的官僚統治。日治時代建立的戶政、地政、警察官吏等制度，到了中華民國統治之後並沒有太大的轉變，儘管一九五〇年代之後實施地方自治，以投票選舉方式推出地方首長與民意代表，但威權統治的本質一直要到一九八七年台灣解嚴之後才有轉變。一九九〇年代台灣進入真正的民主時代，社會開始轉型，衝擊原有的黨國威權體制。此時，社造成為政府重要政策之一，也在各地影響深遠，池上亦不例外，甚至發展出自己相當特殊的一條路。

除了政治體制，國家的產業經濟政策也深深影響地方社會。以池上來說，早期清政府的駐軍、屯田、土地丈量、清賦等政策，多少影響東台灣的土地使用制度與人口遷徙，日治時期的產業政策與人口政策更是影響深遠。日治早期意圖以地廣人稀的台灣東部作為日本人口過剩問題的解決方案，包括移民、殖產興業等都是在此前提下進行的政策。日治後期，尤其是二次世界大戰期間，在東台灣發展軍需工業與農業，也都對此地造成重大影響。

中華民國政府統治之後，利用池上地區廣大的「國有土地」，將日本人留下的土地交由台灣糖業公司、土地銀行、行政院退輔會管理，一方面充分呈現國家力量對地方的掌控，另一方面也使得民間企業無法壯大。而退休榮民的拓墾、國家透過三七五減租與耕者有其田等政策，讓家庭式農場在池上地區大為興盛。此後，配合水圳興築改善、化肥使用等農業推廣，稻米逐漸成為池上最重要的產業，也深受國家的各項糧食政策左右。一九八〇年代，在農業（特別是稻米產業）前景不佳的情況下，政府有意在東台灣發展工業與觀光業，並輔導稻米產業轉型。[13]

當然，國家治理並不限於政經層面，對池上而言還有兩方面的政策影響特別值得一提，其一是族群政策。一九八七年台灣解嚴之前，官方政策基本上都是採取「同化原則」。換言之，基於統治的需求，會希望將國民均質化，因此日治時期「內地化」、「皇民化」是語言、宗教等政策的方向，至於在國民黨統治下，「漢化」是一個目標，因此有了「國語運動」、「山地平地化運動」等等。這樣的趨勢到了一九九〇年代之後才有所轉變，原住民族委員會與客家事務委員會的成立，以及強調四大族群、五大族群，反而成為新的發展方向。

其二，台灣在全球化的脈絡下與世界資本主義的連結日益緊密，尤其二〇〇二年加入WTO之後更加明顯。在新自由主義的發展中，國家逐漸退位，將其原有的責任交由世界組織、NGO組織與地方社會。[14] 二〇〇九年普訊創業投資公司成立的台灣好基金會，便是在這樣的風潮下來到池上。更重要的是，二〇一〇年行政院金管會發布了「上市上櫃公司企業社會責任實務守則」，明文規定了相關企業必須負擔相當程度的「社會責任」，因此類似以企業成立基金會、尋找「社會責任」對象的案例，在農村陸續開展。

本書試圖從地理條件切入，從長期的歷史過程探索池上的特殊性。而在地理條件與歷史發展累積的基礎上，池上從一九九〇年代初期開始即有一群熱愛鄉土的人士，以不同於鄰近鄉鎮的方式投入地方事務，一方面不斷面對新時代的新挑戰，另一方面以高於村落、社區的尺度，善用外來資源從事社造的工作。

研究過程、方法與各章重點

長期以來，台灣的人類學研究中，漢人研究與原住民研究相互區隔，鮮少有對話的機會，也很少有學者同時進行這兩個領域的研究，即使是在東台灣的研究脈絡中亦然。換言之，由於地理條件與歷史發展，東台灣具有族群多元、文化多元的區域特色，但此地區的漢人研究與原住民研究通常仍各行其是，鮮少有深刻的交流互動。[15] 筆者一九八〇年代即在東台灣的阿美族社會進行研究，雖然曾在奇美、僅那鹿角、宜灣、池上等地做過調查，但也是侷限於阿美族社會文化的探討。筆者認為這樣的研究方式所產生的限制相當明顯，亟待克服。

事實上，一九九七年間，筆者便曾以池上的大坡村為調查地點，與成功鎮的宜灣村進行比較，重點是阿美族社會文化的地域性差異，當時即發現池上阿美族與漢人的互動很頻繁，迥異於海岸地區的阿美族；也體悟到，要了解池上阿美族，研究視角最好放在更大的當地生活空間，也勢必無法迴避阿美族與其他人群的互動，包括當地的漢人社會。由於有這樣的理念，二〇一〇到二〇一三年間執行國科會計畫時，便試圖以池上鄉為研究範圍，進行全面性探討，希望以區域研究的眼光，將原住民研究與漢人研究同時兼顧，也因而有了之後一系列的調查報告與研究論文。[16]

二〇一六年，筆者以「地方社會的向心與離心：池上平原的多元宗教格局」為題，獲得科技部的三年獎助，目標是寫出一本有關的專書，一開始便聚焦於池上不同時期、不同人群的宗教現象，廣泛蒐集有關「族群」與宗教的資料。但基於人類學強調的整體觀，認為在理解宗教現象變遷的動能時，必然會涉及複雜的政治、經濟等因素，所以便往此方面探索，這一探索就欲罷不能，只好把宗教研究暫時擺在一邊。更重要的是，在這樣的研究過程中，筆者逐漸發現，池上鄉的發展與鄰近許多鄉鎮不同，不論在產業、環保、社福等方面都有許多值得關注之處，而其關鍵筆者認為與其蓬勃的民間團體有關，尤其是一九九〇年代初期的一些歷史機緣，深深影響池上的後來發展，所以透過幾個關鍵人物的故事，撰成《共築蓬萊新樂園：一群池上人的故事》一書，並於二〇一八年出版。[17] 本書即以二〇一八年這本書為基礎，進一步蒐集資料而寫成，但不論就歷史縱深、資料內容，還是論述方式，各方面都有很大差異。

除了文獻資料的蒐集與整理外，實地田野資料的蒐集與分析也扮演重要地位。更重要的是，筆者將以自己的社會／文化人類學訓練為基礎，來進行這個研究。在這樣的背景下，一開始設定的研究空間尺度便不是傳統人類學擅長的聚落或部落，而是以整個池上鄉（或池上地方社會）為研究對象，因為筆者認為這樣的研究單位最能同時掌握國家治理與民間動能，了解左右池上整體發展的結構性力量，以及其如何與民間動能接合。所以，儘管村落以及其下的家族等社會組織在全鄉發展過程中相當重要，但本書不會花太多篇幅討論，只有在關鍵之處才會略微觸及。

池上有跡可考的歷史只有百多年，全書將從近代人類在此定居開始探討，觀察截止時間原則上是二〇一九年底。全書分為五章，第一章標題是「池上這個地方」，一方面介紹池上的客觀地理環境，以及十九世紀中晚期開始，平埔族群與阿美族來到此地展開新生活的背景；接著討論清領、日治到戰後國家治理的脈絡，重點在於當今行政上獨立的池上鄉是如何發展而成；然後觀察鄉內的聚落分布與不同時期的地景變化。另一方面則從國家政策與產業發展的角度，觀察不同時期的外來人群，是在怎樣的動力下來到池上，亦即以一八三〇年代到一九八〇年代為敘述的主軸，除了介紹不同人群進入池上的時代背景，有兩個重點值得一提。其一是從親屬、政治、經濟、宗教等面向討論地方社會的樣貌，不僅因為這是社會／文化人類學重視的制度，更因這些面向都是當地人覺得日常生活中重要的環節，構成其社會價值中的重要成分。其次，早期池上人口以平埔族群與阿美族為主，日治中期以後漢人激增，到了一九三五年，池上的原漢比已經相當接近，二戰結束後漢人已在此地區占有絕對優勢。雖然在此後的池上歷史中，原住民的「幽微抵抗」仍不容忽視，甚至目前還是有百分之二十左右的人口是阿美族，但地方社會的後期發展由漢人主導卻是不爭的事實。因此書中有關宗教信仰方面會強調漢人宗教的祭祀圈、元宵遶境，有關社會價值方面也會比較偏向漢人，希望讀者諒察。

台灣解除戒嚴是一九八七年，在此之前，國家一直是採取一種「由上往下」的統治模式，威嚇性質濃厚，一九九〇年代之後，在解嚴的狀況下，地方社會有很不一樣的發展，而官方推動的「社造」工作，也在政治民主化的前提下，比較強調權力的「由下往上」性質。第二章「社造與地方社會」便是處理此一階段的變化。本章先探討這個階段的政府政策對地方社會的影響，接著以大坡池為例，除了從歷史過程看大坡池在國家治理與民間動能的互動下，如何逐漸改變，更重要的是介紹「池潭源流協進會」的現身背景。這個團體不但促成鄉公所放棄過度觀光導向的大坡池建設，轉朝生態保育方面發展，最後還誕生了一個國家級濕地，甚至也在後來池上米認證中扮演關鍵的角色。

進入二十一世紀，不論全台灣或是池上，社會性質都面臨巨大的轉變，接下來的三章即是討論這個階段池上的變化，而稻米與觀光產業無疑是最值得注意的面向。第三章以「稻米產業、無敵稻景與新自由主義」為題是想要強調：池上的稻農生活與稻景維護，並非單純田園牧歌式的農村生活延續，而是歷史過程中，當地糧商與稻農跟不同時期國家政策互動的結果，尤其是當代新自由主義興起之後，面臨WTO市場的競爭，地方人士必須攜手合作，與多方力量折衝、周旋，經過許多曲折的過程才能取得池上米認證，也才有許多後續發展的可能。

觀光是池上另一個重要產業，也是許多外地人對池上主要興趣與印象的來源。池上雖有大坡池這個天然美景，但對當地人而言，大坡池早期的商業價值是生產魚蝦、菱角等水產，一九七〇年代起更大規模將濕地開闢為水田。直到一九九〇年代，隨著政府推展觀光業，當地才在大坡池大興土木，試圖建立一個旅遊景點。在一九九九年九二一地震後，大坡池的建設從觀光轉向生態保育，而池上的觀光主軸也隨著稻米產業的興盛轉向稻景。台灣好基金會進入後，早在一九九七年就已小有名氣的伯朗大道更在二〇一四年引爆池上觀光的熱潮，成為東台灣最吸引觀光客的景點。但是，觀光業的發展，與稻米產業之間有合作也有競爭，如何協調、發展，乃成為二〇一四年之後鄉長的重責。第四章以「觀光、在地性與地方治理」為主題，除整理池上觀光產業發展的多方條件（例如各級政府機構建置與政策變遷），也觀察觀光業與稻米業的磨合過程，不同階段鄉長扮演的角色與作為，也是分析的重點。

第五章回答困擾筆者許久的一個問題：「以鄉為社造單位如何可能？」本章試圖從日治時期的疆域劃定切入，並以施添福對於「地域社會」空間形態的討論為基礎，分析在政治與經濟面向的作用下，池上如何逐漸形塑成一個有地方感的地方社會；接著以漢人宗教為主，分析另一層民間社會地方感形成的可能，這些以池上市街為中心的地方感，構成了一九八〇年代池上地方認同的基礎。一九九〇年代的社造時期就是在此基礎上，逐步完成大坡池整治、池上米認證等社造工程，以整個「池上鄉」為社造單位的範圍也越來越清晰。

結語的重點有三：重新定義「地方」、池上經驗可以複製嗎，以及想望地方未來發展。無須多做解釋，就交給讀者去發掘內容吧！

本書將儘量順著池上的地方發展脈絡敘述，考慮有些背景資料對於了解池上現象有幫助，乃以「插曲」的方式交代，以期不影響閱讀的連貫性。此外，人的重要性一直是筆者強調的，在適當的地方讓人物側寫以 BOX 的形式登場，藉由簡要的人物介紹，突顯他們與時代背景以及當時社會性質的關連。希望讀者喜歡這樣的安排。

第一章　池上這個地方

近代定居到疆域確定

花東兩縣的原住民中，除了中央山脈中的泰雅、布農、魯凱與排灣之外，平地以卑南族與阿美族為主，另外還有蘭嶼島上的達悟族。十七世紀時東台灣的原住民即有與外來文明接觸的紀錄。但從荷領時期到明鄭乃至清朝統治中期之前，台灣的國家統治皆以台灣西部為主，從一八六四（清同治三）年的《皇朝直省府廳州縣全圖．福建全圖》就可以看出，當時在土牛溝、番界等政策影響下，直到十九世紀中晚期，東台灣仍被視為化外之地，最早的人口紀錄出現在一八九三（清光緒十九）年，當時是六百八十八人。

池上鄉位於東台縱谷的中南段，東西寬約八點八公里，地形上屬於縱谷之一部分，西側是高峻寬廣的中央山脈，東側是高度稍低的海岸山脈，山脈與縱谷的走向大致平行，呈東北－西南方向。池上平原夾在兩大山脈之間，地形構造上是歐亞大陸板塊與菲律賓海板塊的縫合帶，由新武呂溪沖積扇、龍泉溪沖積扇、大坡溪沖積扇、錦園沖積扇、萬安溪沖積扇及富興河階共同組成，面積三十六點五二平方公里，東西最寬之處有六公里，是池上鄉地形主體，也是居民

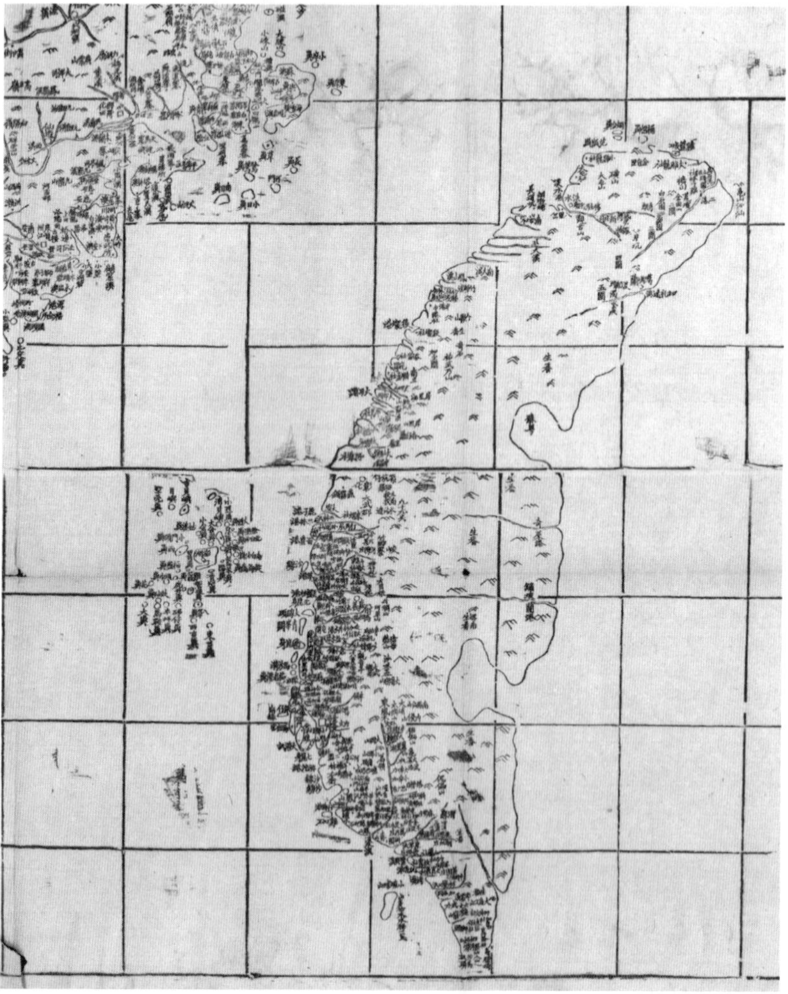

圖1-1：同治《皇朝直省府廳州縣全圖》福建全圖（局部）。

主要的生活空間。[1]

池上鄉及鄰近地區有一些史前遺址，[2]但有明確記載的人類活動始於清朝的道光、咸豐（一八二一～一八六一）年間。此地十七世紀荷領時期便與台東平原的卑南族有來往，清康熙時期更受到諭賞，聲勢更強直到十八世紀，當時池上原為「卑南覓七十二社」所控制的區域。[3]其間，卑南族在池上平原的活動主要是出草、狩獵，並無建社定居的紀錄。十九世紀初，布農族的巒、郡兩群，開始遷移到秀姑巒溪上游及池上平原西側新武呂溪流域山區定居，對池上平原的卑南族人造成威脅，卑南族的勢力才逐漸退出，境內族群結構遂起了變化。[4]

清道光、咸豐年間，西拉雅系平埔族人分別由北、中、南三種路線遷移來到池上，[5]因為當時池上是南方卑南族、北方阿美族與西方布農族三大勢力的緩衝地帶，其中新開園、萬安、水墜（今富興村）等庄落的先民，為西拉雅支族與大滿支族，而大坡庄的先民則為馬卡道支族。[6]稍後，約在清末同治、光緒之際（約一八七〇～一八八〇年間），屏東恆春一帶八瑤（Palidaw）的阿美族為了躲避盜匪的侵擾，經過不同的路程分別遷移來到池上，如林水一（Soel）的家族、禮弼（Tipir）的家族等等。初來池上的恆春阿美族與平埔族和平相處，但與山區布農族一度關係緊張。[7]根據現有資料，西拉雅系平埔族人與恆春系阿美族人乃構成早期定居池上的主要人群，直到目前仍是池上人口中的重要成員。

池上地區納入清政府版圖之初，行政上屬於卑南廳之下的南路卑南。當時政府的重點是駐軍與移民，並無太多的管轄事實。一八八七（光緒十三）年，台灣正式建省，重新劃分廳縣，巡撫劉銘傳主張東台灣改設「臺東直隸州」，顯示其對台灣東部的重視。次年，與西部地區同步實施「清賦」事業，又次年，將東部行政區原先的北中南三段，改為五鄉九堡，儘管這只是收稅區域，而不是正式的行政區或行政組織，但可見國家統治對東台灣的影響開始擴大。

清賦的目的是土地稅的徵收，首要工作是土地的丈量與登記，當時的東台灣留下《臺東直隸州丈量八筐冊》[8]。這份資料完成於一八八九年，目前的池上地區屬於「新鄉」管轄，以新開園（今池上錦園村）為中心，包括秀姑巒溪以南各庄，其下又轄新開園堡與璞石閣堡；「新開園堡」下有十個庄，其中番社四個、民庄兩個、一般民居兩個，共有水田六百八十九筆、面積一百零八點三八六二七八甲，以及水圳四條。[9]若剔除明顯應歸入奉鄉而誤置入的兩個村落，[10]新開園堡所轄街庄分散在目前玉里鎮、瑞穗鄉與富里鄉境，只有「新開園庄」位於目前池上鄉境內。但不論「新開園堡」還是「新開園庄」，都只是清代與池上有關的行政區域名稱，與目前的池上鄉境不一致，一直要到日治時期，池上才成為一個獨立的行政單位。

日本政府於一八九五（明治二十八）年起領有台灣，次年陸續控制台灣的北部、中部與南部，該年五月十六日組成討伐隊，從高雄搭艦於二十五日在寶桑（今台東）登陸。當時台東地區清軍只剩兩百餘人駐守池上一帶，由駐新開園之清軍副統領劉德杓率領。經過短暫交戰，日軍占領新開園陣地，劉軍向中央山脈撤退，劉德杓本人最後在雲林被俘、遣返中國。[11]日本政府正式展開其在東台灣的經略。

一八九七年，台東廳各鄉之下設區，管轄各庄社。此後陸續整併分合，一九〇五年設置新開園區，區長卓清和管轄新開園庄、大坡庄、大坡社與萬安庄，此為新開園單獨設置之始。一九〇九年十月，台灣治安逐漸穩定，為了配合產業發展的需要，將全台二十廳更改為十二廳。相對於西部的縣廳裁併，台東廳則劃出北部大半轄區，另設立花蓮港廳，原轄區除了直轄的十個區，另外下轄兩個支廳。直轄廳與支廳之下則包括街、庄和社，次年又因總督府實施官營日本移民政策，增設村。在這個階段，建立了「廳－支廳－區」的行政體系，區是官治單位，由有給職委任區長

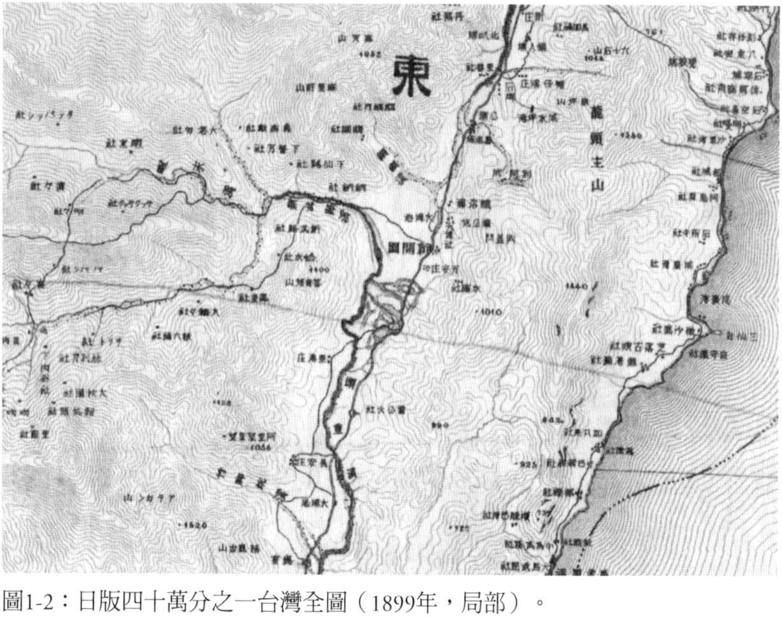

圖1-2：日版四十萬分之一台灣全圖（1899年，局部）。

為主官。一九一一年，因應日本移民到來，增設池上村。

要言之，日本領台初期，改清代的臺東直隸州為臺東支廳，歸台南縣管轄。戰亂因素，加上對東部了解有限，儘管行政區劃多次變動，但施政方式儘量依循舊習，只是隨著對東部的掌握越來越多，控制能力也越來越強。[12]

另一方面，日本政府也積極進行地籍調查與土地丈量，一九一四（大正三）年已清楚掌握池上、關山、鹿野一帶的空間範圍，依照聚落大小與人口多寡，將之區分成大字與小字。一九一五年在臺東廳之下增設里壠支廳，下轄三區，其中之一即是新開園區，其下又轄有萬安庄、新開園庄、大坡庄，以及池上村。當時的新開園

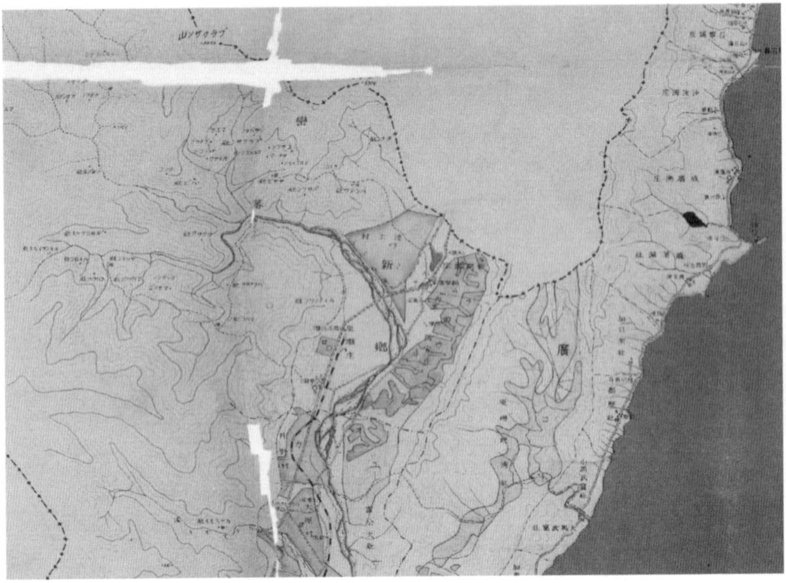

圖1-3：臺東廳管內圖（1920年，局部）。

區即大致等同今日之池上鄉範圍，只是名稱有些變化而已。

聚落分布與地景變化

如前所述，池上地區十七世紀時是獵場，十九世紀時是阿美族、布農族、卑南族三族的緩衝之地，在地理景觀上是無人定居的原野。清道光、咸豐年間，開始有西部平埔族群入墾，之後又有恆春的阿美族陸續來到大坡開墾。清「開山撫番」後，實施官招民墾與民招民墾，先後吸引「潮民」與前山墾民來開墾。入墾的平埔族熟悉水田稻作，因此在光緒初年就開鑿了新開園圳。這些不同族群的墾民在海岸山脈西側的緩坡與山腳階地形成大小聚落，山腳扇端開墾成田園，山坡地則是焚耕、狩獵、採集與取柴薪。[13]

開山撫番後，由於新開園庄有清軍駐守，此地成為當時南來北往的重要據點，也是當時池上平原最重要的人文活動中心。由日治初期測繪的《台灣堡圖》來看，池上開墾初期，聚落分布於海岸山脈的西側，由北而南依序是：大陂庄、新開園庄、萬安庄與水墜庄（見下頁圖1-4）。今日的大坡村，原名大陂，因位於大坡池畔而得名。新開園是池上最早開發的地區，因是新開園地而得名。日治時期，自一九〇五到一九三七年，池上一帶統稱為「新開園區」，也就是現今的錦園村，「錦園」是取錦繡美麗田園之意。[14]現在的萬安村，最早稱「萬安庄」，早年因樹木茂盛，而稱之為「樹林」，此地名見於清代，現今仍有不少人沿用，但不見於日治

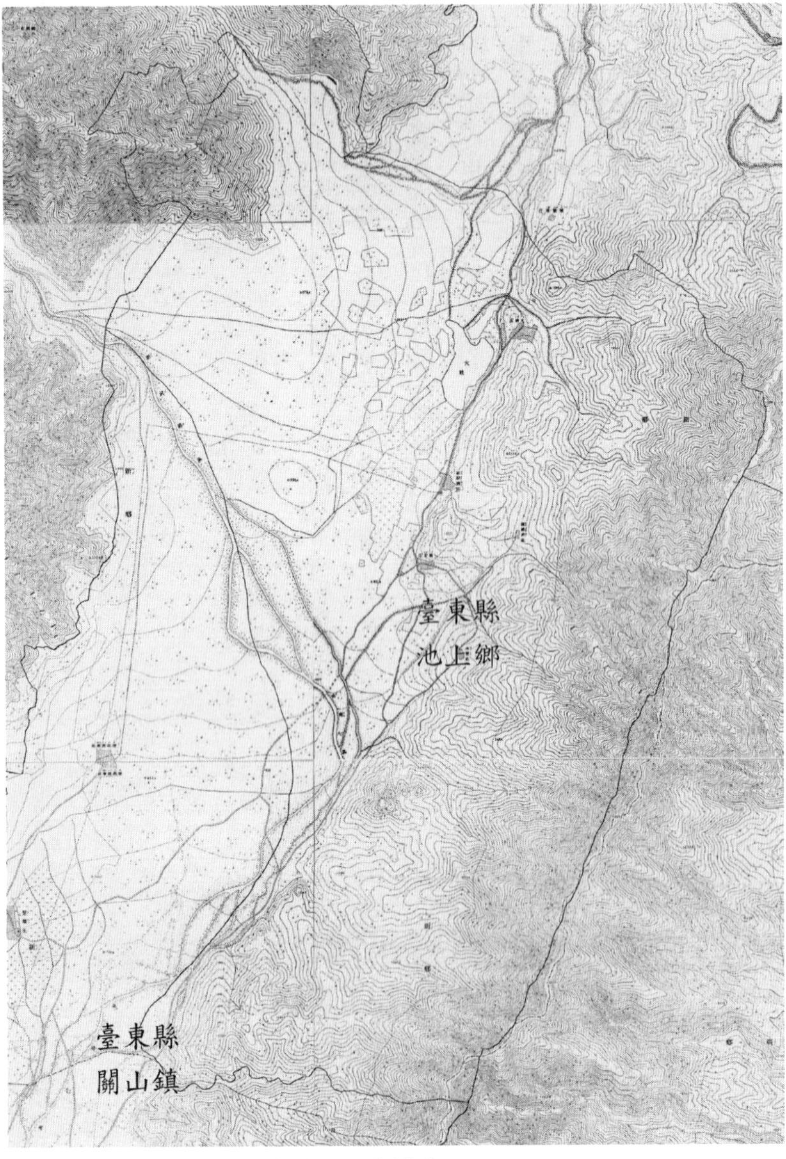

圖1-4：1904年二萬分之一台灣堡圖（局部）。

初期的地圖中。「水墜」在萬安之南，是「富興村」的舊名，一九五六年改用今名。過去居民在日常生活中利用水力來舂米，稱為「水墜仔」。

水田主要分布在大坡池南側，即是目前所謂「老田區」的主要範圍。旱田主要在大坡池北側，與水田一樣靠近海岸山脈，一方面應是躲避西側布農族的侵擾，另一方面是水源不便而尚未水田化。平原上仍有大片的荒地，提供了日本政府後來將之「國有化」的基礎。

日治時期，殖民政府基於政治和經濟目的的種種措施，改變了池上平原的景觀。一是理蕃事業的推行，隔離了布農族的勢力；二是移民村的設立與蔗糖事業的展開；三是東線鐵路的興築與通車；四是山坡地的熱帶作物栽培。

就農業景觀而言，水田遍布池上圳（新開園圳）以東的扇端地帶、大坡聚落的東側河谷與北側階地；旱田見於水墜、萬安東側山坡、萬朝與陸安。變化最大的是交通網絡。圖1-5中可以清楚看到一條鐵路貫穿池上平原，這是一九二六年全線通車的東線鐵路，池上往南的交通原本主要依靠新開園、萬安、水墜、雷公火，一路到台東的道路，鐵路通車後改變了這樣的態勢。火車站也建有道路連接到新開園與大坡，沿海岸山脈山腳往南原本就有道路到水墜，再往南則有小徑越過新武呂溪到里壠（今關山）。另外也有道路通往萬朝、陸安及移民池上村等地。池上火車站取代了清末軍營駐紮的新開園，成為池上平原的中心。[15]

此時聚落由東向西擴張，鐵路通車後，火車站附近聚落規模擴大，現今的福原村，在日治

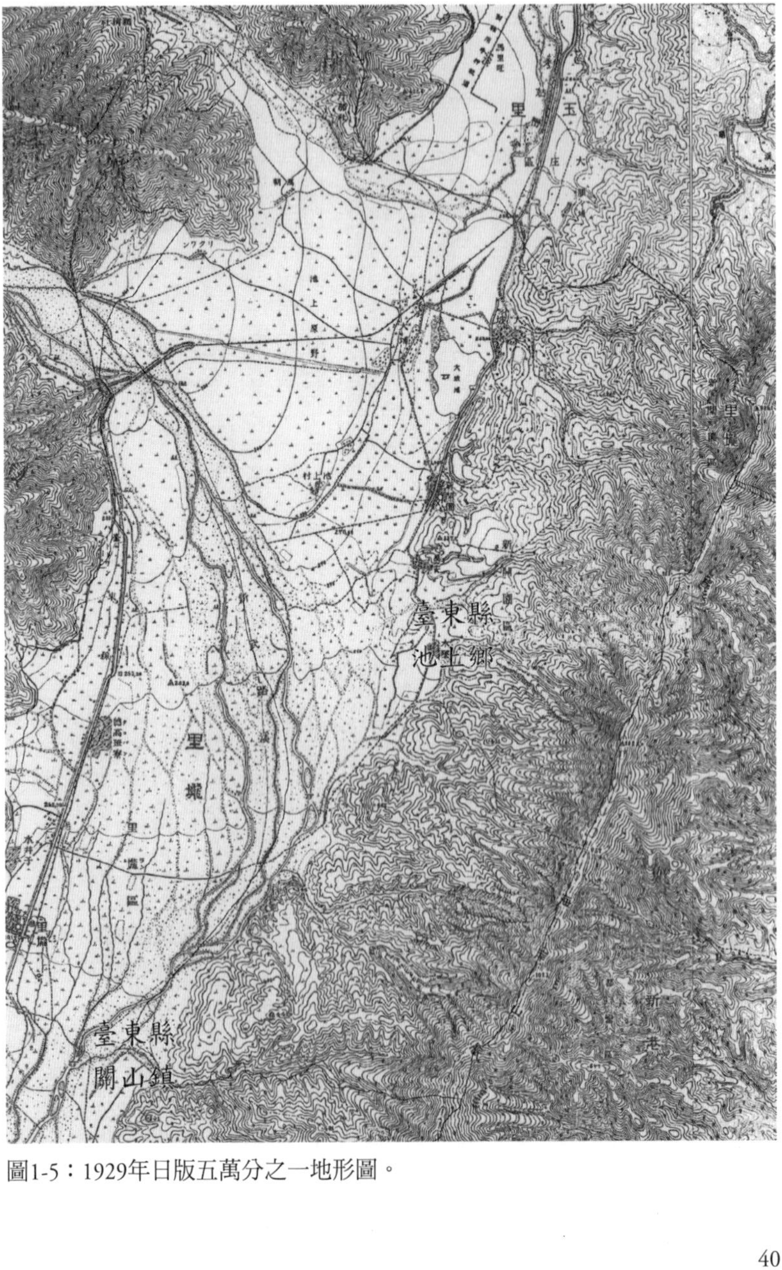

圖1-5：1929年日版五萬分之一地形圖。

時期屬於池上庄，閩南人稱為「車頭」，阿美族稱為Ciataw（音接近「甲道」），戰後改稱為「福原村」，至今仍是池上行政商業的中心。此外，聚落的數量也增加了，車站南邊的大埔由大坡阿美族人移住，部分人之後又再移到陸安；日本人的移民村位於新開園的正西方，在池上圳的外側，很接近新武呂溪溪畔；而本島人的閩客移民村則分布在萬朝溪沖積扇的南緣。[16]

池上平原不大，二戰結束初期透過自由移民與兵工開墾湧入大批人口，對池上造成十分巨大的影響。以池上的三大農場來說，台糖池上農場推動的甘蔗、鳳梨等種植，在屬於旱地的平原西側是重要產業，在一九八五年的地圖（圖1-6）中即呈現土地較之前已有效利用的地理景觀。台東農場則在開鑿池上大圳一號支線以及開闢鄰近荒地的水田化上，產生重要作用，農場為墾員設立的居住地點也成為醒目的地標。至於土地銀行則因代管海岸山脈山坡地，其直營的桑蠶農場或契作的農戶，對於山坡地的使用以及新聚落的形成都有其影響。

在農業景觀上，地圖上明顯呈現持續的開墾現象，例如池上大堤修建後，新武呂溪的河川新生地陸續有農民開墾。初期墾地面積不大，主要是在萬安溪兩側種植花生與甘藷等，後來東部土地開發處成立，[17]管理河川地時發現墾民以機械大規模開墾，於是納入管理。墾民要申請登記納租以取得合法的經營權，且規定每人限墾五公頃以下的土地。[18]而位於慶豐以北、學田以南的秀姑巒溪河川地，早期由土銀代管，一九六〇年代開始有零星墾耕，種植甘蔗、鳳梨、玉米、甘藷等，一九七〇年代全面水田化。[19]

在聚落方面，國防部陸續在一九七五年前後，興建東欣一邨、東欣二邨、東欣三邨、東欣四邨等房舍，安置台東農場的場員與眷戶，也在地圖上清晰可見。

隸屬於福文村的「萬朝」，清末稱「芒稠」，日治時稱「網綢」，係因日人以鐵線結「網」成「綢」狀，以防止布農族人的襲擊，因而得名。一九二四年，日本政府將電流鐵線網遷移到中央山脈的山腰後，將該地闢為馬蘭糖廠的萬早農場，以種植甘蔗為主，花生與旱稻次之。二戰結束後改名為「萬朝農場」，簡稱「萬朝」。山腳，因位於山腳下，故直稱為「山

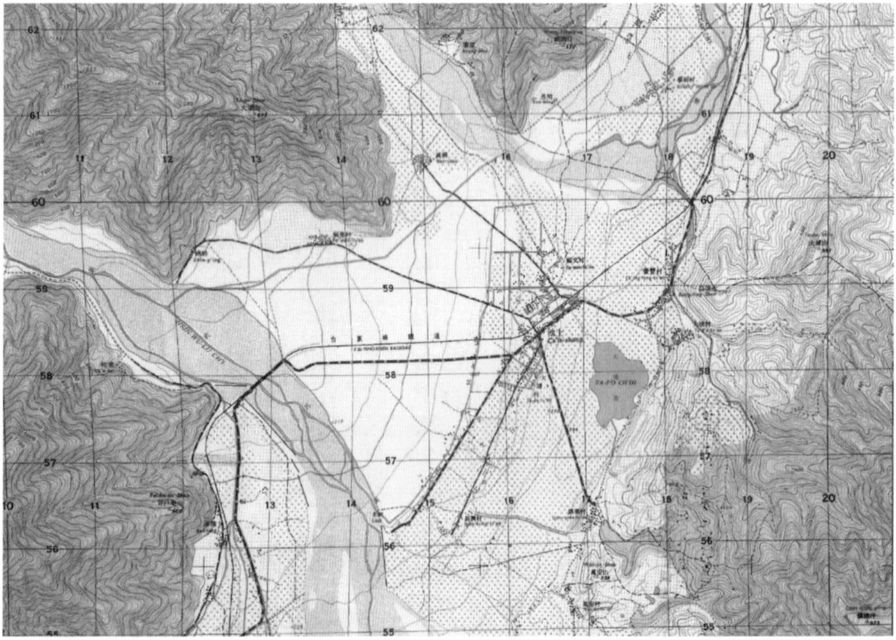

圖1-6：1985年二萬五千分之一經建版地形圖。

腳」，因最接近龍泉的布農族人，又被稱為「番仔尾」。

今日的慶豐村在清朝光緒末年已形成聚落，當時稱為大陂庄，與阿美族的大陂社相鄰。國民政府統治後，大坡庄與大坡社合併為「大坡村」，一九五〇年因人口增加，分為大坡、慶豐兩村，「慶豐」取農家年年慶豐年之意，此村居民以漢化平埔族人與客家人為主，水稻是主要產業。[20]

大埔村則包括與福原村相鄰的大埔聚落、池上第一公墓與陸安。大埔聚落原是阿美族的聚居地，屬於河床地，日治昭和期間依其自然環境命名，「埔」在阿美語意為大片未墾的肥沃地，因面積大，故稱「大埔」。[21] 一九三二年因人口增加，部分阿美族人到靠近中央山脈「藥山」南邊山腰下的荒涼地開墾，後來形成聚落，因此地可擋冬季的季風，故以阿美語稱之為「Lu-Gu-Ain」，意為溫和之地，音譯就成了「陸安」。陸安的居民以阿美族居多，基於族群的考量，行政上劃歸為大埔村，是大埔村的飛地。

位於海岸山脈西側，池上鄉最南端的村落是「振興村」，其與北邊的富興、萬安、錦園、大坡等村一樣，日治末期移入大批漢人，在熱帶栽培業種植期間已經有淺山的開發，之後因種植香茅、鳳梨等經濟作物，出現許多山間的散居、小聚落，例如大坡的南溪、北溪，錦園的嶺頂、鳳梨園，富興的保甲園、山棕寮、石公厝等，而其中最特別的就是振興村。振興原是富興村的一部分，一九六七年才新增為一個村，其中有幾個小地名，如泥水溪、大水湖、銅安

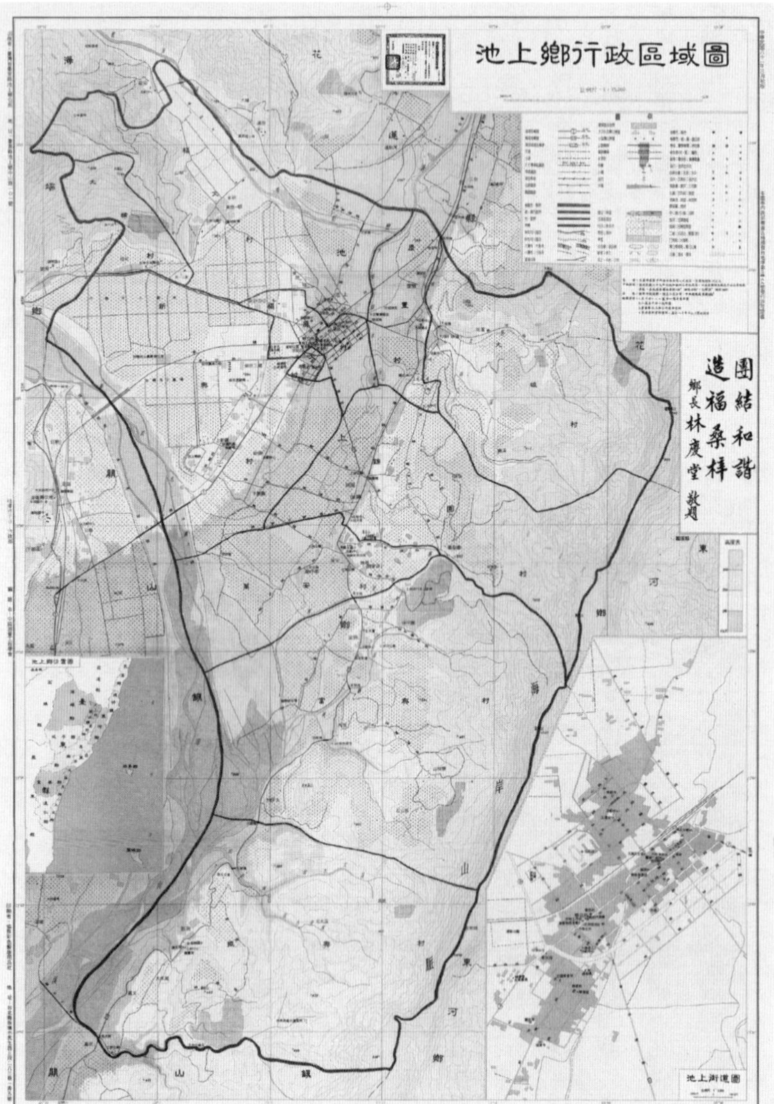

圖1-7：1992年池上鄉行政區域圖。

山、嘉文、嘉武等，這些都是戰後才出現的聚落，只是有些名稱出現在地圖中，有些則被忽略了。[22] 透過這三張地圖，可以大概掌握池上近百年的聚落分布與地景變化，一九八五年的地圖呈現地貌與一九九二年的地圖相近，迄今亦沒有太大的變化。

產業、國家政策與移民

整體而言，自清末以來，不論是早期「自由移民」的平埔族、阿美族，還是日治以來因會社招募而來的漢人移民，稻作一直是池上農民開墾的重心，平原地區如此，即使在山坡地上也會視情況修築水圳、種植水稻。甘藷則是早期重要的墾荒作物，也是一九七〇年代之前池上的次要作物，[23] 早期還有種大豆、花生等，但數量不多。經濟作物方面，一九六〇年代，錦園、萬安的丘陵地廣植香茅，一九七〇年代後因外銷行情下跌，且國際糖價高漲，漸漸被甘蔗取代；至於河川地就種植鳳梨，也是經濟作物取向，短期性質居多。[24] 隨著台灣走向工商業化，早期以農業為主的池上不再能留住人口，香茅、蔗糖、鳳梨等產業先後沒落，池上鄉人口在一九六九年達到歷史高峰的一萬六千一百九十三人，此後即逐漸下滑。然而，稻作始終是池上最重要的作物，尤其在一九八五年政府推行「良質米產銷計畫」後，水稻歷經各種衝擊仍是池上農作的核心，今日甚至成為池上鄉的象徵。總體而言，產業興衰關乎國家政策，亦會影響移民的動向。[25]

清領時期的移民實邊

一八三〇年之後，池上地區陸續有西拉雅支族、大滿亞族到新開園、萬安、水墜等地開墾定居；馬卡道族則到大坡墾地居住。一八七〇到一八八〇年間，恆春阿美族人為追尋更好的生活環境，輾轉來到大坡池畔居住。阿美族與平埔族在池上地區的生活領域重疊，彼此往來混居與通婚。

有研究指出，花東縱谷南段阿美族人的水稻種植技術，是在晚清時期向大庄平埔族人學來的。此時期不論是平埔族或是阿美族，墾地是為餬口，水稻是次要作物，另有種旱稻、薯、芋、小米……等，輔以狩獵與捕魚。[26]

一八七四年牡丹社事件以前，池上地區並無漢人入墾紀錄。事件之後，清廷施行「開山撫番」政策，一八七五年在卑南廳內設招墾局，招募中國大陸沿海及本島墾民，該年有熟番潘琴元募得農民六十人，承墾大坡附近的荒埔，之後又募得潮民兩千餘人來墾荒，然而成效不彰。一八七九年改為民招民墾。一八九三年，有墾首帶領前山墾民六十餘人開墾芒稠（今萬朝），仍是失敗。[27]

根據清末《臺東州采訪冊》的記載，當時池上鄉境內的主要聚落有二，其戶口數可參見下頁表1-1。儘管統計數字未必精確，但仍可看出當時有兩大人群集居處，且原住民（番）與漢人

（民）雜然相處。其中大陂庄推測即在今日的大坡村與慶豐村一帶，而新開園萬安庄就是目前的錦園村與萬安村，當時為清軍駐紮地。

一八九六年，台灣總督府派田代安定到東台灣踏查，留下珍貴的《臺東殖民地豫察報文》，有關池上一帶的人口資料可參見表1-2。表中的大陂庄亦見於胡傳的報告中，不過田代安定的調查中明白區分了平埔熟蕃與阿美蕃，這應是後來分成大陂庄與大陂社的基礎。《臺東殖

王明經（1866-1932）[28]

出生在池上的平埔族人，推測家族移入池上時間約在1830年代。當時池上仍是荒野一片，王明經的父母應該是來此拓荒的先驅，所以他算是移民的第二代。

因為家族早來池上開墾，到了王明經管家時，家中土地已經相當多。根據《鄉志》的記載：「王明經田園5、60甲，僱用的書記、拳師、長工、雜役苦力等人數眾多，吃飯時須席開10桌。」由此可見其家產的豐厚。另一段《鄉志》中的記載則可透露清末與日治初期的時代氛圍：「當時社會無治安可言，時有『拼庄』的情形發生。新開園的庄頭武館即在王宅……武館的作用在保衛家園及護衛旅運貨物之安全。當時所生產的米，須用牛車運送到台東，變賣日常所需的鹽、布、鹹魚等物品。」王明經曾擔任日治時期的新開園保正、區長等職，應該都與其家庭背景有關。

王明經最為人稱頌的是對池上水利灌溉的貢獻。1921（大正10）年，他與其他百餘人共同成立「新開園圳公共埤圳組合」，灌溉面積350餘甲。1922年之後，費時五年，歷經千辛萬苦，新設盛土圳，也就是池上目前最著名的浮圳，不但擴大灌溉面積，更因供水穩定，將原本一期作田變為二期作田，此圳所經之地多為王明經捐贈，貢獻良多。

然而，可能因為人丁單薄，加上子孫宗教信仰等因素，王明經後人在池上的影響力逐漸消失。

表1-1：清代池上人口統計

戶口 \ 聚落		大陂庄	新開園萬安庄
戶數	民	12	72
	番	74	0
口數		337	361

說明：整理自胡傳（清），《臺東州採訪修志冊》，台東：台東縣文獻委員會，1952年，頁15。

表1-2：日治初期池上人口統計

戶口 \ 聚落		大陂庄	新開園庄
平埔熟蕃	戶數	30	42
	人數	171	185
阿美蕃	戶數	60	-
	人數	200餘	-
支那人族（漢人）	戶數	-	8
	人數	-	31

說明：整理自田代安定，《臺東殖民地豫察報文》，台灣總督府民政部殖產課，1896年，頁272。

民地豫察報文》在二七二到二七三頁有提到樹林庄與水碓庄（日治以後亦寫作「水墜」），但戶口資料皆列為「未詳」。樹林庄即是今日的萬安國小一帶的小地名，至今仍在使用，且鄉民皆知此地原本是平埔人的居住地；至於水碓庄則是萬安村南邊的富興村，此地名仍在鄉內通用，早期居民也是以平埔族人為主。

池上地區歷經清末二十年的開發，然而一直到日本政府展開理蕃事業之前，仍是零星的小規模開墾，興建水利灌溉農田是其中重要的一環。一八七八年，有漢人墾民與阿美族共同引新

禮弼（1830-1921）[29]

出生在恆春車城一帶的阿美族人，屬於第一代來池上拓墾的代表性人物，約1860年代率族人由東海岸北移，經台東縣的東河翻越海岸山脈抵達花蓮縣富里鄉永豐村，以燒墾與狩獵為生。後因人口增加、可耕地有限，他又沿北溪往下游尋覓，發現北溪與南溪匯合後的大坡溪水量充足，且該處的緩坡多適合居住，便在大坡溪西側、花東縱谷東側，鄰近大坡池的小階地落腳，取得地勢較平緩、面積最廣闊的地段居住。

1874年牡丹社事件之後，恆春附近包括牡丹、旭海一帶的阿美族紛紛遷移，好幾波人陸續到達大坡。於是以禮弼家族居住地為中心，依序在外圍定居，因人口逐漸增加，遂形成以阿美族為主的大坡聚落。大坡村是池上阿美族最早建立的聚落，其中又以禮弼之後裔人數最多，最為團結。

禮弼之後，家中大權歸其女婿蔡義成掌管，起初也開闢了不少田園，全盛時期「精耕成田數十甲……擁有大小水牛約200頭，從事農耕水牛約50頭……」。然而蔡義成之後人，「理財不善需清還外舉債務，在光復後遂將田地分售漢人。」儘管如此，此大家族約占大坡村一半人口，在村內勢力依然頗大。

武呂溪水築圳，灌溉農田。[30] 這段期間水田布滿新開園圳（今日之池上圳）與東海岸山脈西側一帶，拓墾範圍並沒有跨越這個範圍。[31]

日治初期的內地化東台政策

日治初期，為了殖產興利與同化的殖民統治需求，將日本人移居台灣列為重要政策。然而總督府一時之間忙於軍事征服等事務，無暇顧及，所以給予日本企業家廣大的未墾地，鼓勵移入日本農業移民來台開墾。[32] 在台灣東部近代歷史上產生相當大影響的賀田組就是在這樣的背景下出現。一八九九（明治三十二）年，賀田金三郎受到台灣總督府的鼓勵，承租東部總面積近一萬四千八百五十公頃的未墾荒野進行開發，範圍包括今日之花蓮、成功、玉里、台東平原等地，並陸續引入來自日本本國以及台灣其他各地（如宜蘭、新竹、台南）的漢人，但因「蕃害」、水土不服等因素，以失敗收場。於是，總督府乃有官辦移民的構想。[33]

在日本政府的規畫中，台灣全島可分成三大區塊：西部漢人為主的人口稠密區、中央山脈原住民為主的人口稀疏區，以及人口相對稀少的東台灣。對日本人來說，地廣人稀的東台灣不但可以解決日本的人口過剩問題，也有大片土地可以使用，經過評估後正式確立「內地化東台」的政策。[34] 早期的官辦移民以日本人為主，未招募台灣人。一九一〇至一九一四年，陸續在花蓮港廳出現吉野、豐田及林田官營移民村，但因種種原因不甚順利，終於在一九一七年五

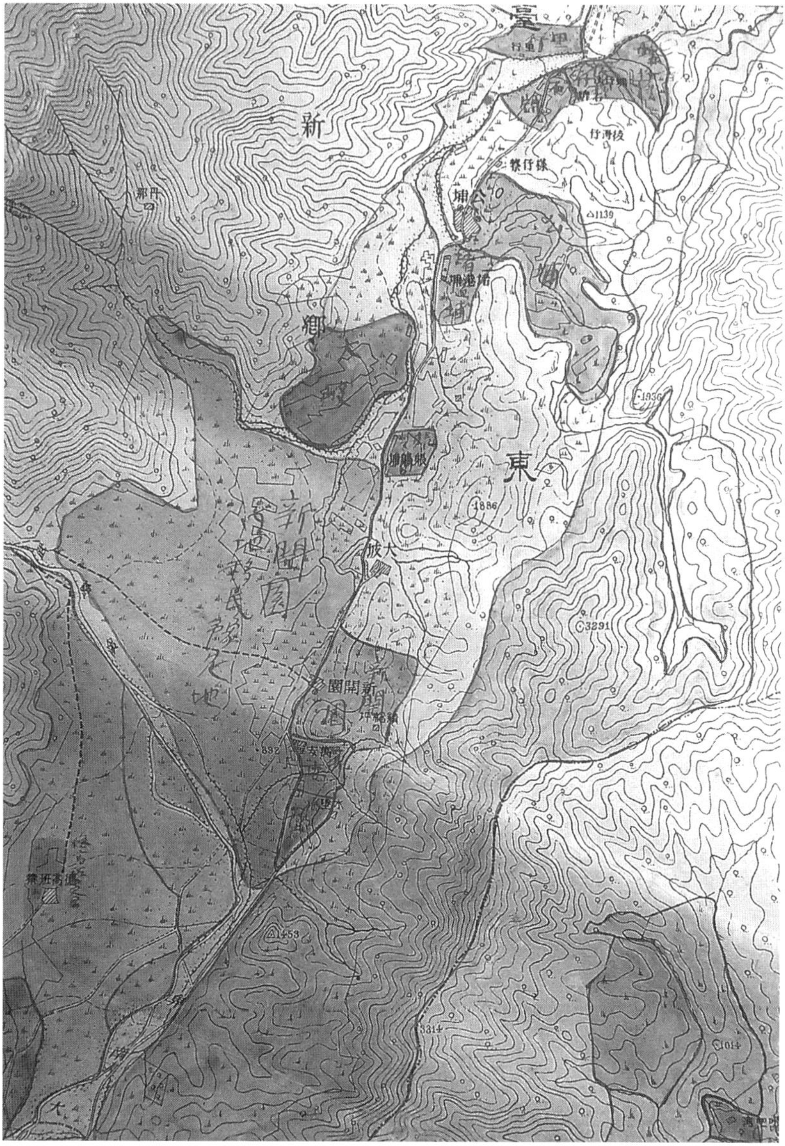

圖1-8：池上移民預定地（1910年臺東花蓮港廳管內土地整理豫查圖〔局部〕）。

月停止，轉而推動私營移民。

另一方面，糖業是日本政府在台灣「殖產興利」的重點，東台灣也不例外。一九一二年申請成立的「臺東拓殖製糖株式會社」（簡稱「臺東製糖」）為民間公司，兼負製糖、移民、開墾、興辦鐵道等事業，除了在台東設立卑南工場，也在池上萬安建有新開園工場，[35]一九一六年正式運轉製糖。在官營移民未終止前，協助內地人[36]移民工作，以提供製糖原料，在鹿野、旭村皆有日本移民居住。官方鼓勵私營移民後，也於一九一七至一九一九年將永住之內地人移民至其他各村，包括池上地區。[37]

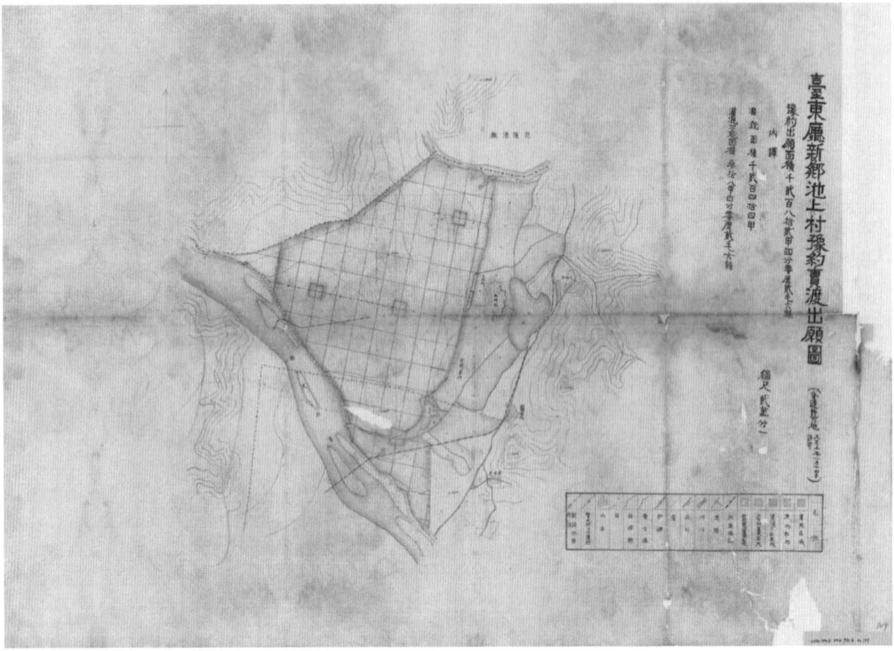

圖1-9：臺東廳新鄉池上村豫約賣渡出願圖（1919年）。

事實上，在總督府未放棄「內地化東台」政策之前，當時稱為新開園的池上一帶是花東十五個移民適地（或預定地）之一，選定地點在現今池上鄉新興村，一九一一年命名為「池上村」，面積有兩千三百七十點二八〇甲。[38]一九一九年，臺東製糖移入的日本人十八戶八十人即居住於此，一九二〇年最盛時期達二十一戶一百零七人。

一九一七年，總督府公布「移民獎勵要領」，招募本島人從事修築埤圳、採收甘蔗的苦力（會社工），以補充勞力之不足。一九一八年，臺東製糖開始招募本島人移民，該年萬安有本島移民十六戶四十八人。一九二〇年間，製糖會社自中南部募集開墾苦力，第一回三百名，第二回又招來百名，預定募集七百名，當年在池上村建移民家屋二百一十戶，移民十九戶八十五人。[39]

一九二一年受到第一次世界大戰與經濟不景氣的影響，臺東製糖經營困難，遂將製糖與移民事業分開，移民事業由新成立的臺東開拓株式會社（以下簡稱「臺東開拓」）負責，其會社地主要為官有未墾地，在池上平原擁有土地五千一百九十甲，且以移植本島人為主。同年，總督府的移民補助也不再限於內地人，而擴及本島人，同時在土地權、灌溉排水設施上也加以保障。例如客家人吳阿海（一八七九～一九六四）便於一九二二年響應臺東開拓之移民事業，到中央山脈東側的萬朝墾拓，開闢田園十餘甲，成為當地首富，也是當時移民中少數仍留在池上的家族。[40]

會社移民之所以大量招募本島人，關鍵在於漢人（尤其是客家）移民成效良好。一九二一年在臺東開拓的招募下，本島籍移民在萬安有十六戶八十九人，新開園有九戶三十六人，合計二十五戶一百二十五人。一九二三年間，又有三十戶客家人自新竹州移入月野村（今關山鎮月眉里），未及一年即建立起農村氣氛濃厚的聚落，因而決定繼續移入本島人。[41]一九二六年，由於東線鐵路和臨海道路（蘇花公路前身）開通，以及新竹州、台中州農村耕地有限、民生困苦等因素，開始有新竹、苗栗地區的客家人移入池上，例如何阿坤（一八八六～一九七七）。一九二七年，何阿坤率家人到池上開墾，最後在新興村擁有水田二十八甲、旱田兩甲，目前家族成員除少數外出工作，大多留在池上務農，是新興村的大家族。[42]

一九二八至一九三三年間，臺東開拓在池上的移民僅維持二十戶八十八人，而萬安、新開園已無移民。至一九三五年，原有的移民紛紛他去，會社移民只剩池上村三戶十一人。移民事業失敗的原因可歸納如下：移民事業由營利會社承辦、資金

表1-3：1930（昭和5）年池上現住人口統計（漢人）

聚落	人口數	福建	比例（%）	廣東	比例（%）
新開園	1,509	191	12.7	307	20.3
萬安	308	62	20.1	73	23.7
池上	570	59	10.4	166	29.1
合計	2,387	312	13.2	546	22.8

說明：台灣總督官房臨時國勢調查部，《國勢調查結果中間報·臺東廳》，台灣總督官房臨時國勢調查部，1932年。

不足、開墾環境惡劣、位處溪水易氾濫區，以及強迫移民種植原料甘蔗。[43] 事實上，由於池上的河灘、荒埔、原野尚多，墾耕機會不少，移民紛紛脫離會社自行開墾。因此，雖然會社移民減少，池上漢人人口卻大幅成長，至一九三〇年已達五百餘人。移民事業雖然失敗，廣大的池上原野仍是一片荒地，但土地的開墾有跨過池上圳，在萬朝、陸安都可見到旱田。

蔡榮華（1874-1962）[44]

蔡榮華是出生在苗栗獅潭的客家人，童年做過長工，及長在獅潭做過酒保及擔任保正，曾短暫到台中經商。1920年從台中到東部遊玩，因見池上地廣人稀，乃舉家遷居池上新開園，購買土地，開田十餘甲，是早期帶著資產到池上發展的代表性人物。日治時期也在池上做過保正，曾經營池上地區第一家的新開園碾米廠，家族也擁有木材廠等事業。

坐落在池上鄉中山路的池上長老教會，已經有九十年的歷史。最盛時是長老教會在東部的第三大教會，僅次於花蓮與台東，而將長老教會帶到池上的就是蔡榮華。蔡榮華移居前就已經信主，來到池上後，每次做禮拜一家人就要步行3、4小時到公埔（今富里）教會，非常不方便。蔡榮華因此向傳道局申請設立講義所。1928年經認可後，在新開園蔡榮華家宅開設了講義所，牧師由公埔教會陳添旺牧師兼任。1928至1937年間，池上的信徒只有蔡榮華家族與陳順一人而已。不久後在今福原村中山路316號租屋為講義所，1939年經信徒奉獻，購買該租屋為正式禮拜堂。1940年，因教會人數增加升格為「支會」，1941年升格為「自立堂會」。1952年購買福原村中山路95號為禮拜堂用地，1954年5月動工興建，該年10月落成啟用。後來於1990年重建，1993年落成使用，也就是現在的教堂。

蔡榮華做事平實，為人樂善好施，為鄉里稱許、敬重。育有4子4女，族人百餘人。因重視庭訓，子孫頗有所成，多人具有博士、碩士、大學學歷，亦有投入地方自治事務者，對地方的貢獻頗大。

曾貴春（1895-1979）[45]

曾貴春為屏東內埔的客家人，1895年生。曾任台東廳卑南區書記、台東廳財物課雇員等職，26歲時任新開園區區長，上任後，即開始改善新開園圳灌溉設施。1945年，擔任第一任官派鄉長，1946年當選由鄉民代表選出的間接民主鄉長。1947年，因228事件被關押於花蓮，幾個月後獲釋。1948年2月兼任關山水利委員會主委，之後歷經關山水利整理委員會祕書、台東農田水利會組員暫代管理組長，及水利工作站站長等職務。

文字記載的池上開發，始於19世紀中末葉，當時南部的西拉雅族跟阿美族先後來到海岸山脈西側開墾，居住在舊稱「新開園」的錦園村一帶，後來移居的客家人也不例外。為了從事水稻種植，早在清末就有墾民以新武呂溪為水源，開築圳道灌溉農田，此即為「新開園圳」，也就是「池上圳」。由於農田日益增多，原有圳道水源不敷運用，1921年，新開園區區長曾貴春向台灣總督府申請成立「新開園圳公共埤圳組合」，地方人士181人加入，收取水租維修圳道調配水源外，還向勸業銀行貸款進行原有圳道補強，以及延長各圳道等，更重要的是新增設一條「盛土圳」。

平原中部地勢較低，原有圳道無法灌溉海岸山脈旁的農田，因而有興築盛土圳的構想。這個工程除了有賴當時人稱「善人」的西拉雅族人王明經等人捐出土地當圳底，還要從其他地方挖出土方築堤，然後在堤上修築圳道。這條盛土圳與池上圳相連，是池上圳的第六支線，起於新興村，終於錦園村附近。因為圳溝高過農田，故俗稱為浮圳。浮圳原為土溝，日治末期改為砌石混凝土圳溝。1963年改建為RC造的圳道，全長1195.5公尺，最寬處約10公尺，最高處近6公尺。2004年被縣政府公告為歷史建築類的有形文化資產，目前已成為觀光景點，中段建有「大觀樓」與「觀月樓」的木造休憩涼亭，可以俯瞰兩邊的水田景觀。

曾貴春一生對池上貢獻頗大，特別是其對開築水圳的貢獻最為鄉民津津樂道。因曾歷經白色恐怖，家人大多不再從政，但對地方事務依然熱心參與，孫女曾純瑩就是代表性人物。

臺拓移民與自由移民增加

一九三一年九一八事變後，日本進入所謂「準戰體制」[46]，在「殖產興業」、建設南進基地等口號下，更積極建設、開發東部。一九三六年，以執行國策為宗旨的臺灣拓殖株式會社（簡稱「臺拓」）正式成立，一九三七年設置台東出張所（辦事處）。一九三八年，臺拓在池上設直營農場，共有三個事業地，包括萬安山坡地八百四十三甲、新開園山坡地九百五十五甲、池上原野八百七十七甲，總共二千多甲，以種植棉花、篦麻、苧麻等戰時作物為主。[47]一九四〇年，該會社在萬安、新開園山區新增種植水稻、陸稻、甘藷、甘蔗、花生等雜作，在池上原野則種植甘藷、甘蔗、魚藤等。[48]除了指定作物外，臺拓亦鼓勵栽植雜穀、蔬菜，並以養豬、養雞為副業，以安定移民生活。[49]

臺拓提供移民的補助條件，較其他私營會社更為優厚。例如，建有移民家屋（竹籠厝），改善飲水、交通設施，並提供開墾補助金、房屋建築費、醫療用藥費以及貸款等。[50]臺拓採取家族式移民，每戶平均五至六人，多係祖孫三代同時移來，或招引親友、同鄉結伴同行。[51]一九四二年底，萬安有移民二十戶一百一十三人、新開園有五十戶兩百五十五人，[52]規模較其他私營會社移民多出二至三倍，可說是日治時期東部農業移民最大的會社。[53]

據一九四六年資料，新開園移民三十九戶，每戶平均耕地八點六甲；萬安移民十三戶，每戶耕地平均三點九甲，[54]還有不少在地農民承租臺拓之地耕作。會社移民以佃農、會社工（雇工）居多，因後山墾耕機會仍多，不少會社工白天幫會社工作，晚上自行開墾荒埔，以致移民逐漸脫離會社成了自耕農。據資料顯示，日治中期臺東廳的自耕地占百分之九十一點六，高出全島平均值的百分之四十一點八四。[55]當時，西部一般農戶的耕地不超過零點五甲，而東部四分之三農戶的耕地超過零點五甲。[56]可見，有機會成為自耕農才是此地吸引移民的誘因。

除臺拓直接移民外，以臺拓為首，各大企業引入諸多適合在熱帶地區栽種的植物（如奎寧與苧麻），相關產業與工廠紛紛出現，提供了新的就業機會。此外，日治時期也有少數本島人向官方或會社承攬土地，透過親屬、同鄉等關係自西部招募移民，[57]例如，任職池上庄役場的吳泉興（南部客屬），將全部積蓄投資於錦園背後「鳳梨園」的山坡地，僱本島人開墾種植苧麻數十甲。[58]加上南迴公路、花蓮港相繼竣工，而地方官又親自到新竹州、台中州等地宣導，鼓勵前來開墾，掀起了一波新的自由移民潮。[59]

一九三四年，東部的自由移民有一千五百人，一九三五年增至五千人。[60]本島人自發性的入墾，為池上的發展帶來了新的氣象。至一九三五（昭和十）年，客籍移民無論在人數上、比例上均超過閩籍移民（見表1-4）。一九三六年後，各庄現住人口統計不再顯示福建、廣東人口資料，但就人口總數而言，一九三五至一九四三年的人口成長趨勢可看出移入人口持續成長（見表1-5）。一九二五年池上人口為兩千一百三十四人，到一九四六（民國三十五）年已達

表1-4：1932-1935（昭和7-10）年池上地區人口統計（漢人）

年度	總人口數	福建	比例（%）	廣東	比例（%）
1932	2,671	357	13.4	600	22.5
1933	2,998	465	15.5	713	23.8
1934	3,307	547	16.5	862	26.1
1935	3,685	663	18.0	1040	28.2

說明：台灣總督府編，《台灣常住人口統計》（1937）。

表1-5：日治晚期（1935-1943年）池上地區人口成長趨勢表

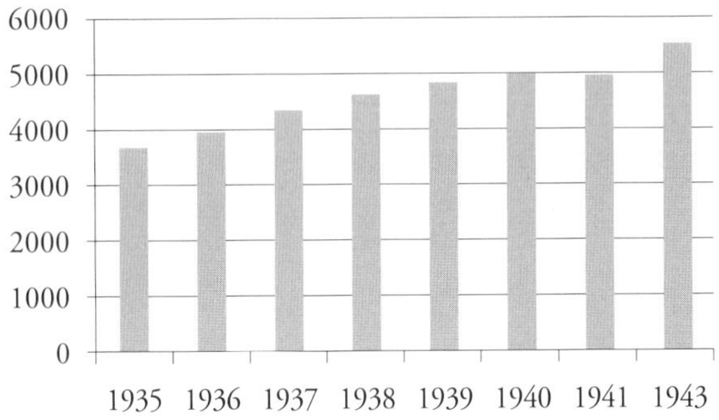

說明：整理自夏黎明總編纂，《池上鄉志》，台東：池上鄉公所，2001年，頁811（1942年無資料）。

五千一百二十一人，二十年間增加近二點五倍。這些外來人口中，中南部移民以閩籍為主，北部移民以竹苗客家居多。

日治末期移民也跟日本對外戰爭有關。一九三八年起，一連串的戰時經濟統制措施陸續實施，特別是一九四一年太平洋戰爭爆發後，移民人數更是明顯增加；在空間上則是反映了台灣西部農村經濟壓力日漸緊迫，生計壓力是促使移民東遷的根本原因，並一直延續到二戰結束初期。[61]

三大農場持續吸引移民人口

二次世界大戰後，國民政府接收了臺東開拓的移民適合地、臺拓的會社地，以及日人的私有地。一九五〇年代，政府在東部進行兵工開墾，將池上地區五百九十三多公頃的溪埔地劃歸為「合作農場」（今台東農場），另外將三百三十五多公頃的溪埔地劃歸為台糖池上農場，再將分布於大坡、錦園、萬安、富興及振興村一帶，原為日治臺拓開墾、約一千八百六十七多公頃的山坡地，交由台灣土地銀行代管。[62]在農業仍是台灣主要產業的背景下，池上持續吸引外來人口，也帶來了不同的生業方式。舉例來說，一九四五年遷居池上的徐煥光（一九一〇～一九九〇）便在火車站附近開設「仁和堂中藥鋪」，並以樂善好施、熱心公益著稱。也有人來此投資碾米廠，如杜錦枝、梁火照等人。

在池上的兵工開墾，主要是在河川溪埔地，這些地區巨石遍布、土質惡劣，所以榮民要疊石平土，然後要添加客土，開發水源，以利農耕。[63] 台糖池上農場一開始是為供應台東糖廠的鳳梨原料，以種植罐頭鳳梨為主，後來改為鳳梨、甘蔗輪作。[64] 台灣土地銀行（土銀）代管的山坡地則大部分放租給農民，主要發展植桑養蠶。[65]

杜錦枝（1901-1981）[66]

杜錦枝出生於苗栗苑裡，1920年東遷花蓮縣富里鄉開創事業。1945年與友人梁火照合買池上的錦豐碾米廠，1950年正式移居池上，此後即獨立經營，是戰後攜帶資金來到池上的代表性人物。由於待人誠懇、經營踏實，碾米廠事業一帆風順，一直到1978年才結束碾米廠事業。1950至1960年代，杜錦枝也投資台東中小企業銀行前身的台東合會儲蓄公司，擔任過兩任董事，對於公司早期的穩定頗有貢獻。其子杜俊元，則是矽統科技公司董事長。

杜錦枝、杜俊元父子不但經營事業都相當成功，更為人稱道的是樂善好施、熱心公益。1962年池上國中創校，杜錦枝與其他三位池上仕紳各捐助新台幣10,000元，作為購買校地之用，此一金額相當於當時一般公教人員一年的薪資。1968年，杜錦枝又與其友人建興米廠負責人梁火照，共同捐獻位於福原村精華地段之共同持有土地527坪，作為池上市場用地。杜俊元則為慈濟義工與榮譽董事，1990年將高雄市的3甲多土地，市價約15億元，捐贈給慈濟基金會，興建以接濟孤苦無依老人為主要目標的「慈濟園區」。1999年又將價值13億元的800萬股矽統科技股票轉讓給慈濟基金會。

杜錦枝過世後，後人將祖厝與錦豐碾米廠舊址改建為「杜園」，免費供各界辦理有益身心的活動。杜俊元也曾捐助「池潭源流協進會」200萬元，以改善大坡池景觀，在地方傳為美談。

這三大農場中，台東農場以及台糖池上農場主要是開發池上平原，土銀的農場則以海岸山脈為主，除了引入榮民之外，還有大量閩南與客家移入。一九四九年，台灣樟腦業宣告結束，香茅產業繼之而起。日治以來，苗栗即為台灣香茅產業的重鎮，但苗栗地狹人稠，戰後即有不少苗栗人遷移到東部種植香茅。一九五九、一九六〇年，國際香茅精油行情大漲，台灣中部卻連續發生八七、八一水災，災民於是紛紛湧入東部山區，搶種香茅。政府為安置災民，對山區開墾採寬容政策，因而掀起一股空前的移民潮。香茅適合於排水良好的山區栽種，尤以新墾地為佳，其焗油設備、從業人員與樟腦業無異，遂成為樟腦業的第二春。[67] 在一九六〇年代香茅業的全盛時期，海岸山脈幾乎全是香茅園，只要有水源的山溝都有聚落。

農業轉型與開始發展觀光

一九六九年池上鄉人口總數為一萬六千一百九十三人，是歷年的最高峰，隔年開始（一九七〇）至二〇〇〇年，人口數即由一萬五千九百四十六人減少至一萬零七百一十五人，至二〇一九年十二月只剩三千一百八十三戶八千一百四十一人。這樣的變化，當然與一九六〇年代之後台灣工商業起飛，都市發展快速、農業相對凋零有密切關係。

自從十九世紀中期，平埔族群、恆春阿美族移入開始，池上地區的產業都以農業為主軸，當時海岸山脈一側由於水源充足、土壤肥沃，聚落因此分布在鄉境西側的慶豐、大坡、錦園、萬安、富興等村。一九六七年五月，振興自富興村分出獨立設村，成為池上鄉第十個行政村，也是以農業為基礎、人口成長的結果。一九七一年一月一日，池上鄉公所新建二層樓辦公廳正式落成使用，象徵著一個新時代的開始。

一九七三年，行政院國軍退除役官兵輔導委員會配合政府加速農村經濟發展政策，與台東興業有限公司合作，在池上鄉新興村設置欣欣蠶業公司蠶絲加工廠。這家工廠的重點是，以輔導會所屬台東農場與花蓮農場所有榮民之養蠶基礎，推動蠶業專業區之栽培、養蠶、發種、收繭等業務，並向日本採購自動繅絲機械。一九七五年，繅絲工廠開工，生產生絲與乾繭外銷，因原料繭外銷日本，諸多設限，乃於一九八二年三月增設絲綢工廠，生產綾、絹、綢、緞供應內外銷市場，提高蠶業加工層次，奠定蠶業經營基礎。台東農場在池上代管五百多公頃的國有地，是池上第二大的地主，而池上最大地主、代管一千八百多公頃國有地的台灣土地銀行也配合這個發展，於一九七四年設立了「池上示範蠶桑場」，成立之初經營面積五十公頃。桑蠶養殖業儼然成為池上在水稻之外的另一出路，進而帶動鄰近鄉鎮的相關產業。[68] 另一方面，一九八一年一月二十五日，池上地區的第三大地主台灣糖業公司，利用屏東糖廠拆卸之機械，並與台東農場交換土地，建立池上糖漿廠，原料收購範圍北至花蓮之春日、富里原料區，南達關山、瑞源原料區，收購後先在此進行初級加工，再運至台東糖廠製成成品。這些都是以農業為基礎發展加工業的嘗試。

一九八四年六月，台灣省政府經中央核定公布實施之「台灣東部區域計畫」，將工業與觀光設定為花東兩縣未來的發展重點。在這個計畫中，東台灣分成六大生活圈，池上鄉被劃歸為包括關山鎮、海端鄉在內的關山地方生活圈。在當時的政策思維下，台灣的稻米產量已經過剩，所以要積極輔導轉作玉米等作物，甚至鼓勵農民休耕。一九八五年，農委會、農林廳及農糧署開始輔導池上農會辦理「良質米產銷計畫」；當然，發展桑蠶養殖、蠶絲製造以及蔗糖，也是政府樂見的發展。

在一九八〇年代經濟發展思維下，工業顯然是官方對「促進東台灣地方發展」的一個重要方向，也因此有「產業東移」的相關政策，台鐵北迴線一九七三年十二月二十五日正式動工、一九八〇年二月一日全線通車之後，台泥、亞泥都陸續在花蓮擴廠。有趣的是，日治末期臺拓會社在東台灣的投資，花東兩個廳已然有不同的發展傾向，也就是「工業花蓮，農業台東」，[69]而這樣的趨勢似乎仍然延續到戰後。以池上而論，除了上述的大型工廠，配合政府的工業發展政策，也編定了兩大塊工業用地：「台鐵池上機車修護廠」以及「池上綜合工業區」。[70]不過，由於各種因素，這些地方原本期望甚高的產業最後都落空，即使是先前設立的絲綢工廠與糖漿廠也都分別於一九八九年[71]與一九八六年先後歇業。

二〇〇〇年之前發展較為順利的工廠只有兩間：位於新興村的池上鄉農會碾米廠，以及台糖興建的礦泉水工廠。在農糧署輔導良質米的政策下，池上稻農轉作的比例不高，池上米在台灣逐漸脫穎而出，稻田面積也逐年攀升。契作面積最大（一期約六百公頃）的池上鄉農會也在政府補助下，得以逐漸擴充規模。一九七七年，池上農會將碾米廠遷建到新興村，一九八八年增設簡易白米加工廠，一九九一年設稻穀烘乾中心，一九九六年擴建現代化良質米加工廠，有新型礱穀機自動碾穀和最新型的精米機，有利於執行政府鼓勵的小包裝米加工銷售業務。至於台糖池上礦泉水工廠，位於目前池上牧野渡假村內，鄰近先前已關閉之糖漿廠，這是利用原來灌溉甘蔗所開鑿的深達百公尺之水井，投資新台幣一億餘元，於一九九九年埋管闢建而成，同年九月完工試車生產。這是池上在碾米廠之外，少見的大型工廠。

除了工業，觀光是政府在東台灣亟思發展的產業，大坡池是早期的焦點。一九六〇年，台東縣文獻委員會遴選台東十景，池上的大坡池即以「池上垂綸」入選，後又在一九八四年頒布的「台灣東部區域發展計畫」被列為區域性遊憩發展據點。儘管如此，對於人口少、稅收又不多的花東兩縣，地方政府根本沒有財源發展觀光產業。交通部觀光局於一九八八年中設立東部海岸風景特定區，並於一九九五年改制為東部海岸國家風景管理處，一九九六年核准設置花東縱谷國家風景區管理處，這才真正展示中央政府開始戮力於東台灣的觀光發展。

家族與地方政治生態

家族是池上不分族群最主要的社會組織，家族的遷徙、興衰，與其成員從事的工作有密切關連，也連結到地方的政治生態。出版於二〇〇一年的《池上鄉志》，在〈人物篇〉中一共記錄了十五個人[72]，除了「生人不立傳」的基本原則外，選取的標準為：「對本鄉之拓墾、政事、文教及義行等事業，有具體事蹟足為後世楷模者。」這些列入池上歷史的人物，其家族在池上通常有相當大的影響，或者是人多勢眾，或者是資產豐富，在地方政治上也常占有一席之地。

以清代而言，荒野一片的池上是平埔族群與阿美族來此拓墾的主要原因。除了在政治上也曾有顯赫地位的王明經外，《鄉志》中提及的平埔族尚有一位魏阿歪（一八八六～一九五五），大約在十九世紀末隨父親由恆春到池上，家中也曾有田園十餘甲，以樂善好施為後世稱許。但王明經與魏阿歪的家族一樣，日治中期之後就漸漸在地方失去影響力，也標誌著平埔族人一方面與漢人不易區辨，一方面在地方政治上呈現不出平埔族的勢力。阿美族在池上的發展就略有不同。

阿美族來到池上的時間較晚，禮弼屬於第一代來此拓墾者的代表，他們家族在大坡村目前勢力依然頗大。雖然未見諸《池上鄉志．人物篇》，但另一位阿美族的開闢先驅、出現在《池上鄉志．原住民篇》〈阿美族〉的林水一（Soel），也是池上阿美的第一代頭目。[73]日治初期，東海岸阿美族曾大舉抗日，為平息事件，日方邀請馬蘭部落大頭目馬亨亨和大坡頭目林水一到東河談判。林水一通曉閩南語，善於溝通，順利達成和談任務，總督府賞賜頗豐，奠定林家在池上阿美的領導地位，可說是池上阿美的開基頭目之家。

林水一夫婦育有二女一男，長男林木榮（Vuyang），續任為池上阿美的大頭目。林木榮在日治中期到光復初擔任頭目時，曾帶領族人參與修築浮圳、東線鐵路等工事，在慶豐附近墾成大片水田，在池上平原放養成群的水牛約二、三百頭，這些水牛除耕田外，主要提供肉食之用。林家廣有水田，生活寬裕，家庭和樂，池上地區亦治安平靜，族人安居樂業。[74] 林木榮和東海岸成功一帶及馬蘭社的頭目都有聯繫。三大頭目曾在台東聚會，遇到時年十六歲的客家人賴阿節，她從屏東內埔西勢隨著哥哥賴阿傳移居台東，在台東經商，賴阿節和原住民做買賣，通曉客家、閩南、阿美等語言，林木榮則通曉阿美語、閩南語，二人交往後結為夫婦。

林木榮的三子林阿登，一九二二年生於池上大坡，族名Atin，日文名池本光雄，新開園公學校畢業。二十二歲時，被徵調為「高砂義勇軍」出征南洋，開赴南洋新幾內亞與美軍進行叢林戰年餘。戰後返回池上大坡老家，由母親賴阿節介紹和慶豐村鍾荔雲結婚，在鄉務農為業。由於家世關係，林阿登頗得人望，族人公推其繼承大坡部落第三代頭目，一九六九年當選第九屆大坡村長，並連任至第十四屆，至一九九四年七月才交卸村長之職。

值得注意的是，日治時期，台東原、漢通婚的情形並不多見，在池上亦屬少數，唯獨大坡林家與客家世通其好，但政商利益並不明顯。就林木榮與賴阿節的婚姻言之，其最初動機應與土地投資有關，亦即透過「換蕃」交易以取得土地利益。然而，賴阿節嫁入林家後，賴家在池上的土地投資並不明顯，反倒是林家子弟藉由賴家之便，得以到台東街受教育、發展事業。在封閉的池上阿美社會，大坡林家透過與台東賴家的聯姻，其家族人脈由鄉下擴大至都會區，由原住民部落擴大到漢人主流社會。換言之，日治時期，林家即逐漸擺脫以土地、勞動為主的經濟模式，轉而從事投資、買賣，藉由教育提升社會地位，融入現代社會。

入墾池上初期，池上阿美各大家族都擁有豐厚的資產，經濟條件相去不遠，然而百餘年來的變遷，家族發展模式各不相同，至今境況差異頗大。大坡林水一家族，在賴阿節當家時期，投資土地廣置田產，她的子孫則紛紛向外發展，是既守成又具開創性的家族。走出部落，向外發展，即是林家開創新局的一面。從日治時期的林阿水開始，到第四代的林建助、林建祿、林建明、林建文等林家子弟，也多外出讀書或發展事業，有司機、教師、教授、畫家、糖廠職員等，已跳脫阿美族傳統部落的思維。與大坡禮弼系統下的蔡家差別頗大。

〈人物篇〉中也有列傳的林茂藏（一九〇六～一九七七）代表的是另一種類型。林的養父林有月原為新開園高山番社通事，日治初期因協助平定出草事件受到官方重用，因而擔任保正、新開園圳公共埤圳協議員。根據《鄉志》記載，林有月「以『換蓄』致富，田園百餘甲」。[75]林茂藏未當鄉長前曾任鄉民代表，以屠宰與耕種為業，其人際關係好，容易爭取到經費，當時做了許多建設，例如自來水、電力、電信通話、道路開通、設國中、建堤防等。林茂藏育有八子七女，還收養中國大陸來台小兵兩位及貧困小孩三位。七男林慶堂於一九八〇年當選第十一屆鄉民代表，之後又當了兩屆台東縣縣議員，一九九〇年當選池上鄉鄉長（十一屆與十二屆）。八男林文堂，當選過鄉民代表以及第十六屆池上鄉鄉長。

與此模式類似的還有曾貴春與吳泉興。兩人皆為屏東內埔客家人，曾貴春日治初期在台東受教育，後加入台東廳工作，一九四五年成為第一任官派鄉長、一九四六年成為第一屆間接民選鄉長，因為有這些機緣，其家產也堪稱不惡，曾經營碾米廠。吳泉興（一九〇四～一九六八）在曾貴春引介下於新開園區役場擔任書記，新開園區改名池上庄後，任池上庄役場會計；一九四六年任池上鄉副鄉長，一九四七年二二八事件後，任官派池上鄉鄉長，地方自治後，當選第一任民選鄉長。之後當選台東縣第三到五屆議員，第五屆時更任副議長，在地方政治上有相當大的貢獻。

除了因公務來到池上者，日治時期還有三種類型的移入（或能夠安居）者。其一是來此投資，蔡榮華便是一個典型的例子。其二是靠技術或能力，例如漢人邱南生（一九一〇～一九九二），一九三二年遷居池上，曾任新開園信用組合書記（一九三七～一九五二）、任池上農會總幹事（一九五三～一九六六）、代表會主席（一九六八～一九七七）。其三是開墾，前文中已經敘述的何阿坤、吳阿海、魏阿歪皆是。還有一個例子是魏阿鼎（一八七二～一九四九），一九三二年他帶領兒子十人由新竹到池上萬安開墾，歷經千辛萬苦，終於在此地立足，其家族聚居的魏家庄至今仍在地方上有重要影響力。[76] 第三類中比較特別的例子是阿美族人アガラン（一八七〇～

一九四〇），其家族早已在池上安居，但池上平原西側靠中央山脈處仍有空間，所以一九一八年他才會從大坡到大埔再到陸安開墾並形成聚落，也成為聚落性的領袖。[77]江金源的例子與其類似，但略有差異。

江金源（一九一四～一九七〇）是來自嘉義的漢人，日治時期就到新開園當長工，妻子過世後，婚入阿美族家庭，分家後開闢南溪山坡上田園，事業有基礎後，戰後初期即投入公共事務，從大坡村村長、兩任鄉代表會主席、三任農會理事長，最後在省農會理事任內過世。這應該是以大坡村阿美族為基礎，加上漢人人脈、自身知識才能達到的成就。

二戰結束之後，有另一種人物以知識、技能安居池上，就是醫生，《鄉志》中的徐煥光就是以中醫濟世；另外也有以西醫為業並致富成功者（如賴阿玉），只是未被列入《鄉志・人物篇》中。杜錦枝則代表戰後移居池上的投資型人物，投資的是在池上最重要的碾米廠；只是並非所有投資碾米廠者都會被寫入《鄉志》中，如梁火照即為一例。

從清代至日治時期，地方行政主官皆由官方指派，且大多由外地人擔任，地方人士即使被派任（例如前述的王明經與曾貴春），但權力有限，尤其是清代由駐軍屯守，日治時期警察勢力也很大，地方民意沒有太多表達的機會，直到一九三七（昭和十二）年才有了些轉變。這一年日本政府推動皇民化運動，也在東台灣進行地方行政制度改革，廢支廳為郡、廢區為庄。在這次的重編行政區中，台東廳關山郡下的「新開園區」改為「池上庄」，設置庄役場，其轄區大致即是今日之池上鄉範圍。庄除了設立役所，配置庄長、助役與會計，也組織協議會，由庄長與協議員共同組成，按當時的人口應有成員八人，其中四人為官派，另外四人為民選。[78]

一九三七年十一月二十二日的選舉，必須年滿二十五歲以上之男子、營獨立生計、居住在庄內六個月以上、年納庄稅五日圓以上，才有選舉權與被選舉權。當時池上庄有投票權者一百六十四人，只有一人未投票。組成的庄協議會成員如表1-6。同樣的選舉於一九四一年再度舉行，這一次官派的四人中，兩名為內地人，本島人與高砂族各一名，民選的四人中，內地人一名，本島人三名。[79]內地人增加了兩名，相反地，本島人減少了兩名，高砂族同樣是一名。雖然這樣的選舉民選比例偏低，與真正的民主投票制度尚有一段距離，但已具有現代選舉制度的雛形，而戰後的池上鄉，不論是鄉、村、鄰的建置，還是鄉公所與鄉代表會的組織，也沿襲這樣的規畫。

表1-6：1937（昭和12）年池上庄協議員名單

種族	本島人	本島人	內地人	本島人	本島人	本島人	本島人	高砂族
職業	農業	運送 雜貨商	農業	精米 雜貨商	保甲 書記	畑作	畑作	雜貨商
種別	官派	官派	官派	官派	民選	民選	民選	民選
氏名	詹顯義	林桂興	林松岡	曾貴春	李客	范仁登	曾阿昆	クイチン
年齡	50	48	37	43	39	32	45	30

說明：見〈臺東廳支部通信〉，《臺灣地方行政》第3期第12號，1937年12月，頁114。

整體觀察歷年池上人競選公職並當選的職位有：村長、鄉代表、代表會主席／副主席、鄉長、縣議員、議長／副議長。這個順序也呈現出當地人對這些職位的重要性排列。以鄉內十個村而言，當選村長的票數在一百至三百之間，鄉代表雖因選區不同，但票數約略相當。當選鄉長則要有一千票以上，縣議員因為跟關山鎮、鹿野鄉、海端鄉劃為同一選區，[80]且歷屆參選人數變化頗大，但整體而言，若未能獲得兩千至三千票，頗難當選。

村長與鄉代通常依靠的是親族與鄰里關係，寺廟、教會也扮演一定重要性，傳統的社會關係影響較大，例如萬安村的魏家因為以務農為主，且聚族而居，所以只要有族人出來競選村長、代表，通常都可以獲得足夠的選票，同樣的情形也見於以阿美族為主的大坡村，當地的大家族常常主導基層的選舉。

比較不同的是人口較多、社會組織比較複雜的街區。在這類地區，有雄厚家族資產，且獲得國民黨的支持者，往往較容易脫穎而出；但若人際關係不錯，即使沒有上述兩個條件，仍有希望當選。以一九六八年的最大村福原村為例，當時當選村長的是後來擔任兩屆（一九七八～一九八六）鄉代會主席的林四聰。他一九五四年隻身從雲林來此，以土木、泥水工為業，在屏東服完兵役後，與屏東認識的新婚妻子回到池上。由於熱心參與地方事務，所以被慫恿出來競選村長，因為沒有政黨背景而受到很大壓力，但透過義勇消防隊同僚的協助，得到廣泛支持，最後擊敗三位對手，其中之一還是國民黨的推薦人選。第二任時，他在民眾服務社的遊說下加入國民黨，因此順利連任，後來轉任鄉代表，並當選代表會主席。

進一步觀察二戰結束後至二〇〇〇年之前，左右地方政治的鄉長選舉，可以更清楚看出這樣的狀況（見下頁表1-7）。

二戰結束後，日治時期的新開園區區長曾貴春由日人手中接管鄉務，一九四五年奉令擔任池上鄉鄉長。同年，池上鄉公所開始辦理地方自治，初設八個行政村。[81]曾貴春也當選第一屆的間接民選鄉長，但因涉及二二八事件，一九四七年由吳泉興接任。一九四八年吳泉興由鄉民代表選出為第二任鄉長。[82]一九五一年吳泉興當選第一屆由鄉民直選的鄉長。但一九五二年吳泉興即辭鄉長職，由縣府派林瑞廷代理。

一九五三年，陳慶傳當選第二屆鄉長。陳慶傳祖籍福建，從台中遷移到池上是住在慶豐村，曾經當過縣議會議長（官派），在池上中山路開慶樂旅社，還種過水果。當選第三屆鄉長的郭芝仙，其國民黨色彩更鮮明。他的祖籍是福建，戰後由國民黨派來池上擔任民眾服務站主任。這一屆的鄉長選舉國民黨沒有提名，由郭芝仙和蔡仲和（蔡榮華之子）競爭，聽說因為外省人多，所以郭芝仙得票較多而當選。[83]等到郭芝仙要參選連任時，雖有國民黨的提名，但林茂藏有蔡仲和的全力協助，以及閩客族群的團結而當選。一九六四年蔡仲和當選第五屆鄉長，第六屆亦由其連任。

延續一九七〇年代之前的國民黨主導情勢，至少在鄉層級的地方政治中，國民黨及其外圍

表1-7：池上鄉1990年之前歷屆鄉長相關資料

屆別	任期	姓名	黨籍	選前主要職業	備考
官派	1945	曾貴春	國民黨	公職、商	-
間接民選 1	1946-1947	曾貴春	國民黨		涉及228 卸任
官派代理	1947-1948	吳泉興	國民黨	公職、商	-
間接民選 2	1948-1951	吳泉興	國民黨	-	-
1	1952	吳泉興	國民黨	-	直接民選
1 代理	1952-1953	林瑞廷	國民黨	公職	-
2	1953-1956	陳慶傳	國民黨	商	-
3	1956-1960	郭芝仙	國民黨	黨工	-
4	1960-1964	林茂藏	國民黨	商	違紀參選
5	1964-1968	蔡仲和	國民黨	商	-
6	1968-1972	蔡仲和	國民黨	商	第 5 屆連任
7	1972-1977	張維通	國民黨	國中教師	-
8	1977-1982	張維通	國民黨	-	卸任轉 水利會會長
9	1982-1986	梁俊良	國民黨	國中教師	-
10	1986-1990	梁俊良	國民黨	-	卸任轉 水利會會長

組織（如民眾服務站、水利會等）是支配地方發展的主要力量。換言之，若能獲得國民黨支持，而且家中經濟狀況不錯者，都會連任兩屆。

以第六屆的蔡仲和為例，他一九六四年即當選第五屆鄉長，第六屆可說順利連任。而他是來自池上當時的大家族——蔡家。蔡仲和的祖父是蔡榮華，蔡榮華育有四子四女，三子蔡連山曾任農會理事長，其孫蔡仲和曾任鄉代會主席，以及第五、六屆的鄉長，之後當選台東縣縣議員，一九七七年還當選為台東縣議會的議長。蔡榮華的另外兩個孫子，蔡連壽也當選過台東縣縣議員，蔡信典則曾任鄉民代表。簡言之，一九二〇年代到一九八〇年代，蔡家是池上的大家族之一，在經濟上、政治上都有重要的影響力。

一九七二年接任鄉長的張維通連任第八屆鄉長。他的家族從苗栗頭屋鄉遷移到池上開墾，後來和陳協和米廠創辦人陳筋合開池上大旅社。他是淡江英專畢業，在池上國中教英文，被國民黨提名推舉出來選鄉長。鄉長卸任後國民黨黨部安排轉任台東縣水利會會長，後來又到台中升任至全國水利會祕書、總幹事退休。之後的梁俊良也循相當類似的模式。他的父親梁火照是台中大甲人，初來東部時，在富里鄉永豐一帶養鴨，後來與杜錦枝一起接手錦豐碾米廠，才將事業重心轉往池上。梁火照育有五子三女，長子梁萬忠曾任台東縣縣議員，次子梁萬逢繼承家業經營碾米廠，三子梁俊良，是池上國中的體育老師，曾將池上國中打造成體育王國，後來擔任兩任的池上鄉鄉長（第九、十屆）。現在建興米廠的梁正賢，就是梁萬逢的長子。類似的情

表1-8：池上人當選台東縣1-11屆縣議員名單

屆別	任期	姓名	黨籍	選前主要職業	備考
1	1950-1952	林日祥	國民黨	鄉代會主席	-
2、3、4	1953-1961	吳泉興	國民黨	鄉長、區黨部委員	-
5	1961-	蔡仲和 謝彩恭	國民黨	鄉代會副主席 鄉代、縣農會理事	-
7、8、9	1968-1982	梁萬忠	國民黨	農、商、鄉代會主席	連任三屆
8、9	1973-1982	蔡仲和	國民黨	商、縣議員、鄉長	連任二屆，第9屆縣議會議長
9、10（平地原住民）	1977-1986	潘添丁	國民黨	農、鄉民代表	連任二屆 阿美族
10、11	1982-1990	林慶堂	國民黨	鄉民代表	連任二屆
11（平地原住民第8選區）	1986-1990	高源治	無（2002年加入親民黨）	鄉民代表	阿美族 參選1998、2002年選舉皆未選上

況也見諸縣議員選舉。

由歷屆池上鄉當選縣議員的名單來觀察，至少可以看出兩個現象。首先，有原住民身分的阿美族在池上約占人口五分之一，人口比例少，加上經濟實力不如漢人，所以無緣當選鄉長，只能在縣議會的平地原住民選區中占有一席之地。其次，國民黨的影響在一九九〇年代之前可說支配性頗強，但之後隨著全台政治環境的變遷，有式微趨勢。

全鄉宗教活動概觀

在池上，宗教明顯與人群的連結有很大關係，不論是一九三〇年代晚期之後在阿美族間扮演重要角色的耶和華見證人，還是一九六〇年代在外省人間一度興盛的萬朝長老教會，都可看出這樣的傾向。順著這樣的脈絡，一九三〇年代末期，漢人（尤其是包括閩南與客家的「本省人」）漸居多數後，隨著錦園保安宮、池上鄉福德宮、福文玉清宮為中心的三個祭祀圈建立，一九五〇年代起，元宵遶境幾乎串連起整個池上鄉宮廟，以漢人民間宗教為主的人群連結也日益鞏固。[84]

西洋宗教與佛教的傳入及散布

基督教各教派最早進入池上地區應是在日治時期。當時進入池上地區的西洋宗教有基督教長老教會與耶和華見證人王國聚會所，長老教會信徒多為漢族，耶和華教信徒幾乎都是阿美族。然而，一九三七年中日戰爭，日本政府推行皇民化運動，原本的宗教活動轉入地下，直到戰爭結束後才又開始熱絡。

一九二六年，原居苗栗獅潭的蔡榮華移居到今錦園村，也將基督教長老教會的信仰帶到池上，而他於一九五〇年代購地興建的禮拜堂，即為今日位於中山路九十五號的池上教會。富興教會是池上另一間基督長老教會，信徒以富興、振興的阿美族為主，以阿美語宣教，由潘添丁家族一手開創。[85]二戰結束初期，由於物質缺乏，人們生活困苦，美國送來大批救濟品，如奶粉、奶油、麵粉、衣服等，都透過教會發放，凡是來做禮拜的人，中午在潘添丁家用餐，還有救濟品可領。於是，富興、振興的阿美族紛紛前來做禮拜，並受洗為基督徒。全盛時期信徒達四十多戶，有外國牧師、傳道員來傳教。潘添丁熱情招待前來傳教的教會人員，其中有一對夫妻檔牧師，潘添丁甚至特別為他們建了一間宿舍。

此外，池上街市通往海端鄉布農族龍泉部落中間有一個叫作「萬朝」的小聚落，行政上隸屬福文村，該地有一個萬朝基督教會，主要以國語講道，信徒大多是在此地務農的榮民、榮眷。一開始在池上街上租屋聚會，一九七五年才在現址購地建立教堂，不過因信徒減少，一度轉型為社福機構，但目前已呈現半荒廢狀況。

總部在美國紐約的「耶和華見證人王國聚會所」是第一個傳入池上阿美部落的西方宗教。

日治昭和年間，兩位日籍海外傳道員來到台灣，原本在西部嘉義、台南、屏東等地傳教，但成效不彰。一九三二年，日人小阪先生輾轉來到台東，家住富里石牌的杜先生首先受洗；此人任職於關山的行政機構，透過他的介紹，同事陳阿邦在一九三八年成為信徒。陳阿邦是池上阿美族人，受洗後開始向家人及族人傳教。陳阿邦一表人才，辯才無礙，信徒日增。當時，由於美、日為交戰國，小阪及陳阿邦的傳教活動均受到打壓，只能在檯面下進行。二戰結束後，陳阿邦正式登記成立「萬國聖經研究會」，在美國救濟品的推波助瀾下，信徒大量增加。一九六〇年代初，陳阿邦因故被總會開除，總會另行重新登記成立「耶和華見證人王國聚會所」（簡稱耶和華教），與「萬國聖經研究會」一分為二，各擁信徒七十餘人。耶和華教極盛時期，會眾多達二千人，占池上阿美人口七成，幾乎成為阿美族與漢族區隔的標誌，池上更是此一教派在東台灣發揚光大之處。反觀「萬國聖經研究會」則發展較為困難。

天主教傳入池上始於一九五四年，瑞士白冷外方傳教會的會士錫質平神父和紀守常神父首先到池上傳教，在池上火車站南邊租了一間草房作為臨時傳道所。池上堂區的發展，分為三個時期，一九五四至一九八〇年為白冷會時期，由瑞士籍神父負責宣教；一九八〇至一九九五年為聖十字架慈愛修女會時期，由瑞士籍修女負責；一九九五年至今為本土時期，由台籍神父與修女負責。白冷會紀守常神父接掌鹿野和平堂區時，常定期來池上宣教，特別重視原住民的生活，來池上時都會探訪生活貧苦的百姓，因而認識不少大坡、振興、福原、新興等部落的居民。一九五六至一九五七年間，在孫惠眾神父、王志遠神父熱忱宣教下，領洗了四十三位教友，主要為池上鄉的阿美族與海端鄉的布農族。一九五七年春，和致中神父負責池上堂區的宣教工作，助手江金榮和家人跟著到池上服務，和神父還有鍾姓閩南教友協助傳道。一九六五年，和神父向國外募款，利用舊有傳教員宿舍改建為教室，在池上天主堂開辦天真幼稚園。

池上鄉的佛寺有福蓮寺、法林寺、菩提寺和佛光禪寺。福蓮寺為池上最早的佛寺，位於新興村北端，與大埔村相鄰。一九三七年，開山法師釋修圓自花蓮東禪寺分觀音菩薩香火，在大坡池畔一茅草屋內供奉，一九四一年改建為木造屋。法林寺開山法師釋信道為高雄美濃客家人，受戒於白聖法師，本修淨土，其後以供奉藥師佛為主。一九六三年，南部臨濟宗佛教團體在福文村創立「東興精舍」（舊址在現今福文村辦公處），由高僧前來講經並教授誦經，信徒日眾，而由釋信道法師常駐東興精舍，負責池上弘法事務。其後，釋信道召開信徒大會，決定在慶豐村開創法林寺。一九六七年登記立案。

位於池上玉清宮附近的菩提寺，開山住持為釋宏省，受戒於基隆十方大覺寺普欣法師。曾在關山南山寺佐理寺務，後發願在池上弘法，一九六七年購買原名「菩提禪寺」的草庵。一九六八年，完成大悲殿，其後八年間，陸續完成大雄寶殿、地藏王殿、功德堂、納骨塔、齋堂等。一九七三年五月二十日改名「菩提寺」。佛光禪寺位於富興村，開基住持釋維光法師是屏東人，早年在南洋謀生，因在當地染重病，發願若病情好轉，將返台出家蓋寺院，後來果真病情好轉，返台先與鳳山林萬祥結拜並跟著學習其教派。[86] 一九五五年，釋維光隻身前來台東現址建立道場，一九五七年改為傳統佛寺建築，一九九〇年再度改建為現今蓮花座造型。

漢人民間信仰、西拉雅祀壺與阿美族信仰的興衰消長

在漢人居多數的情況下，漢人的民間宗教是池上鄉的主流信仰，而且越到晚近越是興旺。先不論散見各庄頭的土地公廟、數個祭祀無主骸骨的萬應祠、較晚興建的祀奉開漳聖王的建安宮，以及主要與建築業者有關的聖文殿，此地最早建立也最重要的寺廟有三個：保安宮、池上鄉福德宮與玉清宮。

保安宮位於錦園村一鄰一號，即海岸山脈西側山腳下，是池上鄉最古老的寺廟，也是台東縣少數建於清代的廟宇之一，創始於一八八二（清光緒八）年，與西拉雅人移墾池上鄉有關。[87] 正殿主祀開基神祇是神農大帝（五穀先帝），左右同祀媽祖、關聖帝君，左右兩個側殿裡分別供奉城隍爺、註生娘娘。保安宮的年中祭儀有三種形式，一是民間自發性的祭祀（拜廟）及寺廟例祭，諸如註生娘娘、關聖帝君、城隍爺等聖誕，以及初一、十五日暨年節時候，多由居民自發前往祭拜。二是有組織的大型祭典，如媽祖戲、中元普渡、收冬戲等，主要由錦園、萬安、富興三村居民組成神明會，選出若干頭家、爐主、首事等負責執行；振興村因地理區位較偏遠，漢人少且聚落零散，歷年來雖然偶而也有頭家、爐主產生，但屬於保安宮的外圍

聚落。三是地方性的大祭典，每年四月二十六日的五穀爺生，是池上全鄉的重大祭儀。

日治末期，日本政府進行「寺廟整理運動」，一九三八年保安宮被毀，五穀先帝神像被信徒張保私奉於家中。戰後，地方提議重建寺廟，一九七〇年間，信徒請示五穀爺，擇定在萬安、錦園兩村交界處的現址建廟，一九七六年新廟完成後，正式定名為「保安宮」。西拉雅人對於神農大帝的建祀一事，積極而且有主導性，類似情形，在池上鄉福德宮的建廟過程中也可以發現。

池上鄉福德宮主祀福德正神（土地公），但左殿增設文昌君神位，主要是供鄉內學子祈求學業順利所設。根據廟方提供的資料，此廟的沿革如下：

大坡福德宮（九五年信徒大會通過更名為池上鄉福德宮），位於慶豐村慶福路省道之北側，稻田環抱周遭，是池上第一個廟宇……該處及附近田園原為池上地主潘路菜之次子潘明傳及慶豐村潘明福所有……大正十五年（一九二六），已建有廟亭以竹搭建廟亭供人膜拜，並以土地公與三塊石塊為先民膜拜祈福之神明……。[88]

潘明傳與潘明福兩人都是平埔後裔，他們在建廟過程中都扮演重要地位。而位在本鄉福文村的玉清宮建廟過程，則可看出平埔人在池上鄉漢人宗教的影響，已經不再具有支配性。

玉清宮係二層宮殿式建築，二樓靈霄寶殿供奉主神玉皇大帝，兩旁祀南北斗星君，一樓奉祀關聖帝君、天上聖母、註生娘娘、觀世音菩薩、地母娘娘等。據《池上玉清宮沿革誌》，本宮天公信仰始於一九四八年間，在此之前，池上街區福文、福原、大埔三村一帶，只有一座日治時期的福蓮佛寺，道教信仰雖普遍存在民間，唯仍無任何廟宇建立。[89]玉清宮的天公信仰，發軔於太平洋戰爭間。[90]根據廟方的記載：

當時本鄉福文村信士蔡連福先生有感於二次世界大戰期間，本地屢遭戰機襲擊，情勢危急，村民在惶恐不安中，常口呼「天公祖」（玉皇上帝）以求庇佑，……蔡老先生感念至斯，即淨身虔誠向天恭請聖駕蒞境，蒙玉帝御准香火，暫以木柱支架，上覆布蓬鐵皮，搭蓋臨時廟亭供人膜拜。[91]

玉清宮的「天公」信仰產生後，廣受民眾信奉，接著建廟、立祀、組成祭祀團體，祭祀圈迅速形成，從地方角頭進而發展成為區域大廟，初期仍以「信徒各自膜拜」為主，迄一九五三年間，玉清宮每年正月初九的「天公生」已頗具規模，一九七〇年代已發展成全鄉性的大型祭典，祭祀圈涵蓋鄉內各村。玉清宮位於漢人居多數的火車站一帶，前述的蔡連福則是來自台中的漢人。這些資料顯示，一九四〇年代晚期之後，漢人在池上地區已日漸占上風。

玉清宮是池上的大廟，信仰範圍涵蓋了全鄉與鄰近的鄉鎮，然而嚴格說起來，祭祀圈仍以福文、福原、大埔、新興四村為主，又因其位於福文村內，每年土地公生與媽祖戲、中元普渡、謝平安等，都以福文、福原兩村信徒為主，而其中最特別的，是土地公生的祭儀。玉清宮沒有供奉福德正神，但因福文村庄頭土地公廟就在玉清宮的北側，居民在一些祭儀的認知上將其視為玉清宮的一部分，比如收冬戲、謝平安，就合併在玉清宮舉辦。[92]

西拉雅人在池上鄉最早的兩個漢人宗教信仰中心的建立過程中，扮演了關鍵性的角色，其本身的祀壺習俗也隨著族群遷徙進入了池上地區。或者換個方式說，在遷往東台灣之前，許多西拉雅人已經跟漢人一樣「拿香拜拜」，其宗教生活已經混雜了漢人信仰與祀壺信仰的成分。但在一九五〇年代末期以前，祀壺一般被視為「蒙羞的信仰」，[93]即使在許多人家中都可看到，可是供奉者一般祕而不宣，一些奉祀太祖的尪姨雖因能替人解厄而受族人尊敬，[94]但這種供奉在屋內牆角的太祖，漢人大都以「壁腳佛」稱之，並常視之為邪神。在漢人宗教的強勢氣氛下，西拉雅祀壺呈現一種沒落與隱匿的趨勢。這樣的態勢，在一九六〇年代有了比較明顯的轉變，由保安宮歷屆管理委員會的組成可以略窺端倪。保安宮第一屆（一九五六～一九六一）管理委員會的二十七位委員中，可確認的平埔族裔多達六人，占了兩成以上，但第二屆（一九六一～一九六五）以後，平埔族裔明顯銳減至一到兩人，表示平埔族已不再積極參與保安宮事務。當平埔人逐漸退出純屬漢人信仰的保安宮活動的同時，錦園村的慈善堂以及富興村的北極玄天宮開始興起，這與西拉雅祀壺的新發展有明顯的關係。

目前池上鄉與祀壺相關的宮廟有錦園慈善堂、福文自來佛祖壇、富興北極玄天宮、錦園元極宮、福文順天宮五處。觀察池上的西拉雅祀壺信仰，可以分成三個階段：強勢的漢人神祇與隱密的「壁腳佛」、祀壺升座與諸神並列、多元時代氣氛下的祀壺。一九五〇年代末期以前，西拉雅祀壺已有沒落的趨勢，一九六〇年代之後，透過「壁腳佛」被觀音佛祖收服的方式，升座與諸神同受供奉，原先的祀壺在漢人民間宗教的形式中重新找到新的定位。這個時期很顯著的現象是私家祀壺的逐漸消失，這多少與台灣社會形態在一九六〇年代產生重大的改變有關，此時越來越多東部居民為了工作移居西部，包括池上的西拉雅後裔在內，許多家庭因為子女外出、祀壺無人照顧，而讓祀壺被「收納」到廟中，池上慈善堂於一九六〇年代初的興起，多少與此發展趨勢有關。

慈善堂位於錦園村鳳梨園五十一號，即在海岸山脈西側山腰，三面環山，遙對新武呂溪，在保安宮東南方約三公里處。此廟創立之前，原係平埔族太祖（阿立祖）的地盤，且有陳清雲以尪姨之姿救世。[95] 其後奉觀音佛祖指示，欲在此地行乩救世，正巧觀音佛祖的乩童吳進法在日治末期躲避空襲至此，[96] 陳清雲設法將吳進法招贅為女婿，而觀音佛祖借助太祖法力降乩救世，香火十分興旺，在其宅設「救世壇」，此即慈善堂前身。慈善堂設於一九五七年間，主持人吳進法獲富里鄉萬寧朝寧宮媽祖指示，迎回觀世音菩薩（觀音佛祖）令旗在家供奉，一九五九年間創設了「救世壇」，主神觀音佛祖，左側旁祀四個太祖祀壺、將軍柱、向缸等。一九七四年間，再擴建成佛道教綜合式的寺院，改稱為「錦園慈善堂」，內祀神祇以佛、道諸神為主。近年來，已將開基的觀音佛祖、太祖祀壺移到後殿內供奉。每年農曆四月初八日有浴佛法會、七月二十六日有地藏王普渡法會、十二月二十三日有謝平安法會，九月十五日則舉行太祖聖誕的夜祭活動，開基的「救世壇」則每逢三、六、九日行乩救世。[97]

陳清雲因傳承尪姨法術而無子嗣，領養楊秋菊為養女。[98] 楊秋菊和吳進法結婚後，陳清雲為免其家無後，堅持不再傳法。陳清雲往生後，其尪姨法術遂告失傳，救世壇由楊秋菊主持，吳進法則身兼觀音佛祖和太祖之乩童，由於太祖法力高強，觀音佛祖即藉其法力以行乩救世。據神明諭示，太祖乃「番仔神」，雖具法力但未列仙班，且常以法力作弄人，遂由觀音佛祖收服，並送往西方茹素修行三年，後升座與諸神同受香火，自此只能行善而不再作弄人，有別於昔日「壁腳佛」形象。[99] 總之，太祖是奉觀音佛祖之「命」救世的解釋，普遍被一般信眾所接受。富興村玄天宮的發跡方式，與錦園村慈善堂大致相同，其時間亦頗接近。

富興村在錦園村南方，中間隔著萬安村，是清代新開園庄的範圍之一。北極玄天宮位於富興村三十四號之一，背負海岸山脈，前臨新武呂溪，距離保安宮四公里左右。北極玄天宮開基於一九六〇年代，主祀玄天上帝（上帝公），同祀神農大帝、媽祖、觀音佛祖及佛道諸神，宮前右側「北極玄天壇」供奉西拉雅族馬卡道群的「老祖」（開基元祖），每年農曆正月十五日開基元祖聖誕日，舉行夜祭牽曲活動，三月三日玄天上帝生日、四月二十六日神農大帝聖誕，均有盛大祭典。[100]

據張明鳳口述，其母在家中供奉老祖祀壺時，從未辦過祭典活動，開設「北極玄天壇」之後，他曾回到母親位於屏東滿州的娘家，試圖追溯老祖的根源，但無頭緒。最後，透過老祖自己開示，確定千秋日為正月十五日。亦即，以道教信仰方式找回母族的信仰。[101]由於這個祀壺是張明鳳「自己找回來的」，因而將其祀壺取名「開基元祖」，表明其為本地第一始祖（元祖）。如此看來，張明鳳對於西拉雅祀壺的態度，基本上著眼於信仰的建立，為了讓信徒（非平埔族裔）更能接受而塑了金身。此外，為開基元祖請阿美族跳舞以代祭典的「牽曲」之例，也是由他開創。[102]

總括而言，經過清領與日治時期的發展，池上鄉的西拉雅祀壺到一九五〇年代面臨嚴重挑戰。不但懂得祭儀的尪姨一一辭世，許多私家的祀壺更是面臨無人祭祀的窘境。慈善堂與北極玄天宮一九六〇年代之後的發展，代表祀壺信仰以不同的轉化方式，祀壺得以昇座與諸神並列，不但延續了祀壺的習俗，也為後一階段的發展鋪下基礎。

伴隨著台灣一九八〇年代的社會運動，原住民運動亦蓬勃發展，尤其一九九〇年代之後，台灣原住民文化與認同都有提升的趨勢，原本「汙名化」的認同，逐漸改變為擁有某種「光榮感」。這不只發生在具有官方承認的原住民間，一些原本隱藏在漢人陰影下的平埔族群也開始勇於承認自己的原住民身分。台灣原住民運動的大環境，對池上鄉祀壺的再興產生很大的影響，慈善堂的興旺以及一些祀壺神壇的設立，都與此有關。有趣的是，這樣的趨勢也讓祀壺有了多元化的發展，在信眾趨於泛族群化的同時，馬卡道等西拉雅系後裔卻未必接受祀壺信仰（例如北極玄天宮的主持人），使得現象更為複雜。

阿美族是早期移居池上地區的另一個族群。跟西拉雅族人類似的是，他們從恆春遷來之前，傳統信仰中就已夾雜著漢人的習俗與信仰。換言之，大多數池上鄉的阿美族在從恆春地區遷入時，即已跟著漢人「拿香拜拜」，但阿美族原有的宗教信仰（例如神靈觀、巫師與竹占師的重要性）仍未完全被抹除。[103]

比較特殊的是，一九三〇年代中期，池上阿美族開始接觸基督宗教的耶和華見證人信仰，[104]一九四〇年代初期的二次世界大戰期間，儘管日本官方強力打壓，當地阿美族人仍暗地裡信奉耶和華見證人，形成此時期池上地區阿美族宗教的顯著特色。二次世界大戰之後，由於國民政府的宗教自由政策，此教派一時發展迅速，阿美族信徒大量增加，一九五〇至一九六〇年間，在池上阿美族間的比例甚至高達七成，更因許多男性信徒不願服兵役而造成社會新聞。然而，一九六〇年代之後，教會分裂為二，信徒人數目前只有百餘人，已經不復當年盛況。相對地，一九八〇年代起，許多阿美族人紛紛成立漢人式宗教神壇，漢人宗教在池上阿美族人之間又居於主流。[105]

筆者對這種興衰的解讀是，阿美族原本在池上地區過著相當優渥的生活，日本人統治帶來的負面影響（例如徵兵、繳稅、戰爭時期物資管制等），以及大量漢人進入所產生的生活壓力（土地流失等），都使他們對當時的狀況普遍產生不滿。也就是說，相對剝奪感應該是池上阿美當時普遍接受基督宗教的一個重要的社會性因素。然而，一九六〇年代之後，隨著農業社會的轉型以及人口外移等因素，原先的相對剝奪感大幅降低，原漢之間的隔閡也不再顯著。相對地，在西方基督宗教以及漢人宗教的影響下，池上阿美的「傳統」宗教元素可謂「消失殆盡」。最近十餘年來，在官方鼓勵原住民恢復傳統的政策下，傳統宗教有復興的跡象，其中以「豐年祭」的重新舉辦最為顯著。不過，這項具有「阿美族過年」意義的年度活動，宗教的性質已不顯著，反而「文化傳統」的意義較突顯，因此稱為「豐年節」應該更為貼切。

池上三大祭祀圈的形成

池上全鄉不同宗教的興衰明顯受到原漢人口比例的影響。一九三〇年代中期起，在日本政府的政策下，台灣西部漢人大量移入池上，到二次世界大戰結束時，漢人已是此地的優勢人口，池上的政經主導權更是落入漢人之手，宗教信仰方面亦是如此。整體觀察，池上有佛寺、一貫道道場、不同系統的基督教會，但最主要的還是漢人的民間宗教，相關的宮廟頗多，在歷史發展過程中，全鄉逐漸形成以三個宮廟為中心的祭祀圈：錦園保安宮、池上鄉福德宮、福文玉清宮。除了造橋、鋪路、興學、濟貧之外，參與宮廟活動是地方熱心人士最主要的投入場域。

池上的三個祭祀圈中，最早形成的是以保安宮為中心的祭祀圈，其範圍包括慶豐、大坡、錦園、萬安、富興、振興六村。一九七〇年代以後，因位於慶豐村的福德宮香火漸盛，慶豐、大坡兩村逐漸脫離「保安宮五穀爺」的祭祀圈，而形成以「慶豐福德宮」為中心的祭祀圈，之後又改名為池上鄉福德宮。玉清宮的天公信仰在一九四八年產生後，很快就形成祭祀圈，以福文、福原、大埔、新興村為主。

建立最晚的福文村「玉清宮」，是在一九七二年才正式命名為「玉清宮」。一九九一年主辦「辛未年池上鄉玉清、保安、福德宮聯合慶成祈安五朝清醮」、二〇〇〇年主辦「庚辰年玉清、保安、福德宮祈安三朝圓醮」。這是當地僅有的兩次醮典，迄今仍是許多地方人士津津樂道的盛事，也使得「玉清宮」成為池上鄉最重要的道教民間信仰的中心。

一九九〇年玉清宮完成改建，並於當年農曆十一月十七日安龍謝土，但許多信徒認為，按照漢人民間習俗，新廟落成兩年內應該舉行慶成醮，感謝上蒼神祇，因此鄉內有心人士積極籌畫「建醮」事宜。另一方面，池上鄉歷史更悠久的兩座大廟（保安宮與池上鄉福德宮）雖分別於一九七六年與一九八七年完成改建，即使有建醮之意，也無力達成，所以地方上才有「聯合建醮」的倡議。當時福德宮已改建三年多，勉強可與玉清宮一樣以「寺廟慶成」作為醮祭的主旨，但對保安宮來說辦「慶成醮」這個理由就太牽強，所以提議以「祈安醮」的名目與兩廟合作。一九九一年，三座地方大廟的主事商討後決定了醮期，所以這次的醮典，既有慶祝寺廟落成的意義，也具有為地方祈求闔境平安的目的。至於二〇〇〇年的三朝圓醮，則與一九九一年的醮典有關。一九九一年的聯合慶成祈安五朝清醮完成後，當地人曾許下「十年圓醮」的願。到了一九九九年，池上鄉地方順遂、民生樂利，地方人士因此有了「圓醮」之議。在玉清宮的主導下，向玉皇上帝擲筊請示，擇訂於二〇〇〇年舉辦「庚辰年聯合祈安三朝圓醮」。

各種類型的醮典在台灣西部地區經常可見。至於建醮的頻率，依劉枝萬的觀察以南部最頻繁，往北則逐漸減少，這與漢人開拓的先後相關，因為早期開發之地，民間信仰的色彩較為濃厚，道教浸潤也是既深且廣。[106]這樣的觀察也適用於東台灣。在漢文化邊陲的東台灣，醮典相對比較少見。池上鄉的這兩次建醮，實可視為當地漢人宗教文化理想的具體實現。從這當中，多少可以看出當地社會性質的改變。

首先，從日治的一九二〇年代開始，因為國家政策的鼓勵，以及東線鐵路通車等因素，從西部地區遷入池上平原的漢人逐漸增加，到了一九五〇年代時，漢人的人口在當地已經是絕對多數，漢人的文化漸漸成為主流，漢人宗教在一九九〇年代為池上鄉最具支配性的信仰。其次，兩次建醮之所以能辦成，很大因素來自當地經濟情況的改善。一九二六年東線鐵路通車後，配合日本政府在治安方面的改善，池上平原中央逐漸成為全鄉最繁華的區域，火車站一帶不但人口聚集，也有各種商店設立。池上雖然開庄甚早，但早期聚落位在海岸山脈東側的縣道一九七沿線，居民也以農業為主要生計。儘管有些家庭經營礱米廠、雜貨店等，整體經濟能力仍然有限，這由兩座較早成立的大廟（保安宮、福德宮）祭祀的神明以五穀大帝與土地公為主神即可看出。兩座廟落成時，也都沒有舉辦「慶成醮」的能力。一直等到位在街區的玉清宮落成後，因為信徒中有許多做生意的人，池上鄉第一次的建醮願望才得以實現。我們從兩次醮典中實際參與者以及重要贊助經費者以仕紳與商人為主，便可看出池上的社會性質已經不是單純的農業社會，而有了明顯的轉變，且區域性行政與市場中心由錦園轉移到火車站附近。[107]

當然，在成為地方最大廟宇的過程中，玉清宮一些組織與制度的發展也值得留意。玉清宮於一九四八年即發端，一九五三年建有平房式的廟宇。一九八三年改建時，儼然已是全鄉寺廟的龍頭。在一九九〇年引龍安座前，已設立了司禮生，也成立了服務團與技藝隊，尤其是技藝隊中的抬轎班陣容龐大，在池上首屈一指。一九九六年玉清宮的司禮生到宜蘭的玉尊宮研習，誦經團也在玉尊宮的協助下正式成立，這一年玉勝醒獅團也成立了，玉清宮的組織益形完備。而在成為地方大廟的同時，玉清宮的主事者仍願提攜鄉內其他廟宇，兩次的建醮就是明顯的例子。其實照台灣民間的慣例，一九九〇年的建醮是配合玉清宮安龍入座而來，是玉清宮本身的活動。但因池上地處東台灣，相關知識與資源缺乏，成立已上百年的錦園保安宮與池上鄉福德宮並沒有舉辦過類似活動。於是，在玉清宮的促成下辦成了這兩次的聯合祈安慶成醮典。也正因為三個大廟的祭祀圈涵蓋全鄉的十個村，亦即兩次醮典的醮境即以池上鄉為範圍，禁屠齋戒與封山禁水的範圍也是全鄉，不但以祭祀漢人宗教中神格最高的天公為主的玉清宮在鄉中的中心地位更為確定，也強化了池上全鄉的一體感。

至於以這三個漢人宮廟為中心，一九五〇年代建立串連三個祭祀圈的元宵節遶境活動，至今仍是池上鄉每年固定舉辦的廟會。田野資料指出，早期鄉內的寺廟有參加台東元宵遶境的習慣，後來有人提議，才開始由本鄉自行舉辦。一九五〇至六〇年代，元宵遶境只有一天，早上由保安宮出發，下午由玉清宮出發。[108] 早期進行的方式是，有意參與的廟宇，其神轎和工作人員先聚集在保安宮，神明是坐輦轎由信徒抬著徒步到每一個村落去，接受信徒在家門口擺案桌供品，手持香虔誠禮拜接引神明，最後回到保安宮解散。經過多年的變遷，有幾個明顯的變化值得留意。首先是神轎不再由信徒抬，而是跟全台其他地方一樣改乘坐車輛。其次是集合地點由保安宮改為玉清宮，這與一九三〇年代之後，池上平原行政與市場中心由新開園（錦園）轉往火車站一帶有關。

另一方面，一九七〇年代建立的「吃飯擔」制度也頗有意義。早期遶境時，有些民眾會準備點心給遶境人員享用，但也因此造成遶境時間拖得很長。地方仕紳頭人討論後，決定將原本村民各自在家門前提供餐點的方式，改為分區輪值提供。如今這種提供擔飯（俗稱吃飯擔）已成為池上鄉元宵祈福遶境的特色之一。[109]

每年遶境的路線也會隨著負責主辦「吃飯擔」的村子用餐地點而異動。輪到負責主辦「吃飯擔」的村子，村長會事先通知該區的村民信眾，並鼓勵村民信眾們共襄盛舉提供餐點，在事先訂定的時間內送至目的地，免費提供給參與遶境的工作人員享用，而提供者通常都留在現場協助並同時享用，等大家都用完餐點後再收拾善後整理場地。儘管有些外地人甚至觀光客會參與這項活動，但大多數還是池上本地人，這也是他們聯絡感情的絕佳時間。遶境、「吃飯擔」與當地人「地方感」，具有明顯的關連。

此外，原住民踴躍參與的現象也非常明顯。以目前觀之，元宵遶境中最引人注目的是藝陣（如金獅陣、官將首）的表演，其中阿美族人組成的宮廟陣容特別顯眼。再以阿美族比例最高的大坡村為例，當隊伍進到大坡村的主要道路時，信奉漢人民間宗教的阿美族人也和漢人一樣，在自家門前擺設案桌放置供品禮敬諸佛神，當佛尊、神尊專車蒞臨時會燃放鞭炮及點香迎接禮拜，當神轎經過時雙手舉香虔誠禮拜完，再把香交給廟宇的工作人員，換取廟宇的香插在自家的香爐上，進行「換香」以接引神明降福普照。換言之，儘管元宵節是漢人傳統節慶，但在池上，參與元宵節遶境的人並不限於漢人，尤其越到晚近，這種情形更為顯著。現在的元宵遶境，已成為各族群共同參與的地方歲時活動。

除了元宵遶境之外，中元普渡也是池上鄉重要的民間信仰活動之一，每年農曆的七月十五日舉行。原本是各村或各角頭廟分別舉辦，後來經整合將全鄉分成三區，輪流主辦，全鄉信眾均備三牲到此祭祀亡魂。[110]以上這兩個民間宗教活動，都是池上每年最重要的活動，對大多數鄉民來說意義非常重大。兩者皆以全鄉為範圍，至今仍是維繫地方凝聚力的基石。

觀察池上的宗教現象，可以歸納出幾個重點。首先，宗教明顯與人群的連結有很大關係，一九五〇年代起，元宵遶境幾乎串連起整個池上鄉的宮廟，以漢人民間宗教為主的人群連結也日益鞏固。再者，產業的變遷不但造成人口與空間分布的變化，對宗教信仰的興衰、中心的移轉也有影響，元宵遶境的中心從早期的錦園保安宮，一九七〇年代起轉移到福文的玉清宮便是一例。另外，產業也會使得某些宮廟特別興旺，例如祭祀魯班與荷葉仙師的聖文殿，由於一九七〇年代大量鄉民從事土木、泥水業，因而設立，甚至可以在一九八二年建廟並成立轎班。而馬卡道西拉雅族群的祀壺信仰之隱沒與再興，以及阿美族主流信仰從傳統到耶和華又到漢人民間宗教，也跟整個池上地方社會的變化息息相關。最後，除了長老教會出身的蔡家，全鄉性層級的政治人物大都與教會、宮廟保持一定距離，雖然也會參與相關活動，但並不積極，多少呼應了謝國雄在新北坪林的觀察：「家族是茶鄉村民生活的核心。其次，可以看出村民社會生活的圖像：家族與政治及經濟糾結在一起，宗教在日常生活中屬於另一個範疇，不會自然浮現。」[111]

插曲一：轉型期的台灣

二次大戰之後到二〇〇〇年間，台灣的經濟可以分成六個時期：艱苦復健期（一九四五～一九五〇）、依賴成長期（一九五一～一九六〇）、高度成長期（一九六一～一九七〇）、積極調整期（一九七一～一九八〇）、積極轉型期（一九八一～一九九〇）、停滯轉折期（一九九一～二〇〇〇）。按照這樣的架構，一九七一至一九九〇年之間可統稱為台灣的轉型期。[1]事實上，這樣的架構與台灣的政治發展也有相當程度的契合。[2]下文將以此為基礎，探討這二十年間台灣的變遷及其對池上的影響。

由於戰後百廢待興，台灣的經濟一直到一九五〇年底才回復戰前水準。此後，政府放棄日治時期的「農業台灣vs.工業日本」政策，改以「農工並進」為產業主軸，當時的口號是「以農業培養工業，以工業發展農業」。一九五〇年四月起，陸續實施三七五減租、公地放領、耕者有其田等政策，農業產值大增，又以進口替代方式發展工業，加上一九五〇年六月二十五日韓戰爆發，政治因美國協防台灣而安定，經濟上又接受美援資助，在穩定中成長。一九六〇年代之後，政府以簡化匯率、放寬進口限制、積極鼓勵出口的政策，企圖「以貿易促進成長，以成長拓展貿易」，不但對工業投資減租，也設置加工出口區，經濟因此大幅成長，一九六三年開始，工業品輸出超過農產品，且受惠於一九五五至一九七五年間美國參與越戰，台灣在政治、經濟上得以相對穩定。

然而，進入一九七〇年代，台灣面臨政治與經濟的雙重挑戰，不得不開始進行結構性的轉變。在政治方面，先是一九七一年十月二十五日中華民國政府失去聯合國代表權，一九七二年九月二十九日，日本與中共建交，我國外交部聲明與日本斷交，最重要的友邦美國也於一九七八年十二月十六日宣布與中華人民共和國建交，並與中華民國斷絕外交關係，政府不得不將中央公職人員選舉延期舉行。一年後，一九七九年十二月，高雄爆發美麗島事件。

經濟方面也面臨嚴苛的挑戰。先是一九七三年與一九七八年分別發生兩次石油危機，加上美元一九七三年二月起貶值的壓力，全球經濟都受到影響，台灣也有物價飛漲的問題，於是政府不斷採取緊縮措施。在此一時期，政府先於一九七二年推動加速農村建設政策，更於一九七三年十一月推動「十大建設」，復於一九七七年九月進一步推動「十二項建設」，除了基礎建設（如高速公路）外，更發展重工業（如中鋼公司），促進產業升級，試圖調整經濟結構。經濟方面的變動，加上一九六〇年之後因工商業化造成人口大量流向都市，與政治方面的多方挑戰，造成社會的不穩定，因此一九八〇年代之後，不論政治、經濟、社會方面，台灣都在積極尋求轉型。

此時的台灣仍處在戒嚴時期，並由蔣經國總統主政。當時國際發生第二次石油危機，台灣主要能源都仰賴進口，因而受到嚴重衝擊，國內物價快速上升，經濟成長衰退。政府希望壓低利率、增加貨幣供給、增加出口，以提高經濟成長率來度過危機。此一做法是希望先全力追求經濟成長、擺脫衰退，再回頭來改善社會貧富不均的狀況。當時擔任《中國時報》總主筆的王作榮就是持這種主張的代表性人物，但遭到中研院院士蔣碩傑的抨擊。蔣碩傑認為這樣會使資本家得利、貧富差距擴大，造成社會不公，因而主張控制貨幣，以穩定經濟和社會為主要訴求。一九八一至一九八二年間，兩人透過報紙投書與社論展開的一連串辯論，當時被稱為「蔣王論戰」或「王蔣論戰」，這是台灣的經濟學家公開討論政府經濟政策的開始，也是自由主義的市場經濟思潮進入台灣的開端，深深影響了台灣日後的經濟走向。

顯然，當時全力追求經濟成長的論點占了上風。政府為了強化貿易、增加出口，於一九八四年與美國簽署了《中美食米外銷協定》，答應逐年減少台灣的稻米輸出，並進口美國稻米。為了因應這樣的衝擊，前一年（一九八三）的七月六日，在聽取時任台灣省政府主席李登輝的報告後，蔣經國總統特別表示：「須以基層建設為重，特別對於農、漁、勞工較低所得者的照顧，要能切實普及。」但不久之後，一九八五年發生金融風暴，政府遂於該年五月召開「經濟革新委員會」，經濟的自由化、國際化、制度化乃成為不歸路。

也就在一九八五年，社會運動風起雲湧，諸如保護環境運動、消費者意識運動、工人運動、原住民運動、婦女運動等，層出不窮。這些「去中心化運動」，可說是民主制度下，人民對於社會改革的期望，動搖了過去單一黨國的威權體制。一九八七年七月十四日，政府宣布台灣地區自七月十五日零時起解除戒嚴，《動員戡亂時期國家安全法》同步施行；同年十月，開放兩岸探親，代表台灣告別一個時代，進入另一個階段。

一九八八年一月十三日，蔣經國總統逝世，李登輝依憲法規定繼任中華民國第七任總統，並於一九八八年一月二十七日代理中國國民黨主席。一九八八年一月，政府開始拋出「務實外交」理念，並公布《第一屆資深中央民意代表自願退職條例》，立法院也三讀通過《動員戡亂時期人民團體法》，戒嚴時期體制進一步解體。一九九〇年一月以「臺澎金馬個別關稅領域」名義申請加入「關稅暨貿易總協定」（GATT），表示重新加入國際組織的決心。

一九九〇年五月二十日，李登輝第一次連任，就任第八任總統，並表明修憲決心，頒布特赦令，特赦呂秀蓮、陳菊等二十人；一九九一年推動國家建設六年計畫，試圖加速國家現代化。同年十一月十二至十四日，以「中華台北」名義參加「亞太經濟合作會議」（APEC）。尤其在對大陸政策方面，先後成立了「國家統一委員會」（一九九〇年十月七日）、「行政院大陸委員會」（一九九一年一月二十八日）、「財團法人海峽交流基金會」（一九九一年三月九日），一九九三年四月二十七日，首次「辜汪會談」在新加坡舉行，簽署四項協議，兩岸緊張關係日漸趨緩，許多政策乃得以順利執行，新秩序的建立逐步落實。

台灣這段自一九七〇年以來的轉型，在一九九〇年代之後逐步進入一個相對穩定的階段，也進入翁嘉禧所謂的「停滯轉折期」，[3]社造政策便是當時政府的重要施政方向之一。

第二章　社造與地方社會

一九九〇年代無疑是池上地方歷史發展的重要轉型期，一方面有來自台灣一九八七年解嚴的大環境影響，另一方面則因為一九七〇起產業變遷且人口持續減少，池上的地方社會性質開始出現變化；更重要的是，一九九〇年代中期之後，池上各種民間團體紛紛出現，顯見民間力量逐漸勃興，地方的公共事務不再任由官方主導，乃發展出今日的樣貌。

台灣的社造政策與發展

目前在台灣談到「社造」，大多會連結到政府推動的「社區總體營造政策」。一九八〇年代以來，受到全球化、工業化之衝擊，台灣產生許多政經問題，原有的政治權威鬆動，民間社會興起。一九八七年解除戒嚴，政治民主化才起步，政府希望藉著社區總體營造的推動，使民間社會能培養由下而上的能動性，最終建立公民社會。[1] 一九九一年五月一日，政府頒行《社區發展工作綱要》，依《人民團體法》之規定，賦予居民組成的「社區發展協會」法定地位，為爾後的社造政策鋪路。[2] 一九九〇年代中期之後，台灣政府推動一系列的政策，政府各部門如文建會（二〇一二年升格為文化部）、經濟部、內政部與農委會等分別推出相關政策。一九九六年十月十二日，百位文化界人士發起籌組「中華民國社區營造學會」，由李遠哲擔任創會會長。當時被媒體期許為：「改造社會文化的新力量」。[3]

二十多年間，社造不僅是國家重要政策之一，也是學術研究的顯學；[4]不過近十年來，一則由於早期的「社造精神」受新自由主義影響已略為褪色，再則當時強調「公民社會」的社造有被強調經濟利益的「地方創新」取代的趨勢，相關研究數量已不如以往。以下選擇四個分布在台灣各地與社造有關的案例，一方面作為研究的借鏡，另一方面也想透過比較以突顯池

表2-1：四個台灣社造案例

地點	社造團體（創立時間）	主要行動	研究者
嘉義縣新港鄉	新港文教基金會（1987/10）	改善生活品質、提升精神生活、鼓勵參與公眾事務、建立公民社會	林秀幸
宜蘭縣蘇澳鎮永春里	白米社區發展協會（1993）	爭取環保回饋金、年輕人留下來、白米木屐文化館、合作社	呂欣怡
台中縣東勢鎮松坑村	松坑村社區家園重建工作站（1999）	地震後重建、法律諮詢服務、營造高接梨故鄉	容邵武
屏東縣林邊鄉／林邊鄉珍珠二村	林仔邊自然文史保育協會（1997）／惜村文化工作隊（1996）	掃街、淨溪、淨灘、河堤認養、河川整治、推動民主、舉辦花現林邊蓮霧節	楊弘任

上案例的特殊性。四個案例都不在都會地區，都有學者從事較長時間的田野調查，或直接參與社造行動，投入當地的社造觀察，並透過整體觀來論述社造與地方社會的關連，且提供了詳細的民族誌資料，因此可作為比較的基礎。

四個案例大致都在一九九〇年代解嚴前後展開社造工作，不管是在經費支助或觀念啟迪上，多少都受到政府部門社造政策的影響，而其中比較特殊的是新港的案例。這是在解嚴後不久、早於官方推動社區總體營造政策之前，就因為林懷民對故鄉的關心，以及在地人陳錦煌醫生的支持並擔任基金會第一任董事長，而於一九八〇年代末開始的行動。根據林秀幸的觀察，嘉義縣新港文教基金會是發起台灣社區運動的社團之一，後來才銜接上政府推動的社造政策。[5]

林秀幸早期的研究認為，新港文教基金會對在地社團的動員動機來自「對媽祖婆的信仰」。雖然基金會以「文教」為名，但目的在於改善地方社群的生活品質和提升精神生活，承辦全國文藝季、振興地方藝術，並率先全國實施垃圾分類，為環保的模範區，也在台灣解嚴後，展現以「地方」為實體的社會能量。基金會亦是在實踐過程體認到共同體的必要性，逐漸涉入地方社群網絡，並日漸居於中心地位。林秀幸觀察到，基金會立足地方的過程幾乎複製新港信仰中心奉天宮過去的經營方式，也複製了地方的形貌，且取代廟方的中心位置。而基金會不僅收編地方社團，也組織新團體，這些團體有原先依附在奉天宮周邊的老社團（如傳統戲曲子弟班），有地方既有團體（如新興佛教團體），還有基金會自行扶植的休閒社團（如阿公阿媽念歌會）等。過去位居中心地位的廟宇，也被收編在這塊版圖中。

相較於新港的案例發跡甚早，蘇澳的白米社區是另一個極端。此處居民原本都是外來移民，並沒有所謂的「社區」意識，但在政府的政策鼓勵下，社區發展協會歷經波折仍然辦得有聲有色，甚至原本不存在的社區概念也在居民間琅琅上口。白米社區居民的組成是缺乏傳統連帶、既無土地祖產亦無宗親網絡的勞工階級鄉村住民，這也恰好作為自一九六〇年代被聯合國引進台灣社會的「社區」概念——是一種有別於漢人傳統血緣、信仰等組織法則的新社會形態——的發展參照個案。

呂欣怡從一九九七至一九九九年初以研究生身分進入宜蘭縣蘇澳鎮白米社區，密集式參與當時社區產業規畫，之後有機會又再繼續回去參與調查，長達十多年的田野過程，提供其理解社區的詮釋和建構過程。[6] 呂欣怡在社造現場的觀察認為，「社區」並無固定主體，是一個正在形成（becoming）的過程。在白米社區的例子，催動社造主力的人物大多不居住在官方認定的「社區」地理界限內，很明顯地，居民對社區和社造的理解，不斷受到國家、專業者、媒體，甚至研究者重新形塑。[7] 呂欣怡從鄉村語境的轉變來看社區在台灣的存在，一九九七年居民所稱的「社區」，意味社區發展協會在居住之地進行的建設，十年之後，社區成為日常語彙一部分，代表「公」的事務，幾乎與漢人慣用的「庄頭」相近。社造二十年，社區由陌生新穎的概念轉化為台灣官方、民間和一般民眾認識地方的尺度（scale）。

白米社區躍升為宜蘭觀光地圖的亮點，不能不提到木屐產業。然而，木屐並不是當地傳統文化。在報導者的訪談中，為了建構社區意識與意象，以及爭取文建會補助，石礦、蘇花古道等都曾被拿來作為展示主題，直到一九九七年的全國社區總體營造博覽會，白米展館在四天之間賣出五、六十萬元的木屐，才確定以此為社區產業主軸。因此當地人也很清楚，「是社會大眾」而「不是我們自己」，決定白米社區的產業走向。

白米木屐館持續以募資、成立合作社等方式擴展經營規模，會員參與形式從最早的贊助，後來出現以投資為主的新進會員；二〇〇六年之後，盈餘轉負為正，彌補虧損及發放股息之外，也分配固定比例作為公基金、社區公益金、幹部酬金和社員紅利。耐人尋味的是，木屐館成立之初抱持「反企業」理念，長期營運卻無法避免成本效益考量的牽制。它在地方是「公事」，也是企業，既要符合「取私為公」的非營利組織理想，又要承擔自負盈虧的風險。再細究木屐館的產業內涵，是為了讓年輕人留在地方，讓地方擁有經濟能力以脫離市場和國家的制約。

一九九九年的九二一大地震無疑是台灣社區總體營造推行後的轉捩點，國家機器與法律政策在重災區緩不濟急，民間力量適時補位，同時地方上「由下而上」、「社區參與」的重建需求，更確立為落實社造「地方自主」精神的方針。容邵武對東勢地區震災後的社造觀察，提供我們理解當時社區是如何從傳統社區走向現代化政治社群。[8]

透過台中縣東勢鎮松坑村的民族誌分析，容邵武討論九二一大地震災後的重建過程中，居民如何運用當地傳統農作物高接梨所顯示出來的客家生活方式，創造重建的願景。他認為，松坑村原本只是一個由行政區劃而成的社區，但在社區參與和定調水梨文化的過程，逐漸有了另一個建立在文化特色「界線」上的社區，而這個文化特色的營造，基本上是依賴重建法律的規畫，在法律政治和文化的運作之下，社區界線不斷被居民想像和界定。

容邵武藉由松坑村重建的例子，突顯出法律權利的概念在社會上實際被採行的方式。透過他的研究，可觀察到當時農村如何由重建到社造，而社區居民對重建的想像與規畫如何逐漸被收納到法律系統之中。與多數的外來專業團隊進駐不同，松坑村的重建工作站是由在地居民組成，核心人物王華有地方文史工作室的經驗，重建之初即融合地方在地文化特色的社造思維，並將災區需要的經濟復原納入考量，抽出當地傳統作物高接梨為元素，而高接梨繁複多工的嫁接農事又與當地客家生活印象連結，形成以打造「高接梨故鄉」為重建方向。因此，工作站擬訂規畫發明高接梨技術者江龍賢的故居為文化館、農家朝休閒渡假農場發展、村內道路的鋪設和解說牌等，均設定與觀光結合，呼應「文化產業化，產業文化化」的國家施政口號。

然而，工作站的理想並未成功，最直接的阻礙是經費，諸多構想都要仰賴政府補助；其二是社區再造的願景涉及對傳統農村看法之間的衝突，對僅靠種水果維生的農民來說，在尚未完成基礎建設之前，轉型休閒農場或民宿土地混合使用的構想是一個無力也無意願想到未來的前景。容邵武指出，工作站將社區意識和社區參與質變為增進土地資本價值的途徑，只有持有土地的菁英，也是少數參與社區工作站者能因此獲益，是以不免讓人產生懷疑：到底是誰的社區重建？

這樣的觀察和質疑松坑村基於對抗重建法律的行動意識，反而浮現社區自身歷史和文化的界線。同時，水梨文化所要關注的層面不是行動者如何創造或重新定義「傳統」以增進利益，而是導致傳統與權利相互建構成為可能的條件，包括國家行動、地方力量、文化政治等，這些也關係到多重力量如何交互影響，並且與國家統治策略相關連。

嘉義新港的案例代表一種以鄉鎮為規模的社造模式，宜蘭白米社區和台中松坑村著重村落，楊弘任提供的案例兩者兼具，他在屏東林邊的田野個案以產業和社造團體為觀察重點，呈現出社造的動態過程。[9]簡言之，社造不是一個成果，而是不斷解決問題的過程。

一九六〇年代起，林邊當地農作蓮霧經過農民累積三十餘年的技術改良，從庭院遮蔭果樹躍升為「黑珍珠」的高價果品，在不同土質和果樹屬性的考驗下，每位果農練就獨到的栽培技術，形成特有的農業「師傅」文化。而「師傅」身體實作的默會知識（tacit knowledge）傳承，必須在實作中反覆試誤、逐漸熟練，成為銘刻在身體裡的知識。

楊弘任在黑珍珠栽培技術的創新過程中，看到「外來專業知識」和「在地農民知識」之間的差異，前者是農學專家的實驗論述，後者是農民師傅的身體實作。楊弘任強調這兩種知識是平起平坐的，而兩者相互轉譯，是當農學專家能夠「以自己的語言說出對方的興趣」，將農業師傅的實作知識轉譯為挑戰既有農學論述的重要成分時，農民師傅才會反過來將農學專家在實驗環境下的論述知識納為將來實作的參考。

在地與外來的文化習性差異與轉譯，也在一九九〇年代的社造過程再次被突顯。楊弘任將地方既有政治派系稱作「傳統村落組織」，後來進入林邊鄉的社會運動、社造工作者則為「公共行動社團」。傳統村落組織的知識形式是實作（practice）為主，從動機或道德來界定公共性；公共行動社團的知識形式則是論述（discourse）優先，不斷提出新理念來控訴對手並訴求改革，對公共性的想像主要以範疇或領域來劃分。台灣許多社區的社造工作是從環境綠美化開始，林邊鄉也有自發性掃街的傳統善行者。個人善行常遭到居民嘲諷「是吃飽太閒嗎」，無法產生漣漪般的效應，甚至在個人停止作為後就無疾而終。外地來的東港溪保育協會曾在此關注河川整治和保育議題，但未能引起居民持久性的行動，直到河堤認養，由在地師傅進場，才是社區全面動起來的開端，經由「在地師傅身體實作展演」，帶來環境改造中基本的穩固、簡約和實用性，而路人對正在進行工程的觀看、評語、讚美，形成邊做邊改的「在地美學」效應。師傅的實作在必要的專業性中容許在地美學觀點相互衝突與建構，也避免了一般義工在面對外來專家時，經常可能自覺無力或過度依賴的狀態。而居間促成河堤認養的林邊文史工作室，扮演與鄉內既有村落團體或人際溝通的角色，在逐漸取得信任後，藉著協助這些團體或網絡在完成向行政單位中請各類補助企畫書的討論過程中，將文史生態、永續發展、在地民主等理念，緩緩帶入這些團體或網絡的想像之中。楊弘任認為，這是資源分享、功勞分享所形成的信任重建，在原屬派系氛圍的村落中，對社造能否全面動起來、之後能否降低團體間惡性對立或分裂的危機，位居至為關鍵的角色。

林邊社造行動的兩位靈魂人物都是現代的知識分子，也是傳統的鄉紳，是在傳統與現代之間試圖做出自我定位的新形態在地行動者；而這樣的鄉紳知識分子，是社造過程面對外來與在地兩種習性的「文化轉譯」時，最佳的轉譯界面。

上述四個案例，林秀幸的研究試圖理解台灣社區運動細膩的地方情感層面，宗教信仰為其切入點，進而深入探討漢人宇宙論與社會運動間的張力，她發現在新的組織生態中，基金會扮演政治性角色，對外代表地方爭取資源，對內則協調、整合各個次團體，卻也帶來與地方的矛盾和張力。呂欣怡的研究則呈現社區是「製造」出來的，亦即國家治理對於地方社會具有巨大的影響力，連「社區」一詞的使用，也可以在十餘年間從當地人完全陌生到琅琅上口，甚至等同於傳統的「庄頭」，代表「公」的事務。這個案例也呈現了觀光與文化產業在當代的重要性。容邵武在台中東勢的研究，提供社造的另一種特殊案例，亦即從災後重建期間的法律諮詢、協助，進而發展到符應政府提倡的「文化產業化與產業文化化」方向。他的研究不但呈現了國家政策所產生的重大效應，也讓我們不得不重視法律在當代的重要性。楊弘任的研究連結村落與鄉鎮層次，並提出「文化轉譯」的分析概念，這不但是將動員潛能加以實現的發動機制，亦即社區行動必須透過文化轉譯才能使網絡成為有用的網絡，資源成為有意義的資源。他也指出，公共行動社團所持的改革論述與村落傳統組織的實作習性要能相互轉譯並建構出新的社會想像，整體行動的社區想像才得以提升。

整體來說，這四個案例都說明了國家政策對於地方發展的重要影響。從政府的角度，推動社造方面政策固然有其治理上的考量，但從當地民眾的角度，會有怎樣的回應卻大異其趣。四個案例顯示，社造要能做得起來，第一是當地要有熱心公益的人士推動，第二是要有許多當地人都覺得重要的事務，才能匯集足夠多的人來參與社造組織，共同參與一些公眾事務。換言之，每個地方社會都有各自的地理條件與歷史背景，社區總體營造只是地方社會歷史過程中的一個片段而已。

這個角度同樣可以用來觀察池上的案例。錦園社區發展協會於一九九三年四月十九日立案，是池上鄉最早成立的社區發展協會，一九九四年，文建會（今文化部）提出「社區總體營造」規畫，正式開啟台灣社區總體營造史的初頁，在這樣的風潮下，池上鄉的十個村都分別成立了社區發展協會。官方的經費與觀念引導，激發出不少地方動能，並發揮了很好的社區功能，例如萬安與大埔等社區發展協會的確造成了很大的社會影響。然而，光是從這些社區發展協會，並無法完整解釋池上後來諸多重大變化（例如大坡池整治、產地認證），因此筆者主張可以從「社造」的重新定義著手，而界定「地方」、「地方社會」是個起點。

一九九〇年代池上地方社會的轉變

在華文的語境中，「地方」具有多重的意涵。一個比較大的使用脈絡是與「國家」、「中央」或「官方」區隔，例如「地方社會」、「地方政府」、「地方人士」等等；另一個使用脈絡是指「特定地點或處所」，此時，指涉範圍可大可小，小到一個特定的地點（這個地方），大到一個區域（台灣地方社會）。就人文社會研究者而言，地方一詞的使用通常與社會／文化相連結。於是，地方的指涉範圍至少有兩個主要層次：一是村落或聚落，在學術上會有「部落」、「社」、「庄頭」等呈現方式；另一是範圍更大的區域、地域或地區，學術上有「華南地區」、「珠江流域」、「祭祀圈」等不同的研究成果。

早期人類學的地方社會研究，大多聚焦在村落、部落層次，以細膩的田野調查撰寫民族誌式報告。一九七〇年代之後，受到人類學歷史化的影響，地方社會的研究才逐漸擴展到更大的地域或區域。在這個地理層次的研究中，由於涉及不同的學科，專有名詞的使用頗為複雜，[10] 本書採用克瑞斯威爾（Tim Cresswell）對於「地方」（place）的定義。

克瑞斯威爾在《地方：記憶、想像與認同》[11] 一書中檢視了空間、區域、地方等詞彙，展現了研究取徑從一九六〇年代流行由客觀角度切入的「區域地理學」，轉向重視人類主觀面向的「人文地理學」，因而有阿格紐（John Agnew）對地方（place）一詞的定義。簡言之，政治地理學者阿格紐視地方為「有意義的區位」（a meaningful location），包含了三個基本面向：其一是「區位」（a specific location），其二是「場所」（locale），其三是「地方感」（a sense of place）。[12] 筆者認同克瑞斯威爾的主張：「地方」是一種認識論和方法論，可為不同學術範疇提供研究視角或方法指引。人類學並重主位（emic）與客位（etic）的立場，性質上接近這種人文地理學的觀點，即在「地方社會」的研究中，同時納入當地人對空間的認同與情感層面，這一點與先前的人類學區域研究不同。此外，這樣定義下的「地方」其實指涉範圍更廣，可以小到一個村莊、庄頭，也可大到整個池上鄉。這就和本研究想探討的池上社造直接相關。

什麼是社區營造？以下是「中華民國社區營造學會祕書處」的正式看法：

> 社區營造中的「社區」一詞源自於英文的community，同時具有「社區」與「社群」的多重意義……華語語境中的「社區」與「社群」定義略有不同：「社區」指的是一特定地理區域，類似的詞語包含鄰里、庄頭、村落、部落等；而「社群」則不需附著在地理疆界上，指人們因著類似的理念與生活方式等特質或共識而聚集。
>
> 社區營造所稱的「社區」綜合了「社區」與「社群」的意義，既指涉地理區域上的特定

性，同時更強調群體之間所具有的共同體意識、存在與目標。在此概念之下，「社區」乃指一群特定的居民附著於特定地理範圍，在此地域內從事各項活動，彼此間並存在著相互的依存關係及共同歸屬感，共享與公眾生活有關的目標、需求或利益，形成具有社會、心理及文化等關係的共同體，甚至是「對外自主」及「對內互助合作」的社會體系。因此，社區作為居住與生活的場域，便是民眾參與民主及民主學習最直接、最生活化的地方，也是當地民眾的日常生活、社會生活與特殊歷史、文化、經濟生活的綜合表現。[13]

在這樣的背景下，難免使得一般人一想到「社造」，就連想到「社區總體營造」，而「社區」一詞的空間範圍，又接近傳統社會中的「鄰里」、「庄頭」、「村落」、「部落」。筆者認為，這侷限了「社造」兩字的意涵，建議不要把「社造」中的「社」字聯想成中文的「社區」，而代之以「地方社會」，那麼「社造」就可以說成是「地方社會的營造」，這樣不但可以包括村落層次的社造，甚至可以包括整個台灣「想像共同體」的塑造，而且不違反英文community的原意。更重要的是，筆者認為這樣定義下的「社造」，比較能放置與理解池上的案例，以及一九九〇年代池上的地方社會發展，與政府的社造政策可能的意義。

日益蓬勃的民間社團與地方社會性質轉變

許多池上人都以鄉內有很多社團而自豪，對比《池上鄉志》跟南邊的《關山鎮志》、北邊的《富里鄉誌》可以發現，被寫入《關山鎮志》中的「社會團體」有十三個，被《富里鄉誌》列為「人民團體」的有十四個，而《池上鄉志》中類似的團體有二十六個。雖然三本鄉鎮誌（志）出版時間有別，選擇的標準也不盡相同，但是透過數字來比較，多少可證明池上鄉民不是無的放矢。

進一步比較發現，三個鄉鎮都有依附在黨、國架構下的「民間社團」，例如農會、老人會、婦女會、救國團、民眾服務站、社教工作站、軍人輔導中心、國民黨地區組織等。在富里鄉這類組織所占比例特別高，可能因為富里鄉的生計以農業為主，民間活力較為單純的緣故。而在關山鎮與池上鄉，除了這類的政黨組織外，值得注意的還有其他不同類型的組織，一是國際性的組織，如獅子會、青商會、同濟會，關山三者皆有，池上只有同濟會，這可能是因為早期關山鎮有較多商業活動的關係。第二種組織，如世界客屬總會台東縣分會關山聯絡處，以及台東縣國蘭協會關山區蘭友聯誼會，都有包括池上鄉的會員，這類組織的成立可能與關山鎮的歷史地位有關。[14]另外，關山有一個「南山寺慈善功德會」，屬於慈善團體，池上也有類似的組織。

表2-2：池上民間團體成立年代分期

年代	1945-1970	1971-1980	1981-1990	1991-2000	2001-2010	2011起
成立社團數目	6	2	2	27	5	10

未見於《關山鎮志》與《富里鄉誌》的社團，而為《池上鄉志》中獨有的，一是興趣導向的社團，如晨泳社、登山社、桌球社、網球社、黑潮書法社等；另一是志在為全鄉服務的非宗教性社團，如池潭源流協進會、文化解說員協會等。就民間團體來說，由前述可見，與北邊農業為主的富里相比明顯居於優勢，而與南邊早期政經條件都較優越的關山比較，池上民間團體的數目與活力也毫不遜色。

剔除寺廟、教堂等宗教組織，池上鄉目前的民間團體數量依成立年代區分，可見表2-2。進一步觀察這些民間團體的性質，一九九〇年代前以傳統形態為主，例如民間宗教的祭祀圈、或是農事互助的換工組織等，也有依附在黨、國架構下的「民間團體」，還有由於地方福利事業不夠健全而發展出的慈善團體，比較特別的是一些以興趣為導向的團體。一九九〇年以後，鄉內的民間社團更是蓬勃發展，除了初期因應政府的社造而形成的社區發展協會，較晚成立的有台東縣池上鄉新興原住民族部落發展協會，另有老人會、宗教性團體，以興趣為導向的團體也增加不少，還有產銷協會等經濟性的團體，以及為全鄉服務的非宗教性社團。[15]

一九九〇年代開始蓬勃發展的民間團體，相當程度受惠於池上產業形態的改變。一九七〇年代起，池上以農業為基礎的經濟形態已經開始轉變，工商業的職業類型不斷增加，由外地遷來的商人、工人不少，或多或少彌補了因農業蕭條外移的人口。留在本地的人隨著農業機械化的發展，不少成為兼職農民，有些以公職（如台糖、電信局員工）為主業、有些兼做小生意（例如在市場賣菜等），但更多人是從事勞力工作，例如學做鐵工、木工、泥水工。此外，也有許多一九七〇年代出外謀生的壯年人陸續返鄉，有人種植蘭花、有人從事保險經紀人工作，讓池上的職業類型更為多元。

一九八三年，中央政府開始重視基層建設，承諾特別照顧農、漁、勞工等社會階層，此後全台各項小型工程陸續進行，例如修築堤防、社區排水溝、產業道路、街道鋪設等等。對於卑南溪畔有大量砂石可開採的池上來說，這是一個經濟快速發展的契機。事實上，一九八〇年代也興起家屋改建為水泥房熱潮，許多連棟式房屋建於此時，宮廟亦紛紛改建，此時池上鄉的土木砂石業興盛，若干鄉民因此致富，最著名的是一九九〇年開始當玉清宮主委迄今的謝美國。玉清宮目前的誦經團、轎班、技藝隊都在他當主委期間逐漸建立，一九九一年池上的首度建醮（以及二〇〇〇年的圓醮），也與他的大力支持有很大關係，但他不熱衷政治，而池上其實不乏像他這樣的人。

職業的多元化加上蓬勃發展的民間團體，顯示地方社會性質已逐漸轉變。觀察一九八六至二〇〇二年之間，左右地方政治的鄉長選舉（見下頁表2-3），延續一九八〇年代之前的國民黨

范振原[16]

出生於1952年，三歲時隨父親從苗栗縣獅潭鄉遷居花蓮縣富里鄉永豐村，再南遷池上鄉富興村水墜，墾山種香茅、地瓜、玉米、薄荷等農作，那時香茅價錢很好，同時也會養豬、雞。祖母帶著伯父與父親兄弟一起過來，伯父住在街區，沒住在一起，因為已經分家了。

范振原1970年到台塑集團從事拉鍊廠作業員，一路從領班做起、組長，1979年調到集團業務部，因為業務員身分，有機會接觸產業的不同層面，1983年決定返鄉創業，先後嘗試賣書包、種植段木香菇、種植蘭花等不同行業，皆未成功。

1989年以家中雜貨店為主業，同時投入保險經紀人行列，為突破傳統保險經營模式，提升保險行銷形象，建立信用良好服務，務求廣大消費者受益。曾獲第三屆世界華人保險大會頒最高榮譽銀龍獎，2003年再代表台東縣入選全國十大企業經理人，遂站穩自己的事業。

在池上，范振原以熱心參與社團聞名，更籌組、創辦過數個社團。他參與的第一個社團是救國團池上鄉團委會，一開始因為保險經紀人的關係而加入，一年多之後當選總幹事，之後更擔任第三屆會長。由於熱衷參與社團服務，對於活動企畫、經費申請、活動執行等都很嫻熟，所以在1995年創立池上國際同濟會，1998年創立池上鄉文化解說員協會，為求解說更精進及興趣，2009年還通過導遊及領隊考試。

詢問他參與社團的心得，他說：「要用心、要有時間、主動、積極、熱心負責，經濟也要許可，才可以一直一直做下去。」當然，主要的動力來自對池上的關心，希望池上變得更好，而且參加社團活動可以跟人互動。尤其在早期，很多人不懂電腦，文筆也不好，如果可以獲得重視、委以重任，若你有能力去完成，就會很有成就感。因為很多人會說：喔，你這個人不錯喔。這樣的鼓勵，讓他願意做一些屬於幹部做的事情。

表2-3：池上鄉10-13屆鄉長相關資料

屆別	任期	姓名	黨籍	選前主要職業	備考
10	1986-1990	梁俊良	國民黨		卸任轉 水利會會長
11	1990-1994	林慶堂	國民黨	商	
12	1994-1998	林慶堂	國民黨		
13	1998-2002	陳榮發	國民黨	鄉公所課長	

表2-4：池上人當選台東縣11-14屆縣議員名單

屆別	任期	姓名	黨籍	選前主要職業	備考
11 （平地原住民第8選區）	1986-1990	高源治	無（2002年加入親民黨）	鄉民代表	阿美族 參選1998、2002年選舉皆未選上
13、14	1994-2002	李振源	國民黨→親民黨	農、鄉農會理事	連任二屆 14屆得票數：3312
13、14 （平地原住民）	1994-2002	林光雄	國民黨	商、鄉民代表	阿美族 連任二屆 14屆得票數：1434
14	1998-2002	蔡連壽	國民黨	商、後備軍人輔導中心主任	得票數：3018

主導情勢，至少在鄉層級的地方政治中，國民黨及其外圍組織（如民眾服務站、水利會等）仍是支配地方發展的主要力量。如前章所述，若能獲得國民黨支持，且家中經濟狀況不錯者，都會連任兩屆。但這種情形在第十三屆有一些轉變。第十三屆鄉長陳榮發的家族一九四六年從台中清水遷移到台東，他在池上出生，第一份工作是在池上鄉公所擔任村幹事，接著是課員，後來歷任池上鄉代表會祕書、鄉公所兵役課課長、民政課課長，最後在縣黨部推舉下當選鄉長，但一任後就不再參與競選。這與他的家族在池上沒有足夠經濟實力與人脈或許多少有關，但更關鍵的因素可能在於，一九九〇年代末期，池上地方社會已經開始有了變化。

二〇〇二年，第十四屆池上鄉鄉長選舉，國民黨提名的人選蔡連壽被無黨籍的李業榮擊敗。李業榮當鄉長之前曾做過鄉民代表，但家中無人從政，他的父親開過碾米廠，李業榮自己則是台東農工畢業，曾在台北工作，二十四歲回鄉務農。第十五屆競選，國民黨提名陳皆興，又被尋求連任的李業榮打敗。這意味著地方社會性質已經明顯改變，類似的情況也見諸縣議員選舉。

無疑地，解嚴是台灣現代史的重大里程碑，既可視作先前諸多社會運動的一個高峰，也是邁向一九九〇年代更多「去中心化」運動的基礎條件。此後，人民重新獲得憲法賦予的基本權利，例如集會、結社、組織政黨，以及隔年解除的報禁。從政體（polity）的角度而言，早期的威權體制正式被國家、政黨、社會三方勢力取代。反應在池上，便是國民黨主導地方政治的力量消退了。

以社會關係角度切入的漢人社會文化研究

台灣人類學關於漢人社會文化的研究，日治時期以歷史學派為主流，受到功能論的影響較少，也鮮少針對特定社區的實地田野調查。二戰結束後，隨國民政府到台灣的人類學者也偏向強調「禮失求諸野」的歷史學派，且在白色恐怖的陰影下，較重視原住民傳統文化的重建，有關漢人社會文化的研究較少，更鮮少碰觸與現實生活有關的議題。[17] 此時一些外國學者的進駐，恰好填補這個空隙，[18] 不但開啟了一九七〇年代李亦園、王崧興等人對漢人社會的田野調查工作，相關成果並進一步促進了「台灣省濁水大肚兩溪流域自然與文化史科際研究計畫」（簡稱「濁大計畫」）的成形。由於要進行如此大範圍的田野與研究，早期針對個別原住民與漢人村落的研究已經難以處理計畫中的議題，因此，岡田謙的「祭祀圈」理論，與斐利民（Maurice Freedman）的宗族理論及圍繞於此的爭論，成為理解與處理兩溪流域議題的理想框架，也成為「濁大計畫」後，漢人地方社會研究的一個典範。至此，漢人社會的研究呈現多元繽紛的局面。接下來便以中國和台灣實際田野調查的漢人民族誌／社會誌為基礎，分析並突顯出池上漢人社會文化的一些特色。

漢人社會文化的研究，長期以來就有強調群體的結構以及個人間社會關係的兩大取向。以前者而論，不論是宗族理論還是祭祀圈或是市場模式，相對來說都比較偏向結構原則，長期以來也是研究的主流。相對地，費孝通等注重關係的研究取向較不受到人類學者的重視。筆者對池上的研究採取的是後者，而「家」的概念是討論的起點。

儘管形式未必完全相同，家族（family）似乎是人類社會中最基本的社會群體。[19] 漢人社會中的家族似乎更引人注目，許多學者都把家族視為漢人社會最重要的社會制度，更有甚者，在傳統的體系裡，社會及國家往往是家族組織的擴大，而「天下一家」的觀念也脫離不了家的色彩。[20] 因此，談及漢人社會的家族，不能不提及它可大可小的性質。例如孔邁隆（Myron L. Cohen）就指出，漢人的「家」用法很廣，數代前同祖的男子可以互稱「同家人」，此一名詞甚至可以指同姓的人。[21] 即使把家的用法加以限制，只用來指稱同住共食、一起生活的親屬群體，[22] 家的形式仍變化很大。無論如何，家族在漢人社會中是最重要的群體，這是不容否認的事實。相對之下，傳統漢人社會缺乏其他有形而緊密的團體就更加明顯了，一般人「於身家而外漠不關心」，表現出缺乏公德心與法制觀念等現象，相信也並不令人陌生。[23]

黃應貴在〈農業機械化：一個臺灣中部農村的人類學研究〉一文中，以台灣中部的一個農村（富貴村）作為田野調查地點，並由此地農業機械化的發展過程，抽離出自我中心、差序、互惠及多線多向等四點，作為漢人社會的基本特質。所謂自我中心，近似費孝通所指以「己」為中心的概念，而差序一詞實借自費孝通的差序格局，與梁漱溟的倫理本位相似，互惠則與楊聯陞提出的報相當，至於多線多向，意指自我的交往圈子不限於某一種特殊性質的社會關係，而向多方面發展。[24]

回頭檢視池上這個移民社會，百餘年前才有原住民來此定居，更何況是漢人。而當代國家體制進入東台灣的時間，雖然遠比台灣西部要遲，但其宰制地方發展的力量卻更強，諸如日治初期限縮原住民使用的土地後，官方擁有大量的「官有地」，因而得以形成國家特許或自行開辦的農場，這也讓二戰後的三七五減租、耕者有其田等政策，造成農地產權分散、小型家庭式農場普遍的現象，在此地區的效應更為顯著。與此相應的是，外來大規模資金進入時間較晚、較遲，本地家族資產也因積累時間短，直到一九九〇年代仍缺乏大型商店與公司。

幾乎所有台灣漢人社會的研究文獻都指出，「家」是漢人社會生活的核心單位。[25] 這樣的觀點，跟筆者在池上的觀察頗為一致。進一步來看，中國的東南地方社會中有所謂的主導宗族（dominate lineage），有些地方宗族未必有主導性，但仍是一個強而有力的組織，在地方社會生活上扮演重要的角色，福建[26]、廣東[27]、香港[28] 都可以看見這樣的親屬組織。漢人歷史發展較晚的台灣西部地區亦是如此，親屬組織在地方社會發展及影響有其顯著作用，[29] 甚至形成地方派系的基礎。[30] 但這樣的強宗巨族在池上並沒有出現，這應該與家族歷史太短、國家力量強大，以致缺乏形成強大宗族的歷史條件有關。換言之，池上地區並非沒有宗族組織，但未出現主導性的強宗巨族，因為主導地方公共事務被近代國家的角色所取代，家族等親屬的功能內縮為社會組織的單位。

與此類似的是，相較於西部一些著名寺廟，池上的寺廟規模不算太大，資產也不算非常豐富，對於地方社會的主導性也相對有限。在這樣的歷史發展脈絡下，筆者更有理由相信，以社會關係角度切入，更適合用來分析池上的地方社會。除了以自我中心、差序、互惠及多線多向作為理解池上地方社會的基本立場，謝國雄提出的「份」也是一個值得參考的觀點。[31] 除了強調「家族」在社會生活中的重要性，謝國雄主張「份」是坪林茶鄉社會生活的另一核心概念。

「份」的核心意義是人人有分，個個平等，但當中卻有細緻的區辨。「房份」、「丁份」或者「股份」，都涉及了眾人的權利與義務之安排⋯如果台灣漢人社會是一個平權社會，而不是一個階序社會，那麼其中有著性質不同的平等。「份」不僅呈現在家、家族、家族間的互動中（房份、丁份、股份、持份、「人人有分」），也呈現在宗教、經濟與政治生活之中。「份」不但涉及了人與人之間的權利義務的分配，也涉及了人在家、在社會、以及在宇宙中的定位。「份」不僅是茶鄉再現社會生活的媒介、也是茶鄉社會生活運作的原則。[32]

謝國雄在坪林田野的發現與筆者在池上的經驗相當類似，因為不論在分家方式、宮廟收丁口錢，還是合股開墾或做生意，都可以看到相當類似的文化形式。在長期的「文明化」過程中，以儒家思想為基礎的華夏文明已傳播到華南各地，所以福建、廣東、香港的田調會發現大同小異的現象，台灣漢人社會多少也受此影響，坪林與池上有相似田野現象當然不足為奇。

同時，田野中蒐集到的婚喪喜慶用語也可觀察當地社會的一些價值觀。「長壽」應該是漢人期望的重要價值之一，例如祝壽時常見的「壽比南山」、「松柏長春」、「松鶴延年」、「天賜遐齡」都有這樣的含意。相反地，如果一個人早逝，就以「天不假年」、「命厄華年」來表示哀悼。與長壽並重的就是「健康」，例如祝男人長壽的「龍馬精神」，以及祝婦女長壽的「萱花挺秀」。進一步來看，祝壽時也常會用到「福」這個字，例如「福壽雙全」、「福如東海」、「天賜福壽」。這個福字至少牽涉到兩個密不可分的面向：家庭與事業。在漢人社會中，「圓滿」、「平安」是對生活的基本期望，作為社會核心單位的家也一樣。家要能繁衍，關鍵制度是婚姻。新婚時的賀詞有：「天作之合」、「珠聯璧合」、「天賜良緣」、「佳偶天成」、「百年好合」、「鸞鳳和鳴」、「白頭偕老」、「花好月圓」，當中不無期許夫妻婚後合作無間、共同建立圓滿家庭的意涵。

人要有福分，除了家庭美滿幸福，也缺少不了經濟生活富足，至少不虞匱乏。觀察商店開業時的賀詞，常見的是：「鴻猷大展」、「駿業崇隆」、「大業千秋」、「萬商雲集」、「生意興隆」、「欣欣向榮」、「實業昌隆」。這就表示，不論是祝賀者還是商店的經營者，都認為事業成功、賺大錢是可欲的目標。這與謝國雄在坪林觀察到的：「自負盈虧，自己賺大錢的想法，也一定相當普遍。」[33]以及「以『維生』活動為重，十分看重利益。」可說是同一價值觀的不同呈現方式。

由此可見，在個人的層次，富足、長壽、健康是大家普遍的期待，然而個人無法獨力完成此目標，有賴家庭來達成，於是家的繁衍、家庭生活不虞匱乏，也成為社會生活中的重要價值。但是地方社會生活當然不止於家庭或家族，而是牽涉到更大的社會圈子，這就與「公」、「私」觀念有關。

「公」、「私」觀念，與「因公而行」的民間動能

陳弱水指出，「傳統中國並不缺少『公』的觀念與價值，相反地，傳統文化對此事非常強調的，諸如『天下為公』、『大公無私』、『公爾忘私』等常見詞語，都是這個傾向的反映。」[34]有趣的是，前面提到「家」的觀念伸縮性很大，其實「公」與「私」之間也沒有截然的分別。[35]在台灣，不論是南部的屏東林邊[36]、還是北部的台北坪林[37]，在實施民主選舉制度多年後，這種情形更為明顯、複雜，東台灣的池上地區亦然。

以家庭為基礎社會活動，包括謀生、牟利等產業／經濟行為，是每個人社會生活的主要場域，也是民間動能的主要來源。從一個家庭客廳的擺設來看，除了新婚、壽誕時收到的祝賀條

幅外，參與競賽得到名次的獎牌、獎盃，以及當選好人好事、模範父親母親之類的領獎紀念照等，也相當常見，顯示出除了追求經濟利益之外，獲取個人與家（族）好名聲是社會認可的價值。而這原則上偏向於「私」的類別。

家庭以外的社會關係，不論是透過血緣或婚姻的親屬，還是地緣或業緣而有的關係，也會形成各式各樣的團體（例如宗親會、社區發展協會），相對於個人與家庭，這些團體的活動便可稱為「公共事務」。如果宗教活動侷限在親屬或經濟層面，便只能是祖先崇拜，或是為了服務特定群體的「私廟」，只有跨到庇蔭更大的人群範圍，例如一個聚落或是更廣的地域，才會被認為是屬於「公共」的宮廟。

在池上，「公」或「公共」的觀念並不罕見。陳弱水的《公共意識與中國文化》中有一篇文章特別值得留意：〈中國歷史上「公」的觀念及其現代變形——一個類型的與整體的考察〉。文中整理了歷代的文獻，將「公」一字的內涵分成五個類型，頗具有參考價值。就池上的情形而論，類型一的「公」概念最為常見：

> 類型一的「公」，基本涵義是朝廷、政府或政府事務，這個涵義淵源於「公」字的「國君」義，到春秋中晚期已有區別於封建主的政府、政務涵義，是五個類型中形成最早的；與它相對的「私」，意思是民間或私人。這基本上是描述性的概念，但涉及公私之分的問

題時，也有倫理上的關聯。[38]

池上當地鄉民稱「政府」、「官方」為「公（家）」，以對比於「民間」或「私人」，而從日治時期起，許多官方推動的工作，例如強迫性的義務勞動會被稱為「公工」，或是「民不與官鬥」之類的觀念也深植民心。

陳弱水「公」概念分類中的類型五，在田野中也頗為常見：

類型五的「公」發達也較晚，以共同、眾人為基本涵義，指涉政治、宗族、社會生活等場域的集體事務與行動。這個類型的「公」，描述性強，通常不與「私」並舉，但當帶有倫理意義時（多與政治相關），與它對映的「私」就涵蘊貶義，意思是少數人的、私心的。[39]

反映到地方社會，不同民間團體常有共同事務，也常有共同基金，熱心參與共同事務被視為「熱心公益」，共同基金被稱為「公款」，而私下使用公款也被認為是不道德的行為。

此外，陳弱水「公」概念分類中的類型二，也值得一提：

類型二的「公」，基本涵義是普遍、全體，尤其意指普遍的人間福祉或普遍平等的心態。

這個觀念的倫理性強，描述功能少，經常定義為「無私」，與它對照的「私」，無論做何理解，都有負面的意義，是要壓抑、去除的事物。類型二的「公」似乎萌芽於戰國初期，大盛於戰國晚期，是傳統時代最占勢力的「公」觀念。[40]

在池上，這類型的「公」較少用在人與人之間，倒是在宗教領域較為常見，例如廟宇中的「澤被蒼生」、「普濟眾生」之類匾額，雖然不見「公」字，基本上是在描繪神明庇佑到「普遍的人間福祉」。

在這樣的公私觀念下，社會價值與個人追求／動機之間會有怎樣的關連呢？謝國雄在坪林的研究有兩點值得注意。首先，他透過當地社會的實地觀察明確指出，自家的利益優先於「公」與大家。[41]這一點在池上也十分明顯，因為一般人的時間與精力主要仍放在自己與家庭的事務上，雖然只有很偶然的場合才會聽到「人不自私天誅地滅」之類的話，但「顧好自己（身體健康等）」、「顧飽肚子」卻是沒人會否認的道理。

其次，謝國雄將「份」的觀念與「公」做了有趣的連結，在討論坪林當地的宗教活動後，他有了這樣的觀察：

> 「公」是眾人之事，但眾人並不是同質的。要形成「公」，就必須體貼「能力比較不夠」

的人，考量其能力。比較有能力的人可以在一般能力之上，自由樂捐。……這裡如何匯聚異質的家（與個人）成為社會連帶，基本的運作原則仍然是「份」：依據丁份，大家平起平坐，但也留下「股份」原則的空間，讓更有能力的人做較大的貢獻。[42]

筆者在池上也觀察到類似的現象，例如在兩次建醮中，一般家庭可按丁口數繳錢，以獲得神明保佑，一般只要有繳就可以得到庇佑，但也設有各種不同金額的燈首讓經濟能力較好者認領；此外，各種活動也會依據個人能力鼓勵參與。於是，社會生活中就會呈現不同的人在不同場合有不同的表現。

一般人會因「捨己救人」而被表揚，這樣的行為也會被稱許為「義行」，通常被救的人不會與救人者有親屬關係，否則不會被認為「義行」。一旦幫助非親屬以外的人越多，就會被認為「造福人群」、「博施濟眾」，也就越具有「急公好義」、「熱心公益」的性質。

二〇〇一年出版的《池上鄉志．人物篇》中，共錄有十五位當地已過世的人物，雖然全為男性，在性別分布上有失公允，但從中仍可多少窺見一九九〇年代晚期地方社會的一些價值觀。十五位中，平埔族與阿美族各兩位，漢人則有十一位，與池上當前的族群比例大致相當；出生年份在一八三〇至一九一四之間，換言之是在日本領台之前至日治初期，死亡時間則在一九二一至一九九二之間，可謂橫跨了台灣光復前後。《鄉志》中表明是以：拓墾、政事、文教以及義行來做篩選，不過篩選過程不清楚，志書中也看不出獲選人物是因何標準而入選。依目前資料來看，這些人物在文教方面貢獻的相關資料顯然偏少，比較明顯的是杜錦枝，他的事跡中有一項是捐錢建學校，其實歸入「義行」也很合理，另一位是蔡榮華，他是池上長老教會的開創者，勉強可歸到文教項目。但杜錦枝和蔡榮華也都是家中經濟實力雄厚之人，杜在池上開設碾米廠，後來轉往銀行業發展，其子後來還成為矽統科技的老闆，是池上開放民眾使用的杜園建造者，也對大坡池生態保育頗有貢獻；蔡除了廣買田地，還開設碾米廠、木材廠等，子孫經商、從政者甚多。基於這樣的觀察，筆者認為若將文教一項取消，拓墾、政事、義行分別改為地方開發／發展、從政／從事公職與熱心地方公益，並從個人與家的關係切入，應該會有另外一層的理解。

簡言之，除了《鄉志》中幾個明顯在早期拓墾時有貢獻者（例如禮弼、王明經、魏阿鼎、吳阿海、何阿坤、魏阿歪等），還有一些來此地發展的人也可歸為這個類別，例如開設中藥行的許煥光、開設碾米廠的杜錦枝與蔡榮華。這些人雖然是以個人身分被選入《鄉志・人物篇》，但普遍都有一個特點：或者家族興旺或者家道殷實。或許正因為有這樣的基礎，許煥光、魏阿歪才能「樂善好施」、「熱心公益」，而王明經更博得「大善人」好評。

有些人其實是以從政方式來到池上，尤其是日治早期的曾貴春與吳泉興，他們透過公職身分不但經營自家的事業，也讓家族在地方上有了一席之地，[43]曾貴春更因修築浮圳等水利建設，廣得後人的追念。二戰之後，從事公職的方式增多，從鄉公所、鄉代表會到農會都有，但以之為主業者不多，只有邱南生一人，而其因任內貢獻良多，所以獲選入《池上鄉志‧人物篇》。但也有家族具有經濟實力，再逐步往公職方向發展者，例如江金源。最特別的是林茂藏，他的家族在池上發展已久，且相當殷實，所以不識字的他才能當選鄉長、鄉代等職，兩個兒子也分別當過鄉長。而他最為人津津樂道的是憑著自己的獨特方式為池上爭取不少上級單位的補助經費，對地方建設貢獻良多。

在這樣的脈絡下，涉及地方「公共事務」的從政人士家中或辦公室中，可看到的匾額可粗略分成四種類型：第一類是「熱心公益」之類，通常是從政前獲得肯定的標記；第二類是「民主之光」、「眾望所歸」、「為民喉舌」，前兩者意味著經由選舉脫穎而出，後者還加上了當選的職位是代表或議員等；第三類有「造福人群」、「惠及民生」、「功在桑梓」、「造福地方」、「為國為民」，這是對當選者施政成果的期許；第四類有「公正廉明」、「德政可風」、「善政親民」、「政通人和」，主要是針對施政風格的期許。

這些匾額上的字詞，普遍見於台灣各地，極有可能是池上民間無意中套用的結果，但這也反過來證明，漢人社會的價值觀也見諸池上地方社會。值得留意的是，在針對政治人物的期許與施政風格中，有關「公」的字眼不常出現，如果再配合陳弱水的下述觀察，就會特別有意義：

在近代西方「公」觀念的對映下，我們可以看出中國傳統公觀念的幾項特點。首先，中國的「公」，倫理、規範的色彩特別強。在中國的公私意識中，公私大多是尖銳對立的，價值傾向很清楚，「私」帶有強烈的負面意義，「公」則經常指稱某種理想的心態，而少涉及人的實際行為或社會樣態。其次，傳統中國的「公」，領域的涵義相當淡，只有類型一確指特定的場域：政府。即使如此，在與政府有關的「公」文化中，公私分際的價值雖然存在，並不很有力量，貪墨文化的盛行，就是一個明證。再者，中國「公」的觀念叢很少涉及社會生活，只有類型五的「公」，部分與社會活動有關。因此，直到現在，一般中國人並不容易將社會領域或人民與「公」聯想在一起，而多把社會當作個人可以任意活動的天地。最後，除了道德理想的涵義，中國的「公」最穩定的一個內涵就是官家、政府。也許是這個歷史因素的影響，不少現代中國人還習慣地認為，公共事務完全是政府的責任。[44]

在池上，這樣的觀察有相當大的說服力，尤其是在一九九〇年代之前。許多人至今仍認為，政治人物最重要的是能為民眾爭取福利，行政協調能力是被重視的，「公私不分」只是道德上的小瑕疵，並無損於其整體評價。從另一個角度看，民間不乏「公」的概念與行動，不論是一起做生意，還是參與宗教活動皆然，更別說日治以後在官方強制下必須參與的許多築河堤、修馬路等「公工」，這樣的情形直到戰後仍延續甚久。然而必須強調的是，上述活動只能稱為「公共行動」（public action），與所謂的「公民參與」（civil engagement）相差甚遠。[45]

換言之，一九九〇年代的池上地方社會儘管變遷迅速，政府推動的社造已經啟動，民間社團也蓬勃發展，但當時的社會觀念與源自西方的公民社會觀念差距頗大，反而是淵遠流長的漢人社會文化在此居於關鍵地位。又由於位在東台灣花東縱谷中部，雖然當代國家治理較晚進入，但宰制力量卻更為顯著，且特殊的地理條件與歷史發展又使當地民眾具有特殊的地方感，於是奠基於傳統「公」概念的共善共好，在一九九〇年代孕育出新的形態，使得池上人走出一條很不一樣的社造路。

大坡池與民間力量崛起

清代新開園區約在今日錦園、萬安一帶，其空間範圍僅指聚落與耕地所在的海岸山脈西側山腳一代；日治昭和年間獨立設置「臺東廳關山郡池上庄」，因為大坡池位於其上方（北側）而命名；一九四五年國民政府接收台灣，改臺東廳為臺東縣，「池上鄉」之鄉名也因此產生。這些地名都反映出大坡池之於池上鄉的重要性。

池上人稱大坡池為「大陂」，也就是「大陂塘」的意思，文字化的形式還有「大陂池」、「大陴池」等寫法，目前大多寫做「大坡池」。清領時期，西拉雅系平埔族與恆春系阿美族陸續由台灣西南部遷入池上，大坡池一來為當時的顯著地標，再來有豐富的魚蝦資源，成為遷移者定居下來的原因之一。當時最重要的聚落新開園就位於大坡池不遠處，範圍含括當今好幾個縱谷鄉鎮的新開園堡，其下的大陂庄更是因為轄區內有大坡池而得名。一般認為，日治時期「大陂池」訛化為「大坡池」，因而沿用至今。[46]

就今日之地形上看，起源自中央山脈，由西向東的新武呂溪碰到海岸山脈後，改往南流，匯入卑南溪，最後注入太平洋。大坡池是新武呂溪沖積扇扇端地下伏流形成的湖泊，是一個斷層池，因為活動斷層造成海岸山脈抬升，池上平原相對陷落而形成，池水的主要來源是地下湧泉以及池上圳的農田排水，終年不斷。[47]

據鄉民口傳，大坡池最大時面積超過百甲，目前最早的文獻紀錄為日治時期，一九一〇（明治四十三）年，台灣總督府官方資料記載的五十七甲（約五十六公頃）。一九五〇年代以前，大坡池的面積有四十五公頃，南北略長，有九百公尺，東西寬約六百公尺，池水深度約一點五公尺。如今整個池域約二十八公頃左右，比以前的面積減少很多。儘管如此，這仍是規模

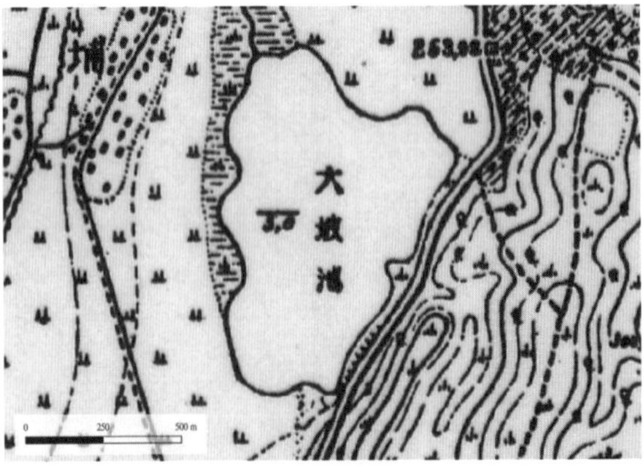

圖2-1：1927年日版二萬五千分之一地形圖。

不小的內陸湖泊，不但吸引觀光客駐足，更是當地居民重要的生活空間。

早期，池上是典型的魚米之鄉，大坡池更是魚蝦的天然蓄養池。池中盛產鯉魚、鯽魚、土虱、蝦虎（俗稱狗甘仔）、沼蝦、米蝦、大肚魚、鱔魚、鱸鰻、烏仔魚等。著名的池上飯包中，以大坡池的魚蝦最具特色。日治時期至二戰結束初期，靠大坡池捕撈水產維生之專業及兼業漁戶約有三十戶，依賴其維持家庭生計者百餘人。大坡池的水生植物中，荷、菱角、茭白筍、藺草是主要的經濟作物，另有布袋蓮、浮萍、蘆葦、水柳等。魚蝦、菱角等，除了鄉民消費，也賣到台東、花蓮及附近鄉鎮。

大坡池還有天然滯洪的功能。颱風豪雨時，大坡池收納池上平原、錦園河階的逕流，以及錦園溪的山洪。在大坡池大排水溝尚未整治之前，曾經因為雨勢過大、池面擴張，南邊淹沒往錦園的一九七線道，北邊淹至台九線，西邊淹到今日新生路、慶福路路口。不過雨勢稍緩後，洪水約四、五小時就消退了。

從農業轉向觀光

池上早期一直以農業受到上級單位關注，發展觀光的外在動能不大。一九六〇年台東縣文獻委員會遴選台東十景，池上的大坡池以「池上垂綸」入選，但這多少是雨露均霑下的結果。換言之，早期受限於交通與觀光設施，觀光產業相較之下在池上鄉並不受重視。

目前的資料顯示，一九四五年時大坡池仍有五十三甲（約五十一公頃）。一九五四年，國防部退除役官兵輔導委員會在台東成立大同合作農場，於池上開築農場水圳，同時開闢水田一百六十公頃，其中部分土地即位於大坡池旁。一九六二年以後，隨著池上的經濟發展，大坡池周邊的沼澤濕地逐年被開闢為水田，加上山洪造成的泥沙淤積，大坡池面積日漸縮小，原本豐沛的資源也不復存在。但是，此時的大坡池水域與田園景觀仍相映成趣，是許多花東地區居民和池上人童年來遠足的地方，也是眾多池上人引以為傲的天然湖泊，更是很多池上人和花東地區居民共同記憶的所在。

一九七〇年大坡池尚有四十五公頃，

圖2-2：1951年大坡池航照影像。

一九七三年以後因泥沙淤積、鄉民圍墾及排水設施的改善，大坡池池域面積逐漸縮減。[48]然而，有鑑於台灣農業漸漸走下坡，尤其是稻米產業，政府對大坡池的發展計畫開始轉變。一九七九年，政府公布「台灣地區綜合開發計畫」，將觀光遊憩資源納入綜合開發範圍，視為國家發展資源的一環。其中，觀光遊憩系統之戶外遊憩地區分為全國性遊憩地區（如國家公園等）與區域性遊憩地區（如一般風景區與森林遊樂區等），此為一九八四年「台灣東部區域計畫」將大坡池列為區域性遊憩發展據點之背景。屬於國有土地的大坡池，原先分由不同單位管理，形成各自為政的狀況，[49]也缺乏以大坡池為核心的規畫。因應上級政府的規畫，大坡池開始劃

圖2-3：1974年大坡池航照影像。

歸池上鄉公所統合管理。

一九八五年，台東縣政府將大坡池以二十八公頃為範圍，規畫設計為風景區，第一波的先期工程於一九九〇年七月開始，先修建駁坎及清除湖泥，接著於第二年進行排水改善工程。一九九二年以後著重在硬體建設與遊樂設施，自一九九二至一九九七年分三期進行。依據「台東縣池上鄉大坡池風景區規畫設計」的「分區發展計畫」，共有：公共設施區、服務設施區、運動公園區、自然公園區、休閒農業區，以及田園景觀區等六個分區，總計六十二個開發及建設項目。[50]

鄉公所想將大坡池打造成觀光區，鄉民在資訊不對等的情況下無從了解詳情，一開始並不反對這樣的做法。當時許多人

圖2-4：1992年大坡池航照影像。

的願景是池上會因大坡池的改造而繁榮，大部分鄉民也對未來的改變寄予厚望。然而，工程開始進行後，施工品質與原先的規畫出現落差。沒想到，工程竟成了環境浩劫的開端。

張勝雄（1940-2019）[51]

張勝雄1940年出生於苗栗公館，次年即隨長輩及父母移居池上。初到池上暫時借住在親戚家，後來買了大坡南溪的山田，才在那裡定居了下來。

由於父親工作的關係，張勝雄先後讀過瑞穗國小與玉里國小，接著就讀玉里初中。初中畢業後考上花蓮師範學院，1958年畢業後，分發到福原國小任教。1975年開始先後擔任錦屏國小、福原國小教導主任，鸞山國小、廣原國小、大坡國小校長，1999年自大坡國小校長退休，在教育界服務四十年。

張勝雄最為人稱道的是他對自然科學的觀察與研究，以及對生態教學的重視。他在大坡國小校長任內，特地從海岸山脈搬回岩石「種」在校園裡，方便孩子們認識地質與岩石；在校門入口的畸零地設置水生植物園，讓師生容易就地觀察與研究；在教室前面的花圃種蜜源植物，吸引蝴蝶來產卵，師生皆可觀察到蝴蝶的成長過程；他同時保留池上斷層上會移動的溜滑梯，讓大家皆可看到板塊移動的證據。他也曾費盡心力尋找與復育大坡池原生種的白蓮花，與關心鄉內地方事務的人士，致力於大坡池的生態回復；1998年協助在大坡國小設立「斷層監測潛變儀」，幾乎每天詳細記錄儀表的刻度數字，持續超過十年，最後催生出「池上地牛館」與「安朔葉紀念館」，讓更多人看到「池上活動斷層」的研究。

張勝雄除了關心生態環境，對池上的人文活動也很投入，曾任2000年玉清宮、保安宮與福德宮聯合圓醮慶典的總幹事，將宗教活動與藝文展演結合。他也參與「池上鄉文化解說員協會」，除培訓解說員外，自己也義務為遊客導覽。他竭力推動民間社團與公部門的結合，為池上鄉的生態、歷史留下珍貴紀錄。

鄉公所與相關人員認為開發與建設就是要大興土木，沒有考慮到對生態的衝擊。雖然有一些鄉內人士，尤其是幾位國小校長與主任向鄉公所反映，但意見都沒被採納。鄉公所興建了很多遊樂設施、圍牆與大門，還有被鄉民們戲稱為「五把菜刀」的入口意象。最讓人非議的是，大坡池是斷層池，鄉公所卻在大坡池中施做人工島，島上還有籃球場與露營設施，但這些設施，特別是水泥結構，根本沒辦法使用，因為地殼變動而土壤液化會造成傾斜。於是，斷頭的水泥橋被鄉民稱為奈何橋，人工島被譏為兩垛牛屎，花了很多錢的建設，不但沒有達到預期效益，反而賠上了生態。

生態環保觀念的引入，以及救國團與社教站的角色

政府機關直到一九八七年解嚴之後，對於環保議題的重視才逐漸完備，池上鄉的生態環保觀念也大約萌芽於這個時期，只是媒介不是鄉公所，而是介於半官方性質的救國團與社教站。[52] 救國團總團部下設有「研究發展委員會」，其下又有許多「縣市團務指導委員會」。池上團委會的全稱是「中國青年救國團台東縣池上鄉團務委員會」，成立於一九六八年，隸屬於「台東縣團務指導委員會」，初期有常務委員一人，總幹事一人，以土風舞課程為主要活動，也舉辦過郊遊與營火晚會，以及配合國民黨政令宣傳的活動，活動經費由地方機關勸募補助而來。

曾純瑩[53]

曾純瑩的祖父曾貴春很早就來到池上，1921（大正10）年受任為新開園區的區長，1945（民國34）年底至隔年11月間，受派任代理池上鄉長，之後又由鄉民代表選出為第一任鄉長。曾純瑩的父親曾秀松是福原國小第一任校長，後來轉到鄉公所當課長，直到退休。

1945年出生的曾純瑩，福原國小畢業後在台東女中念完初、高中，回到池上後，先在國小代課七年多，後來衛生所剛好有缺，就轉到衛生所任職，一直做到退休。曾純瑩在衛生所主要負責家庭計畫的工作，因而得以穿梭在全鄉各村落，這讓她在當地形成非常綿密的人脈；又因為她的個性活潑、為人熱心，從中學時期就積極參與社團活動，回到池上後，父親擔任鄉公所的民政課長，更加強了她參與許多地方社團的動力。

問曾純瑩為什麼那麼投入社團活動，她略顯不好意思地說：「因為喔，我不曉得這個是天性，還是怎麼樣，我就有一種很雞婆的個性啦，我自己也不曉得。那時候我們在學校就參與社團，像是救國團、婦女會啦，那時候沒有清溪會……婦女會理事長，前任的理事長，她也在福原國小，是幼稚園的老師——邱美玉老師，那時她是婦女會的理事長，她卸任後，就抓我去接。我就接任理事長。後來就加入救國團、社教站，就一些團體一一加入……」。對她來說似乎就從此無法煞車。「你就知道，因為這個小地方，如果你比較活躍，這個團體要你參加，那個團體也要你參加，越來越多，越來越多，就這樣，喔，到目前就一、二十個社團都跑不完。」

透過一張曾純瑩自己2017年提供的「生平事蹟」大卡片，就會發現她的生命真的多彩多姿。第一類「曾經」包括與政黨相關的「中國國民黨第18次全國黨代表」、「黃健庭競選台東縣長池上鄉競選總部主任委員」，以及馬英九第一次競選總統時的「池上鄉婦女後援會會長」，馬英九競選連任時，她晉升為「全國總顧問團顧問暨池上鄉榮譽後援會副主任委員」；另外，地方上的重要職務則有：「池上鄉婦女會理事長」、「國際佛光會中華總會池上分會副會長」、「台東地檢署榮譽觀護員」等。第二類的「現在」內容更為豐富，不提具有政黨色彩的黨部委員、婦聯支會委員，光是曾氏宗親會、客家婦女協會、社區發展協會、校友會的頭銜就十分可觀，甚至還在一些宗教團體乃至衛生所的志工服務中擔任要職。第三類「表揚」，洋洋灑灑26項寫滿「名片」的一整面，其中最引人注目的是：「1995（民國84）年當選全國好人好事代表榮獲李總統、連副總統召見」，以及「2013（民國102）年救國團總團部頒發服務四十年榮譽狀」。這些身經百戰的資歷，也就不難理解，地方人士為何會以「大姊大」尊稱曾純瑩。

改制為社團法人之前，池上鄉團務委員會共有十屆的常務委員與總幹事。前二屆常務委員是當時的鄉長，之後由農會系統人員及兩位教師擔任；總幹事除了第一屆為池上農場職員外，後來有四位教師和一位公務員負責。這些人絕大多數有國民黨背景，在黨國一體的時代，救國團與國民黨有密切關係，而且要接受縣團委會的「指導」。一九八九年，救國團轉型為社團法人，一九九〇年，池上團委員會也隨之改組，常務委員改為會長，任期兩年，增設副會長一人，之下設總幹事一人，再加上會計及研修、活動、行政、聯絡、研究發展等五組組長，一九九二年又增設副總幹事一人。改制後的團委會，第一任會長就是當地人稱「大姊大」的曾純瑩。

一九七五年，曾純瑩獲得「池上鄉模範青年」，以及「台東縣社會優秀青年」，但真正讓她在轉型期的池上發光發熱，應該是她在一九七三年左右就加入救國團，並於一九九〇年擔任池上鄉團委會改組後的第一任會長。由於祖父是二二八受難者，家族雖熱心公共事務，但有不從政的基本原則，因此曾純瑩雖然與國民黨關係匪淺，但在救國團社團化之後已不參與黨政活動，改以帶動地方體育、文化、藝術教育活動為主，核心人物則包括來自南投在池上任教的王敏祥、從台北返鄉從商的范振原，以及當時剛從台北到鄉公所工作的現任鄉長張堯城等。他們未必是國民黨員，但各有人脈，又能分工合作，因而吸引更多人加入，參與義工最多時達六十人左右，雖然經費有限，但與社教工作站的資源相互結合，開創了池上鄉長達二十多年的社團活動高峰。

池上社教工作站早在一九八〇年成立，但因績效不彰，一九八七年六月被台東社教館下令停辦。[54]在這七年當中，其負責人不是曾任救國團池上團委會的常務委員，就是池上團委會的總幹事。小地方的社團，成員通常重疊，而主事者的能動力，直接影響到社團的活動力。[55]一九九〇年池上鄉團委會改組，新任會長曾純瑩覺得池上社教站每年有固定經費可以舉辦很多活動，被撤掉很可惜，於是多方奔走爭取，終於在一九九〇年七月復站，她也扛下召集

王敏祥[56]

王敏祥出生在南投名間鄉的農家，花蓮師專畢業後，1982年分發到池上的福原國小。服完兩年兵役回到學校，與外省第二代的太太相戀，兩人後來就在池上成家立業。問他為什麼會選擇留在池上，王敏祥解釋說：「因為這邊的環境，跟我南投老家的成長環境很相近，很喜歡那種人情味啦！……最主要是家裡也沒有人要你回去，家裡兄弟姊妹多。」

1985年，王敏祥在同校潘龍雄主任的引介下加入救國團，隔年結婚後，對於救國團活動有更多的參與，「那時候就想說，池上這個地方我們想要住下來，啊，這些文教活動要去生根啦。」但較密集參加活動是1990年，復站後的會長曾純瑩邀請他擔任資料組組長。「因為要考評，考評要做成果資料啊。要做這份資料，對活動要有了解啊。所以就跟曾說：『你們開會要跟我說喔，要不然我怎麼知道！』因為成果資料紀錄表，要填你的主旨啊、活動日期、活動內容、檢討心得，你不懂就無從下筆啊。所以活動就從頭到尾去參與。那時候，自己也玩過相機，所以活動的照片就是我拍的。所以看前看後，活動拍完，需要時就可做成果資料。」也就因此，曾純瑩心目中的「點子王」王敏祥建立了許多制度，讓池上社教站的成果為眾人所知。

人工作，而且連續擔任了十屆。這兩個社團的負責人與義工幾乎重疊，地方人士的說法是：「我們地方上救國團與社教站，其實是一體兩面，對救國團我們講救國團義工，對社教站我們講社教站義工，所以兩個社團互相配合，相輔相成。」這些志工除了本地人外，也有自外地來到池上工作的定居者。有趣的是，一九九〇年兩個團體相互配合後大放異彩：一九九一年五月三十日，池上社教工作站經評鑑榮獲台東縣第一名；一九九五年十一月十日，池上社教工作站也榮獲「教育部八十四年度社會教育有功團體」表揚。

一九九〇年池上社教站重新開張，與不再具濃厚黨政色彩的池上鄉團委會結合後，所辦的活動以教育性活動為主，比如成人教育、婦女及婚姻教育、家庭與親子教育、生計教育、藝術教育、環境教育、休閒及體育教育等。很多新觀念因這兩個社團的活動而被引介進來，更因為參與的人變多了，不但體育、藝文等活動增加了，全鄉性民間社團也因而增加。尤其在有關大坡池環境的公共議題上，舉辦了諸如大坡池賞鳥活動、台灣野生植物認識活動、台灣野生鳥類幻燈欣賞，以及與環境相關的專題講座等，讓鄉民對大坡池與自然生態有了更多的了解。由於這些活動的廣泛迴響，才會有之後的大坡池種樹活動、根除布袋蓮活動、淨灘活動等。

觀察池上一九九〇年代的社會發展，一九八七年的解嚴無疑是首要關鍵。不論《戒嚴法》的解除與社會運動的關係為何，位處東台灣一隅的池上沒有人實際參與一九八〇年代的社會運動，但解嚴的影響是全面性的，包括國民黨主導力量的消退、救國團的轉型等等，都讓地方社會有鬆綁的機會，不但社團大為增加，人民自主的意識也大為提升。

其次，脫離農業為主的社會形態，職業、宗教、社會生活也都變得更多元。街區中，從事公職、從商，或者自由業的人變多了，這些或可稱為中產階級的人，往往也是參與各類社團組織、擔任志工最踴躍的人，是這群人的出現，很多新生事物才有創造或發生的可能。

再者，許多社團其實是因應各級政府或農會推動的政策而形成，以前者而言，全鄉十個村都在一九九三至一九九七年間設置社區發展協會，以後者而言，農會家政班往往與不同層級政府合作，成立諸如「慶豐跳鼓隊」、「福原國樂團」等社團。這些團體未必都有良好成果，但仍有些表現顯眼，例如萬安社區發展協會。更重要的是，在新的政治形態下，民間團體不只是為政府服務，而能與其他民間團體合作，展現強大的民間力量，這在後來的大坡池整治過程中表現得相當清楚。

外來新觀念的引入，救國團與社教站扮演重要的角色，而這兩個社團在池上能發揮那麼大的效應，有四個因素不容忽視。第一，兩者「半官方」的色彩，其實反而有利於志工進行工作，在傳統保守的鄉村地區才不至於被數落：「是吃飽太閒嗎？」有足夠動力去「因公而行」。[57]第二，核心人物對於在池上舉辦各種活動有高度意願，一來活動經費由社教站提供，不需用到自己的錢，再者如果不辦，家人或小孩就要到台東才能有參與活動的機會。第三，在核心人物的設計下，義工參加活動服務有各類勳獎與回饋，公平且完善的獎勵制度，更強化池上的義工凝聚力。[58]第四，兩個組織的核心人物高度重疊，使得來自社教站的活動經費以及來自救國團的志工勳獎制度能夠巧妙結合，推動各式各樣的活動，吸引眾多鄉民參與。

如前章所述，由於地理條件與歷史發展的因素，一九七〇年代透過漢人的元宵遶境與中元普渡，將池上連結在一起，配合池上街市形成的服務網絡，以鄉境為單位的地方社會已經儼然成形。另一方面，救國團團委會與社教工作站也是以鄉鎮為單位設置，池上鄉這兩個組織的幾個核心成員熱心參與傳統宗教節慶，又能串連鄉內其他民間團體，於是，諸如環保、生態、親子關係等新觀念被引進池上，產生更大的社會力。二〇〇〇年之後的大坡池整治便是在此基礎上出現。

觀光與生態孰重？九二一地震與池潭源流協進會

面對農業的不景氣，發展觀光是一九九〇年代池上鄉公務部門的主流思想。一九九〇年台東農場開始發展觀光休閒與生態旅遊、一九九三年台糖在池上設置牧野休閒中心、一九九五年建興米廠興建大地飯店，都可看出池上在觀光方面的動能。當時的鄉長林慶堂非常重視基礎建設，他在鄉內廣泛鋪設產業道路，對地方貢獻頗大，至今仍為人稱頌。他亦相當看重觀光發展，因此，池上鄉的首名勝蹟大坡池，當然成了觀光建設的重點。

一九九三年七月，鄉公所委託三棋工程顧問公司研擬「大坡池風景區規畫書」，準備據此逐步開發大坡池。此時鄉內除了「觀光發展」，也有了「生態環保」的不同聲音，只是一開始後者的聲音相當微弱。

根據當時參與其中的簡淑瑩表示，她是在一九九〇年時開始到台東參加賞鳥協會，才知道大坡池的鳥況非常豐富，因此常常往大坡池跑。這個時候，正好也是改制後的救國團與社教工作站在池上開始扮演關鍵性角色的時刻，簡淑瑩也是志工之一。她有意識地把賞鳥的生態旅遊

簡淑瑩[59]

簡淑瑩是池上漢人移民的第三代，父親是閩南人，母親是客家人，這種閩客通婚的情形在池上相當常見。簡淑瑩說，影響她一生最大的就是家中經營的書局，因為有機會從小就在書堆裡長大。這家池上書局從1955年開始經營，兩年後拿到營業登記，曾經是池上唯一的書局，目前仍然屹立在中山路上。

在池上提到大坡池，很多人都會用台語說：「遐（那裡）是簡淑瑩的管區。」甚至有人直接說，她是大坡池的媽祖婆。說起她跟大坡池的淵源，簡淑瑩毫不猶疑地說：「一切都是從賞鳥開始。」

簡淑瑩解釋，她是池上國中第8屆的畢業生。他們這個年齡層前後的人幾乎都是在大坡池長大的，大坡池讓他們有一個豐富、快樂的童年。可是隨著時間和環境的變化，大坡池逐漸變小了、消失了，所以她不斷思考為什麼會這個樣子。「當時還沒接觸到所謂的生態，尤其是在東部地區。會去關心、思考這個問題，真正的癥結是在1990年的時候，我參加了賞鳥。台東那時候有人在推賞鳥的活動，我有一個這樣的機緣，就去了，聽到帶賞鳥的老師們提起在大坡池做了一年的調查，這對我來說是一個很重要的、去尋找大坡池的答案。」簡淑瑩這才知道，大坡池有如此豐富的鳥況，簡直是個賞鳥樂園。也因此，她更深入地關心大坡池，有機會去思考大坡池的環境變遷。

帶到她參加的團體，於是幫忙找老師、規畫路線，並由救國團與社教工作站承辦。同時，簡淑瑩也不斷充實生態保育知識，了解到大坡池的濕地環境是鳥類棲息的必要條件，又藉由在國小代課的機會，利用課餘時間和小朋友分享鳥類的故事、大自然生態的故事，趁著假日跟他們去觀察大自然。

矛盾的是，民間發起的大坡池相關活動，從戶外活動逐漸導入環境教育，官方主導的大坡池開發計畫卻是「大刀闊斧」，反其道而行。一九九五年三月，大坡池工程如火如荼地進行，植栽是其中的工程項目之一。聽說要種樹，簡淑瑩與參與社團的志工夥伴們去與鄉公所協調，讓鄉民來種樹認養。簡淑瑩說：「談到種樹，包商其實很省，他只給我們樹苗，然後提撥一點經費，我們就發動志工，辦理這樣的植樹活動。這對池上來講是一個空前的大事啊，鄉民都動起來了，大家都好興奮，自己帶鋤頭呀，帶鏟子呀，我們只是花了一小筆錢買水桶送給參加種樹的人，每個人拿到一個小小的黃色水桶，水桶上印有小小字『大坡池植樹紀念』。種完樹之後將近一年的時間，清晨傍晚常常會看到鄉民提著水桶，騎著摩托車或開車，我們就知道他是要去大坡池照顧樹了。」

這種場景著實讓人動容，池上鄉民用行動展現對大坡池的關心。可是不到一年，另一批工程開始進行，「為了怪手與砂石車的施工方便，竟然把好不容易照顧起來的樹弄倒了，這傷了池上人的心。」這波植樹行動雖然失敗收場，生態保育的幼苗卻已在鄉民心中生根。只是，大坡池的建設也仍不斷繼續，直到一九九九年。

一九九九年，台灣發生九二一大地震，政府的許多經費因此凍結，大坡池進行中的大規模建設停了下來，原定發展方向有了改變的可能性，池上從一九九〇年代初開始蓄積的民間動能，逐漸發揮作用。

九二一地震之後，一些關心池上環境和公共事務的人開始集結，透過非正式討論與座談，經過半年多的籌組，在二〇〇〇年三月二十五日成立「池潭源流協進會」。會址設於池上國中網路中心，協會的組織如下：理事九人，推一人為理事長，監事三人，推一人為常務監事，同時聘任顧問數人；理事會下設行政、公關、活動、服務、財務等組長、副組長各一人。初期會員有三十四人。入會費五百元，常年會費一千兩百元。最特別的是，他們婉拒政治人物參與，可說是一個純粹的民間團體。

池潭源流協進會得以成立，一方面跟池上當時的民間氣氛有關，否則也不容易一開始就召集三十幾人入會，另一方面就是大坡池對當地人的重要性了，尤其是住在福原、福文、大埔等鄰近大坡池的中產階級。這當中，賴永松是一個指標性人物。

賴永松指出，池潭源流協進會的成立是受到關山鎮的刺激。當時他在報上得知，關山鎮長許瑞貴成立了「關山建設促進委員會」，邀集地方人士共同關心關山的發展，心有所感。有一次，他與服務於台灣電力公司的賴慶祥一起出國旅遊，在車上他提議在池上成立一個關心地方

賴永松[60]

賴永松的父親賴阿玉出生在苗栗銅鑼。日治末期，賴阿玉在日本橫須賀軍港附近接受軍醫訓練，戰後回到故鄉。在長輩鼓勵下，隻身到人煙比目前更為稀少的台灣東部發展。1949年搭乘火車從花蓮一路往南，在車上聽說池上瘧疾橫行，遂在池上下車，並在此定居結婚生子。由於具有醫療背景，賴阿玉靠著行醫的收入不錯，因為對土地很珍惜，陸續購置土地，家境也越來越殷實，並協助苗栗的兄弟來到池上，成為地方頗受敬重的鄉紳。又因為賴阿玉會看日文醫療、農業等方面書籍，還會用短波收音機收聽日本的電台，所以家中常有人來一起聽收音機、高談闊論。

買了土地之後，賴阿玉開始自己種田，1963年左右還買了一部耕耘機（也就是鐵牛），是當時池上的第5台耕耘機。由於賴阿玉會跟小孩說明農業以及機械方面的知識，身為長子的賴永松說：「父親的知識無論是對機械或是其他，都影響到自己念書的志願。自己是物理系畢業，但對農業、工業都有興趣。畢業後回來當老師，除了教書，不喜歡補習賺錢，反而喜歡做公益之事。」

賴永松高中時父親因意外過世，所幸家境不錯，所以仍能念完淡江大學物理系，並在畢業後回到池上國中當老師。之後，又因懂得電腦科技，所以先後借調到台東縣政府教育局與教育部任職，使其閱歷與視野益加寬闊。創立池潭源流協進會、參與大坡池整治，乃至後來積極協助池上米認證，應都與這樣的背景有關。

的社團，得到賴慶祥的認同，池潭源流協進會因而誕生，而當時任池上國中主任、但借調到縣政府的賴永松亦被推舉為第一任理事長。協會一開始以認養大坡池及推展生態與文化環境等為主要任務，主要活動有辦理保育、生態講座、研習與觀摩活動等。他們希望在大坡池進行綠美化與生態復育計畫，重現以前滿是野鳥、草蝦、魚類與白荷時的濕地生態。於是，大坡池的生態保育工作在民間有了主要的負責單位，而這股力量使得池上民間社會由官方手中取回更多的主導權。[61]

協會一開始提議認養大坡池，但鄉公所並不同意。不過，協會展現強大的行動力，最後鄉公所終於順應民意，在二〇〇〇年四月擬定了「大坡池風景區管理維護暫行自治條例」，開放大坡池讓民間團體認養與定期維護，同時嚴格禁止捕魚、網鳥、破壞林木等行為。鄉公所態度的轉折，除了九二一地震的客觀因素外，也與一九九八年上任的第十三屆鄉長陳榮發有關。據當地重視環保的人士所言，相對於前任鄉長較重視硬體建設，陳榮發對於軟體建設較為關心，接受大坡池轉向生態保育只是其中之一。當然，這跟政府的環境政策發展也不無關係。

這一年以池潭源流協進會為平台，台糖池上牧野渡假村、池上社教工作站、救國團池上鄉團委會、池上鄉文化解說員協會、二輪吉普單車協會、佛光學會池上分會、池上鄉婦女會、慈露佛學會等社團紛紛加入認養行列，主要認養區域在大坡池北側與西北側。只不過，協會是民間團體，沒有足夠經費買樹進行綠化，所幸獲得池上出身的企業家杜俊元慨然相助。杜俊元捐了約兩百萬，主要用在買樹苗種樹，以及架設水管、用抽水機抽大坡池的水灌溉等。有了這筆經費支持，池潭源流協進會與幾個社團一起發動在大坡池的種樹活動。以小孩為主角，主題訂為「大坡池小園丁種樹活動」。小朋友種樹，爸爸媽媽阿公阿嬤都會一起來，全家一起來種樹，繼而激起大家關心大坡池的生態。

向公部門提出生態公園的建議，是池潭源流協進會的重要貢獻之一。二〇〇一年，協進會得知行政院研考會編列的四千萬建設經費即將被收回，協進會成員商議後，建議鄉公所將經費用於大坡池的改善工作。當時建議的項目有：

一、門面改善：設立大坡池地標，如風車、水車、植大樹等。將不要的設施（斜面圍牆、進出口之路燈電線桿）棄除，改善進出口環境、綠美化及道路，建多功能文化中心。

二、環湖大排水渠之設施。

三、銜接環湖道路。

四、湖內綠美化，依現有之綠美化即可，不要移植外來大樹。

五、以水車為主，設一個生態溝渠，及增設過水橋一座。

六、有關大坡池親水設施大坡池與濕地計畫重疊，以及米食博物館計畫，現外國均以大自然及鄉、鎮、村即為博物館，而池上鄉全鄉即為米食博物館，擬兩案計畫不提報。

七、大坡池環境維護，建請鄉公所補助少許經費贊助社團，在大坡池舉辦活動來共同維護（每月或兩個月一次），或由各村（社區）來做。

建議維持自然風貌、低度人工設施，並運用農村在地景觀等是主要訴求，雖然未被採納，但勾勒大坡池為生態公園的願景，已在鄉民心中醞釀。後來，鄉公所將其中三分之一經費用來修繕三號運動公園的福原活動中心，二〇〇二年李業榮鄉長上任後，剩下的三分之二交還縣政府，改由縣政府來主導整治計畫，留作日後整治的基本預算。於是，大坡池成為國家級濕地的藍圖逐漸浮現。

國家級濕地與大坡池今貌

就池上民間而言，具有生態保育觀念的居民聚焦於大坡池，從一九九〇年代起就透過賞鳥、植樹等活動，為重視生態環境發聲。但他們的想法與鄉公所的政策不同調。然而從一九九八至二〇〇〇年，整體風向有了轉變，先是力主以觀光導向開發的鄉長卸任，次年九二一地震，政府全面檢視工程與環境永續失衡的問題，接著就是池潭源流協進會成立。當討論大坡池相關問題時，主管觀光發展業務的交通部觀光局花東縱谷國家風景區管理處，也會發文給池潭源流協進會，聽取民間的意見。人事的因緣際會，逐漸有利於生態公園的發展，形成儘量不再增設人工設施的氛圍，再一次改變大坡池的命運，讓鄉公所朝生態保育的方向來整治大坡池。[62]

二〇〇二年，鄉長李業榮與代表會召集鄉內人士在杜園成立「大坡池發展諮詢小組」，經過多次討論，達成「恢復大坡池原有自然景觀」的共識。鄉公所在該年十月底訂定「大坡池營運管理要點」。鄉長與新上任的縣府城鄉發展局局長盧維屏共同面對大坡池的「歷史共業」，以「減法工程」朝向「生態復育」的方向處理。「大坡池環境復育工程」於是展開，實際做法包括：

一、挖除人工島及移除不當的設施
二、保育環境資源與生態循環的「綠色空間」
三、提供環境解說與自然體驗的「教育場所」
四、可達永續經營利用目標的「景觀據點」
五、景致優美、自然舒適讓民眾去的「休憩地點」

人工島的移除是大家關注的目標。二〇〇三年起，鄉公所執行「大坡池人工島土木工程暨環境設施改善工程」，首先挖除B島靠近廁所的部分，耗時八年才完成。A島也在第十七屆鄉長張堯城任內清除。

二〇〇六年十月起，內政部營建署為落實維護本土生物多樣性工作，推動相關濕地生態旅遊及教育，邀集專家學者、部會代表及相關NGO團體成立「國家重要濕地評選小組」，辦理劃定「國家重要濕地」作業。二〇〇八年大坡池獲選為「國家級重要濕地」，並於二〇一一年一月由內政部營建署正式公告為「國家級」重要濕地。這不但意味著大坡池有了明確的發展定位，也表示池上鄉可以申請「國家重要濕地生態環境調查及復育計畫」等中央政府的經費，執行大坡池的生態保育工作。

大坡池歷經前述幾番波折，豐富生態終於逐漸恢復。成為國家級濕地後，為了永續經營，鄉公所於二〇一一、二〇一三、二〇一四年申請內政部營建署的補助，分別委託高苑科技大學、義守大學，推動「大坡池濕地生態保育及教育推廣計畫」。這幾次的計畫著重生態調查與社區培訓課程等基礎工作，建構大坡池的在地環境知識。

在「大坡池濕地生態保育及教育推

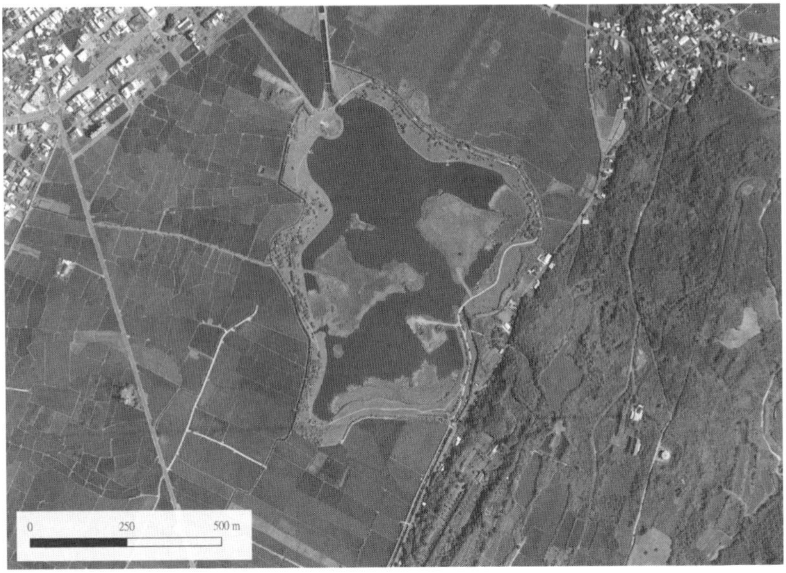

圖2-5：2008年大坡池航照影像。

廣計畫」中，連續兩年（二〇一三、二〇一四）的水質監測報告指出，整體而言大坡池沒有受到明顯汙染，但是流經農田的東側主入水口，和北邊的主出水口、平底筏簡易碼頭，皆受到擾動；第二年的監測發現「懸浮固體」超出標準，水質呈現「中度汙染」，懸浮固體的顆粒包含膠懸物、分散物與膠羽[63]，它會阻礙光線在水中的穿透，與濁度類似，會影響水中生物的生長，若沉積於濕地，可能減少濕地的蓄水空間。

大坡池的水質有汙染現象，鳥類、兩棲類、甲殼類與魚類的種類也略有減少，而好不容易復育成功的白荷原本到二〇〇六年已有穩定族群，卻因有人引進韌性與逆境生長特性強的外來種紅荷，使得白荷在二〇一七年再度消失。回復環境是漫長且艱辛的。鄉公所已將建立生態廊道、種植原生種陸生與水生植物，增加棲地的多樣性，確立為未來努力的目標。基於保育原生魚種，鄉公所也於二〇一七年開始舉辦害魚釣除比賽，鼓勵民眾去釣危害生態的琵琶鼠魚及泰國鱧，每釣起一公斤害魚可向鄉公所兌換五十元消費券，連帶促進地方經濟。

營建署補助計畫曾於二〇一四年成立的「大坡池濕地監測隊」，目前已無運作，近期是由台東縣政府委請財團法人農業工程研究中心辦理「一〇七~一〇八年度大坡池重要濕地（國家級）生態及水質調查監測計畫」，針對大坡池進行生態及水質監測調查。此外，台東縣政府自二〇一七年開始委託池上鄉公所對大坡池進行為期五年的管理，第一年之委託管理經費為五十七萬元，第二年因進行環境教育及社區參與計畫，委託管理經費調整為每年六十五萬元，以維繫濕地的整體管理。

經過鄉民與公部門的共同努力，大坡池的生態逐漸恢復，現在已是遠近馳名的生態旅遊據點。樂賞基金會在大坡池畔設立了「古典音樂欣賞中心」，讓民眾除了體驗自然生態，也能欣賞美好的音樂。池上居民也常常在此舉辦活動，諸如野餐節、音樂會、竹筏季等等，讓不同族群在此交流與傳承，同時凝聚對地方的認同。

回顧近二十多年來大坡池的變化，民間社團自發的力量與鄉外的生態保育觀念結合，先是影響鄉公所的政策，然後在公部門接手管理後，共同致力於恢復大坡池的濕地生態，將大坡池打造成「國家級濕地」。這不但讓池上有利於之後推動各項文化藝術活動，同時也對打造「全池上渡

圖2-6：2018年大坡池航照影像。

假村」的願景有機會實現，對池上後續的發展有極大的影響。更重要的是，這股源自民間的自發性力量，在公部門各項政策轉向時，不是消極地被動接受，而是積極地主動面對，尋找出最適合池上發展的方向，甚至有能力向公部門表達民間的訴求，這樣的表現在池上米的認證過程中更為明顯。

插曲二：新自由主義的挑戰與政府的治理

二十一世紀全球化趨勢與一九八〇年代後期英、美兩國「新自由主義」的發展有關。為了緩和一九七〇年代以來石油危機產生的資本主義經濟衰退，英國首相柴契爾夫人與美國總統雷根採取一系列市場自由化、國營事業私有化、去管制化、緊縮財政與貨幣等政策，這套論述與相關的政策舉措，無論稱之為「新自由主義」或「金融資本主義」，透過世界銀行、世界貿易組織、國際貨幣聯盟等制度的配合推動，對全球各地產生巨大的影響。[1]

在新自由主義經濟體系下，國家已不再是經濟運作的主要單位，其中關鍵在於國際間資本的迅速流通，增加了國家控制的困難，國家功能弱化，[2]能主導的範圍與功能逐漸縮小，套用人類學者可馬洛夫夫婦（Jean Comaroff and John Comaroff）的話，國家目前的主要功能是建立並維持市場的主權而非政治主權。[3]過程中，勞資關係、技術革新以及產業轉型等革命性轉變，致使人們無法整合集體力量對抗隨之而來的社會風險，[4]也使得福利國家的概念遭受質疑。

如呂建德的研究指出，戰後福利國家的運作策略以凱因斯政策為主，政府透過財政政策、低利率政策與擴大公共投資建設等方式，維持經濟成長與所得分配、經濟效率與社會公平等穩定性社會發展模式。[5]但隨著全球化與國際金融市場的興起，全球化下專業人員跨國移動與企業跨國生產，國家不易課稅，傳統凱因斯主義下的擴張性財政政策面臨失靈的困境。另一方面，金融自由化的時代，國內金融市場的利率不再是由各國中央銀行，而是由各國投資人所期望的獲利率決定。政府已經無法維持擴張性的財政政策，也不易解決失業的問題。[6]

這個世紀以來，核心工業國家面臨失業和工作不穩定、大企業壟斷市場，以及人口的老化與少子化等，全球資本主義的各種危機與問題。[7]在台灣，面對新的危機、問題與風險，從工業社會轉變到後工業社會的過程，產生製造業的生產基地與資本的外移以及技術知識的流失等現象，國內勞工面臨產業轉型與技術特性的改變或技術本身附加價值的提升，被逼迫面臨失業與貧窮的問題。[8]根據「台灣社會變遷基本調查」指出，台灣過去二十年來的階級結構與社會不平等的變遷，主要是資本與技術擁有者壟斷利益，導致貧富差距惡化的局面。

面對新自由主義經濟的市場自由化及一波波的金融危機，福利國家的失靈和福利國家概念的質疑，無論是美國學者所主張的「政府再造」，還是興起於英國的新公共管理（New Public Management），都開始試圖引進企業精神或市場力量，使政府減少科層、增加效率、績效與課責，以能夠彈性地回應人民的需求。[9]亦即，政府在治理的過程中，為了因應時代環境的變遷，改變了治理的方法與模式。二〇〇〇年台灣首度政黨輪替、中央由民進黨執政後，也開始面對新自由主義國家治理的挑戰與改革。

自二〇〇一年開始，政府以改造「四化」：地方化、法人化、委外化、去任務化，作為組織變革的總體策略，[10]透過四化縮編政府規模，是對政府職能激烈而根本的檢討。以小政府為目標，基本原則是「民間能做的，政府不做；地方可做的，中央不做」，基本信念在於透過自由市場的運作，使社會資源管理運用的效率極大化，並促進生產及服務的品質。[11]也正是在這樣的脈絡下，方能理解晚近政府推動的許多政策。

我們可以發現，新自由主義思維的政府組織再造可能增加了管理的靈活性，卻更弱化政府的公共性。例如委外化和去任務化都有政府向財團靠攏的問題，而將公共財轉為私有化、再轉手給財團壟斷與土地炒作的爭議層出不窮。但是，我們也確實在政府四化的過程中，看到民間力量的增能。例如，台東當地社區組織紛紛通過安全社區的認證，以使居家安全得到保障，既創造安全性，同時又凝聚社區情感。這是將原由警政單位在地方負責的任務交由社區組織承接，而類似的各種舉措已在各級政府組織產生新的運作。綜言之，政府改造工程是在新自由主義的理念中實現，這是「政府－社會」同步發展，也是新世紀以來，中央政府、地方政府與地方社會關係重組的現象與發展趨勢。

池上米產地認證正是開啟一個地方社會發展在二十一世紀獨特的經驗里程。過程中，池上結合各種的民間力量取得認證，並在與國家和市場的關係中發展出具有嘗試性及挑戰的可能。

第三章　稻米產業、無敵稻景與新自由主義

一九九五年WTO的成立目的在使全球貿易更為自由、公平及具有可預測性。透過關稅協定將WTO各會員國進一步納入全球化的過程，促使全球市場更為全面性的開放、自由競爭；同時，透過大眾運輸工具及傳播媒介，促使人、物、資本、訊息更為全球性的流通。台灣在二〇〇二年正式加入WTO，不過，政府在一九九〇年間就積極為加入WTO將會帶來的產業衝擊及開放市場預做準備。例如台灣的農業主管部門為因應開放後的市場競爭，在更早之前就有以良質米產銷計畫應對的策略。加入WTO標示著台灣新自由主義化的一個進程，台灣政府的各種因應政策與舉措既是迎向開放國際資本的市場，同時也加速市場或經濟邏輯滲透到社會文化的各個層面。

擺盪在自由貿易與保價收購下的稻米產業

據推測，早期台灣的稻米以陸稻（旱稻）為主，因為當時的住民習慣用刀耕火種方式，闢土墾植，地力耗盡後就另外尋找新地墾作。有文字記載的稻米種植始於荷西時期，當時栽種的

稻米似是以來自中國（廣西）的秈稻（在來米）品種為主，這些稻米品種乃隨著漢族移民從閩粵沿海帶到台灣。荷領台灣期間獎勵中國農業移民來台墾殖，並教導原住民從事定居性的農耕，引進耕牛、農具及作物品種，興建埤、圳、池、塘等水利設施，奠定了台灣漢人農業社會的基礎。[1]

明鄭時期，渡海來台的漢人更多，墾耕技術日益進步，清代中期之後，稻田耕作更進入一年兩熟之制度，根據一七一七年《臺灣府誌》的記載，當時栽植的稻米，以抗旱多產的「占稻」品系為主。占稻屬於秈稻，雖然該品系食味較粗，但抵抗力及生長力強，香氣較濃，對早期台灣移民而言是比較能適應各種惡劣環境、並保持穩定生產的選擇。雍正以後，清廷正式開放台灣稻米在本土銷售，稻米的商品性格至此更加明顯。十八世紀以後，中國沿海普遍缺糧，台灣稻米具有接濟中國各省的功能。此時稻米獲益高，移民因此願意投注資金開墾以獲利。

進入日治時期，稻米生產成為國家強力介入管理的領域。一八九五年日人據台，為了配合本國工業發展，「工業日本、農業台灣」是其治理台灣的主要經濟政策。台灣總督府推動許多農業建設及政策，除了大型水利工程之外，也在各地設立了各種作物的試驗場，研究作物品種及栽培技術的改良，這當中最重要的便是蔗糖及稻米。

日本原為糖之輸入國，台灣則為蔗糖生產之區域，於是日本據台初期便大力扶植本國資本家到台灣發展製糖工業。另一方面，日本在明治維新之後，工業化結果導致農業人口大量流失，全國糧食短缺問題日益嚴重，因而對台灣的稻米生產極為重視。一九二六年五月，磯永吉博士在台北陽明山竹子湖改良出日本喜歡吃的粳稻種，其米質柔軟，米粒圓滑，產量較多，被命名為「蓬萊米」。此後，蓬萊米逐漸地取代了在來米，種植面積迅速在台灣擴張，尤其是一九三〇年嘉南大圳完工後，提供更多的水源種植蓬萊米，使得台灣稻米整體產量大增，其中的大部分即是運往日本。

蓬萊米除了更可口獲得消費者的喜愛，產量方面比在來米多收成百分之二十，價格上則高出在來米百分之五至百分之十。加上總督府不遺餘力的推行，建設水利以增加灌溉面積、設立農事試驗場改良品種、施行米穀查驗、改進肥料、設立農業倉庫來改進流通、驅逐害蟲、推進二期米作等等。蓬萊米的種植乃迅速遍布全島。

在蓬萊米尚未出現的一九一〇年代，台灣產米不到五百萬石，等到一九二〇年代，蓬萊米普及化之後，稻米生產突飛猛進，產量最高時幾乎達一千萬石，同樣的土地面積，產量卻增加一倍；輸出量也從原來的百分之二十三（約一百萬石），增加至五百二十萬石，占產米總量的百分之五十三。同時，原本殖民地單一農業起了大變革，一九一〇年代起，台灣因砂糖生產而轉變為米、糖二大農產品。

二戰結束初期，政府為了迅速恢復稻米生產，先後實施「三七五減租」及「公地放領」等政策，並修建農田水利設施，總產量自一九四六年起即達戰前每年最高產量，直到一九六七年才開始轉變。這與國民政府較之日本政府更將稻米視為戰略作物，產銷都由國家嚴格控制有關。要言之，一九四六至一九六七年間，基於戰備安全儲糧的考慮，政府實施糧區制度以便於管制，也鼓勵稻農儘量生產，以掌握足夠糧源；同時透過以稻穀繳田賦、換取肥料的方式，低價取得大量稻穀，再高價賣到日本等地以賺取外匯。一九六八年之後，台灣經濟結構開始轉變，日本也不再從台灣進口稻米，政府開始鼓勵稻米減產，以自給自足為目標。然而，一九七四年，全球發生糧食危機與能源危機，行政院宣布撥款三十億元設置糧食平準基金，實施稻米保價收購，卻也種下了目前台灣稻米產業的基本困境。

台灣是全球少數實施稻米保價收購制度的國家，其中當然有許多政策上的考量，但也有台灣加入WTO，在講求貿易自由的方向下，政府面臨國際貿易對手國（尤其是來自美國）的壓力。

二次世界大戰後，在美國新霸權的主導下，國際農糧體制，從糧食的生產、流通及消費，皆被調整為有利於美國出口其剩餘農產品的市場結構。戰後的台灣因為相當程度上受惠於美國的援助，所以當美國發出消耗其剩餘農產品的市場需求時，台灣很難違抗美國的主導勢力，只能退讓而配合美方，調整國內既存的糧食供需體系。一九六〇年代開始，台美之間權力不對等的關係，使得台灣的農業政策從自給自足轉為糧食倚賴的現象。此後，台灣的小麥及畜牧業飼料原料皆轉為進口美國的農產品，只有稻米仍往自給自足及增產的方向推動。一九七四年，政

表3-1：台灣各階段糧食政策

政策階段	年別	重要糧食政策
1946-1967 鼓勵生產，掌握糧源	1946	實施糧區管制、田賦徵實、試辦肥料換穀、辦理糧商登記。
	1947	推行公有地放租、隨賦徵購。
	1949	實施三七五減租。
	1951	立法院通過《三七五減租條例》、行政院通過《台灣省公地放領辦法》。
	1953	公布《實施耕者有其田條例》、糧食生產計畫併入第一期經建四年計畫。
	1960	開始實施農地重劃。
	1966	先後設立高雄、楠梓、台中三個加工出口區，以退稅及廉價勞力，吸引華僑及外商投資。
1968-1973 經濟結構轉變，稻米自給自足	1968	肥料換穀數量達46萬公噸，占政府掌握量之63%。
	1970	經濟部發布「大宗物資進口辦法」，進口雜糧開始增加。日本停止進口食米。
	1971	政府開始核減稻作面積；稻米為主食的觀念開始改變。
	1972	行政院宣布加強農村建設九項重要措施，有關糧食部分包括自1973年1期起廢除肥料換穀辦法，隨賦徵購稻穀自1974年第1期按市價計算。
	1973	行政院決定糧食與肥料不再出口，鼓勵多種水稻，行政院決定1974年起稻米產量除供應需求，至少應再增產10%。本年稻米產量較去年減產18萬6千糙米公噸，1974年政府掌握量減少13萬8千糙米公噸。
1974-1983 保價收購，穩定存糧期	1974	發生世界糧食危機與能源危機，行政院宣布撥款30億元設置糧食平準基金，實施稻米保價收購。國內米價暴漲，政府庫存不足應付，自泰國緊急進口12萬8千公噸白米應急。
	1947	行政院指示：本年稻米生產要再增加10%，並先後採取多項增產措施。
	1976	稻米產量達271公噸，創台灣有史以來最高峰。
	1977	稻米生產過剩，政府庫存量大增，米價偏低。1977年1期起，收購稻穀改採計畫收購方式，每公頃收購數量970公斤。
	1978	為緩和稻米供過於求壓力，增辦輔導收購餘糧，從此政府收購分為兩種不同的數量與價格。本年起試辦輔導稻田轉作，並降低計畫生產目標。
	1983	取消糧區制度。

1984-2001 稻田轉作休耕，產銷平衡期	1984	政府庫存量突破150萬糙米公噸，造成嚴重倉容不足、資金積壓、虧損問題。簽訂《中美食米外銷協定》，外銷米數量、地區受限制。本年起實施「稻米生產及稻田轉作六年計畫」。
	1985	推動「良質米產銷計畫」。
	1987	行政院核定自1987年2期起田賦停徵。
	1989	行政院核定「稻米生產及稻田轉作後續六年計畫」。
	1995	「稻田轉作後續六年計畫」於本年底到期，經行政院核准延至1997年6月底止。
	1996	12月宣布「水旱田利用調整計畫」，自1997年開始實施，為期4年。
	1998	停止雜糧保證價格收購，以現金直接給付取代。 2月中美完成台灣WTO入會農業雙邊諮商，達成稻米進口模式之協議。
	2001	行政院核准「水旱田利用調整後續計畫」，並選擇低產、品質較差之地區加強推動規畫休耕。
2002-2004 加入WTO，控制產量，提升競爭力	2002至2004	調降稻作面積。2002年稻作面積目標訂為30萬公頃，較2000年度的34萬公頃減少4萬公頃。 為穩定糧價、確保農民收益，保證價格收購農民稻穀措施仍暫予持續辦理，同時配合稻穀收穫期加強收購作業，以緩和市場稻穀流通數量。 配合計畫生產、輪作、休耕及輪流休耕措施的獎勵。 提升國產稻米品質，強化競爭力。 拓展外銷市場，促成良質米外銷日本。
2005～ 轉型中的稻米政策	2005至2013	成立稻米產銷專業區。
	2014	稻米產銷契作集團產區。
	2016	實施「稻作直接給付與保價收購雙軌併行制度」的「對地貼補政策」

說明：本表根據賴榮盛，《WTO與稻米產業競爭力研究：以臺東縣池上鄉池上米為例》，台東：國立台東大學區域政策與發展研究所碩士論文，2007年，頁5-6表3，擴充而成。

府設置「糧食平準基金」，開始實施保價收購稻穀以鼓勵農民增產。這項政策使得公糧稻米外銷量大增，為國內賺取可觀的外匯，同時也讓台灣糧源及糧價穩定。

然而，國內稻米長期大量外銷，嚴重影響了美國米的利益。於是，台美在一九八四年簽訂《中美食米外銷協定》，美方開始限制台灣自簽訂起五年內的白米外銷總量。此協定造成當時以產量為導向的稻米產業嚴重滯銷，形成倉容不足及基金虧損的窘境。

因此，農糧單位為了紓解稻米生產過剩的壓力，於同年實施稻田轉作計畫，再於隔年（一九八五）實行良質米產銷計畫。一方面消極減產，一方面則是提升米的品質促進食米消費。政府一系列的稻米減產作業，台灣整體水田面積開始減少。至於食米精緻化的推廣政策，在一九八〇年代原是作為紓解稻米生產過剩的機制，到了一九九〇年代則成為抗衡ＷＴＯ國際稻米開放進口的戰略。在此農業政策的脈絡中，東部縱谷農村被中央政府列為良質米的重點發展區域，而池上平原便是農糧署「良質米產銷計畫」下的示範點之一。

另一個影響稻米生產的重大政策是「對地貼補」。從二〇一六年第二期稻作開始，農委會在六個鄉（鎮、市、區）試辦稻作直接給付與保價收購雙軌併行制度，農民如果在申報期間登記稻作直接給付，在收成時可以衡量當時的市價，決定要領取給付金或是繳售公糧，二〇一七年第一期則擴大至二十個鄉（鎮、市、區），目前仍在持續進行。

儘管政府做了那麼多的努力，稻米政策仍是農委會的棘手問題，尤其是保價收購制度引起諸多批評，最明顯的矛盾就是國人每人每年的白米消費量逐年降低。以一九六一年為例，年平均消費量是一百四十點零五公斤，此後大致呈現逐年遞減趨勢，一九九三年只剩下七十點七六公斤，到了二〇一七年更是降到四十五點四公斤。[2]一九八〇年代，台灣開始陸續加入各式自由貿易組織之際，為了解決米糧過多問題，政府開始強調多吃米食就是愛國、愛鄉、愛家與愛己的表現，[3]總統甚至在二〇一九年邀請大家「週末到總統府『做伙來呷飯』」。[4]農委會花費在稻米保價收購的政策也一直持續，而且近年收購的數量未見減少，但效益卻見仁見智。[5]此外，這時也開始出現了呼籲改革稻米保價收購的聲音。[6]追根究底，台灣稻米的生產成本比美國高，甚至高於越南等地，缺乏大宗出口的競爭力。公糧收購儲存後，通常銷售給軍隊、學校和監獄，三年後仍未售出即以「飼料米」標售，價格等同飼料（一公斤約七元），雖然也可以外銷，但未必就能賣到好價格，甚至要賠本販售。因此，用納稅人的錢去購買公糧，儘管有其歷史淵源，也照顧到弱勢的農民，但就企業經營的角度其實是相當需要檢討的政策。

也有相對比較支持保價收購的說法。江昺崙在一篇文章中指出，要討論台灣農業的困境，必須先釐清各種不同作物的產銷結構，各國在國際貿易談判中都希望盡可能保護自己的糧食作物（或者文化作物、地域作物、社會性作物等等），同時也希望擴張經濟作物的出口。台灣最主要的糧食作物就是稻米，其在台灣社會不可或缺的理由在於它的安定性。糧食作物也是農家的生活物質基礎，長期以來形成了特殊的稻作文化，更是穩定農村社會的重要關鍵。而農村又是台灣社會安全網的「安定結構」，[7]假使稻田逐漸減少，而台灣又無法等量增加小麥、玉米等等轉做五穀雜糧的面積，就會影響到台灣整體社會的結構安定。因此，光以表面的經濟效益，並無法看出問題嚴重性。[8]

總而言之，在國際自由貿易的壓力下，台灣的稻米產業處境的確相當險峻。一則因為農村長期以來不斷被邊緣化，另一方面，在國家長期實施的稻米保價收購制度下，商品化的程度比其他農作更晚，一旦要完全面對國內外的市場競爭，勢必會受到不小的衝擊。

池上米的產地認證

在一九八〇至一九九〇年代政府良質米政策的經營下，從品種研發、糧區制度解除、包裝形態改良、適栽區規畫、良質米認證與品管規範建立、米質競賽、稻米分級檢驗、分級收購與銷售，到有機良質米推廣等等，池上平原的水稻經濟無論在面積擴張、品質精進與制度規範上皆展開了新的進程，也逐漸在市場占有一席之地，甚至成為優良無汙染良質米的代名詞。

稻作一直是池上的主要產業。只是早期的農業以維生為目的，後來才越趨商品化。平埔人與阿美人移入初期即帶來了水稻耕作技術。水稻種植首重水利設施，從空中鳥瞰池上平原，水圳是連結平原的重要地景，也是提供池上經濟命脈水稻生長的主要水源。

池上水圳的水源來自東側的海岸山脈與西側的中央山脈。海岸山脈的溪流有大坡南、大坡北溪、萬安溪、泥水溪等，流量較小，水圳較短，灌溉面積也較少。中央山脈的水源有兩個水系，一個是秀姑巒溪，另一是卑南溪上游的新武呂溪，後者水源相對較為充沛，尤其是引自新武呂溪的池上圳幾乎灌溉了池上五分之四的水稻田。[9]

不斷增加的水稻種植面積與水稻產量

根據文獻，池上平原在清代時即有水圳興築。大約在一八七八（光緒四）年，來自屏東赤山的墾民陳枝和等十八名與數十名移住的阿美族人，以新武呂溪的水源共同開築有名的「新開園圳」，當時灌溉範圍涵蓋萬安與新開園一帶百餘甲的農田，是清代台東縣境內灌溉面積最廣的農業用圳，[10]也就是後來改稱「池上圳」的那條水圳。

雖然清代的移居者已在池上平原開鑿水圳、種植水稻，但到日治初期，池上平原的開墾也僅限於新開園圳以東。聚落位於海岸山脈的階地，而水田分布於水圳及聚落之間，自北而南集中在大陂庄、新開園庄及萬安庄等聚落一帶。由於萬安庄一帶屬於「新開園圳」的末端，灌溉水量不足，因此當地居民亦於日治初期的一九〇六（明治三十九）年，以海岸山脈萬安溪為水源，另闢了一條「萬安圳」。

日本政府極為重視水利建設，隨著移民與墾地的增加，原有的水圳已不敷使用；因此在官方與民間的共作下，除了修築原有圳道，也陸續新設大坡圳、大坡山圳、山棕寮圳、萬朝圳等灌溉圳道。池上平原較大規模種植水稻，是到日治中期水利系統興修後才漸趨成熟。一九二一年，池上平原的墾民以新開園圳為主，結合鄰近大陂圳，向總督府申請成立「新開園圳公共埤圳組合」，同時向勸業銀行貸款，進行舊有圳道的修補以及建設新圳道的工程。當時，這些圳道的灌溉面積達三百九十九甲。

在日本政府的水利治理之下，日治末期池上的灌溉面積已達五百九十五甲以上。二次世界大戰之後，國民政府接收日治時期的水利組合，於一九五三年設置台東農田水利會，其下設池上

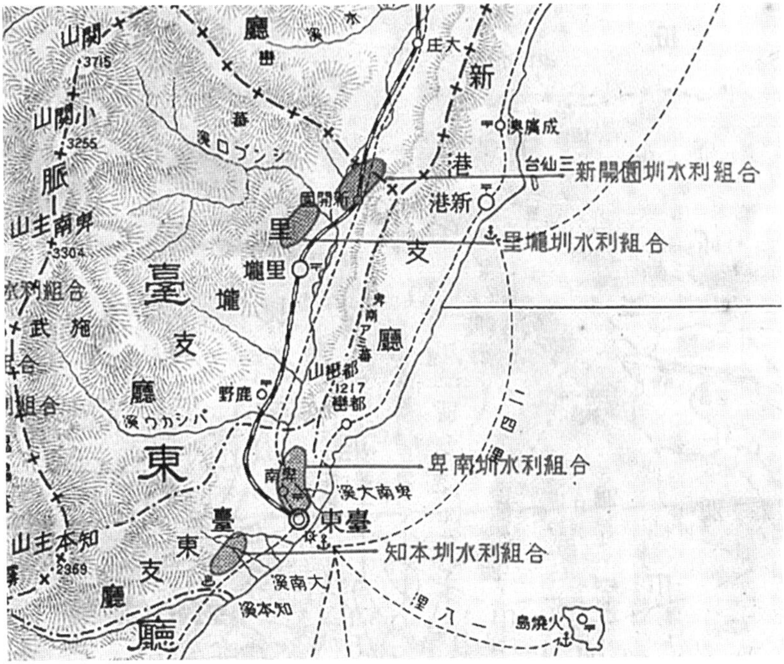

圖3-1：公共埤圳組合及水利組合排水灌溉區域圖（1930年，局部）。

水利工作站。一九六一年以後，池上地區的水圳開始全面混凝土化，也持續進行興修圳道的工程。[11]

回顧歷史，日治初期池上的人口與水田尚屬有限，這兩方面的成長主要來自兩個因素。首先，日本政府注意到來自中央山脈高山原住民的威脅，投入國家力量展開軍事治理，一九二〇年代縱谷中段因而得以維持和平的局面。在這樣的基礎上，池上平原的拓墾活動乃得以逐漸向新開園圳以西擴張。到了日治中期，新開園圳以西的土地逐漸開墾為水田，聚落的分布也開始向新開園圳以西延伸，加上鐵路的建設，使得池上平原的中心由清代以來平原東側的新開園，移向

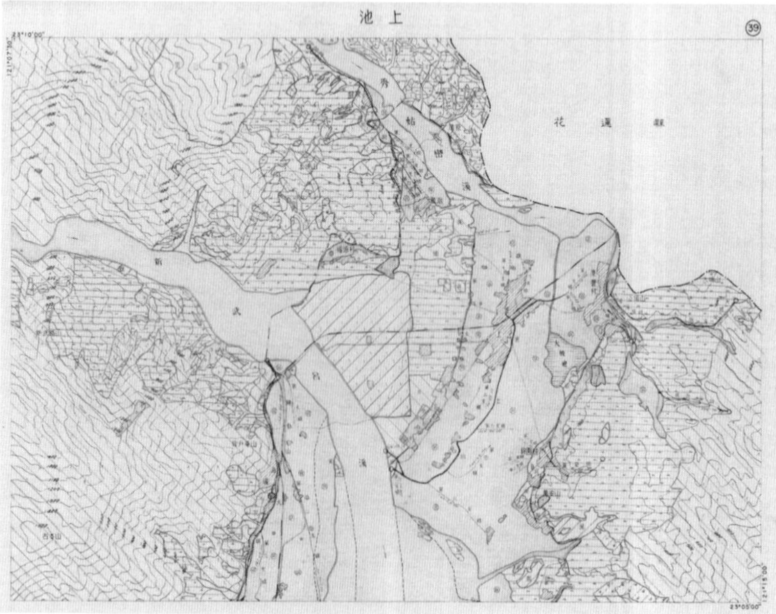

圖3-2：台東縣土地灌溉利用圖：池上（1979年）。

西側的火車站一帶，而成為新的節點。[12]

其次，從統治者的角度，日治初期整個東台灣仍有許多「無主荒地」。因此，總督府將東部平原作為官營移民事業的基地，新開園成為其中一個選定地點，[13]成立了「池上移民村」。為了取得移住政策所需的官有「集團地」，一九一〇至一九二五年間展開「林野整理事業」，整理與登錄東台灣的地籍，透過民有及官有土地的界定，限制原住民的土地利用方式，同時劃定其居住及耕作的範圍。其中主要工作，就是針對原住民土地使用中的「公有地」進行分割，將其土地所有權由集體公有，零細化為私有的形式，並且致力將原住民的耕作方式轉換為集約及定耕的水田形態。[14]這是池上鄉會有那麼多的國有地得以設立糖廠、台東農場的背景，以及讓漢人有機會移入、不斷擴展水田的原因之一。

換個角度來看，日治時期池上的農業經營方面分成兩大類：一般農家與農場經營。早期移民大多屬於一般農家的農民，有自家的地種植水稻是很多農家的努力目標。官方先後成了立臺東製糖、臺東開拓和臺拓三個株式會社來經營農場，但他們招募來的漢人雇工大多以此為跳板，一面替農場工作，一面自行開墾荒地，這是池上水田面積不斷升高的另一原因。[15]

池上水稻的種植面積增加，與此地適合種植這種作物有關。當地人都知道，早期平原東側（海岸山脈側）屬於菲律賓板塊，土壤的地力較高，非常適於種植水稻，相較之下，中央山脈側（屬於歐亞大陸板塊）的土壤就比較差。然而今日不少西側耕地因移放海岸山脈客土，原本劣質的土壤已獲得改良。[16]水源也是重要的一環。池上的灌溉水源主要是來自溪水，尤其以新武呂溪最為重要。早期有大坡池調節水量，後來輔以圳道水利工程，池上灌溉用水大致上不虞匱乏。而且根據許多當地人的說法，這些來自溪水的水源不但沒有汙染，還帶有許多有利水稻生長的礦物質，更增添了池上米的獨特風味。

此外，池上的氣候也不容忽視，位於花東縱谷的中段，相較之下不易受到夏天颱風的影響。地勢上則因為河流沖積，長時間的土壤堆疊，此地海拔約二七五至三三五公尺左右，是花東縱谷最高處，[17]地勢高，日夜溫差稍大，適合稻米生長；[18]再加上兩邊都是山，日照短，所以比較晚熟，稻米的品質因而更好。

日治時期之會社地多為地質與水利較差的新墾地，國民政府統治後由於公地放領及耕者有其田等農地改革政策，農民積極投入客土改良土壤與發展水利流灌墾區，水田面積急速增加，農業經營日益邁向稻作。一九五一至一九九九年，水田面積由六百三十九公頃增至一千四百五十九公頃，目前更是超過一千七百公頃。

根據台東縣政府的統計資料，二〇〇一至二〇一五年池上鄉的總地耕作面積一直維持約四千公頃左右，沒有太大改變，[19]水稻田部分一直維持相當大的耕作面積，這與水稻收成好、價格高有密切關連；而收成好、價格高，又與稻米品種與耕種技術改良與提升有關。

以日治時期為例，來自苗栗的客家人徐連春引進的雙冬種植就相當重要。一九三〇年代，徐連春到東部遊歷，發現池上地廣人稀，適合發展農耕，所以舉家變賣銅鑼的產業，在大坡池附近購置水田十餘甲。當時，池上的田園多數為平埔及阿美族人所有，水田採粗耕方式，每年只耕作一季，每甲地收成約四千台斤。徐連春一家來到池上，採取西部精耕方式，一年兩季，從育苗、插秧、施肥、除草至收割、入倉等，均用心耕作照料，因此單位產量大增，每甲地可收六千至八千台斤，且一年兩期，因有餘糧可以出售，經濟效益相當可觀，帶動池上水田耕作的新模式。[20]

二次大戰後，農會在技術改良與提升方面扮演了重要的角色。一九四六年，「新開園信用販賣購買利用組合」改組為「台東縣池上鄉農會」。由於有美援的支持，地方農會透過農復會、農改場等農政單位的指導，執行了許多與農業及農民有關的政策，包括耕種技術指導、農業推廣教育、四健推廣教育與婦女家政推廣教育，對農村產生重大的影響。例如一九六〇、七〇年代，台灣經濟漸漸由農業轉向工商業，農業經營也由勞力密集轉為機械化，許多農家以貸款方式購得農機，包括了翻土機（俗稱鐵牛仔）、插秧機、割稻機、稻穀烘乾機、曳引機等，提升了農事的效率。再如一九八四年政府推動良質米計畫後，台東農改場在池上劃定一千兩百公頃的良質米適栽區，[21]主推的品種為：高雄一三九、台梗二號、台梗九號及越光米等四種，使得池上稻米的品種趨於單純，有利於經營管理。

研發品種與精進田間管理技術不但提升池上水稻的質與量，也是水田面積逐漸增加的部分原因。早期農業活動，農民除稻作外，會利用剩餘勞力與空間從事生產農業副產品，如利用山坡地種植少量甘藷，或是養豬、養雞等，經濟作物盛行後，香茅、甘蔗、梅子、鳳梨及李子等都曾有一段風光。但在稻作收益日益穩定後，不但雙期稻作成為池上最穩定的農產制度，從事生產農業副產品的活動也逐漸消失。農業經營形態越趨向單一。

一個明顯的發展趨勢是，從事農業的家戶與人口都減少了。這一方面是因為農業整體不景氣，許多青壯人口外移，另一方面也因為留下來從事農業的人越來越專業，個別農民或農戶的耕作面積則有擴大的傾向。整體來說，從事農業的家戶與人口在池上的比例下降，但無損農業（尤其稻作）在池上產業中的關鍵地位。池上的水稻田一直維持相當大的耕作面積，當然與水稻的收成好、價格高有關，但有趣的是，台灣加入WTO後，政府為了紓解稻米生產過剩壓力而鼓勵稻田轉作，加之又有取消稻米保價收購的聲浪，池上稻米產量依舊持續攀高。

池上面對WTO的挑戰

一九九〇年代末期，池上米開始嚴重遭受全台糧商的仿冒。仿冒潮在一九九六年到達高峰，品質參差不齊的稻米與池上原產稻米形成低價競爭，嚴重打擊池上農民與米糧商的利益。[22]

池上米仿冒問題猖獗的現象具有兩層意涵。其一，表現了中央糧政單位在我國向國際農糧體系讓步後，為了解決國內糧食過剩問題，自一九八〇年代開始推動良質米產銷政策，以促進國內食米消費，以及開放國內食米市場形成市場競爭的策略。其二，長期以來在良質米產銷政策中扮演示範者的池上地區，面對仿冒現象猖獗，以及二〇〇二年台灣即將加入ＷＴＯ的市場壓力，為化解自身產銷困境謀求出路，而發展出追求「品質」以提升農產「競爭力」的對策，而在這個過程中，池上農會與當地糧商扮演了重要的推手，前者在大坡山上、後者在萬安村推動的有機米種植，後來都證明成效不錯，尤其二〇〇一年池上「萬安社區有機米產銷班」成立，有機田分布在海岸山脈萬安溪附近，沿著萬安溪旁的沖積平原，此地沖積土具有黏性，來自山區的灌溉水源含有豐富的礦物質，因此可以孕育出高品質的稻米。

池上推動有機稻米，主要是因為有機稻米具有高品質與高價位的產品形象。藉著推動有機稻米，可以從稻米品質、產業與社區結盟的形象，以及有機制度的示範性上，提振地方稻米經濟制度，增加米廠業者與農民的收益。在推動過程中，無論是生產區域的選擇或是品質的追求，皆呈現出推動者對於有機稻米的精緻想像；試圖證明有機米是與良質米並駕齊驅，是同樣具有競爭力的優質農產品。這當中有一個重要人物，那就是建興米廠的老闆梁正賢。

新開園碾米廠（舊稱「精米所」）是池上第一家米廠，在一九二一（大正十）年以前已經存在，至一九八一（民國七十）年歇業，中間數度易主。根據二〇〇一年出版的《池上鄉志》，鄉內有以下幾家碾米廠：陳協和、錦和、建興、池上農會、瑞豐，以及廣興。事實上，池上歷史上還有不少碾米廠，但由於不同的原因而歇業，未被列入《鄉志》，例如仲和碾米廠。開設碾米廠不但要有足夠的倉儲設備，碾米技術更須與時俱進，這些都需要龐大的資金，也要有靈活的經營策略。梁家經營的建興米廠無疑是其中的佼佼者。

建興米廠位在市街的中山路鬧區。二〇〇五年，政府開始推動「稻米產銷契作集團產區」，池上的稻田大都納入此一計畫，池上鄉農會、建興米廠、陳協和米廠鼎足而立，其契作比例約為四：四：二，建興米廠與有官方色彩的農會旗鼓相當，其影響力由此可見。

這家碾米廠最早出曾銀貴創辦於日治昭和年代，以池上圳架設水車作為動力。之後先由張仕本（張維通鄉長之父）接手，光復後再交給林石連，因林氏移居花蓮，再由梁家接手傳承至今。光復後繼續以水車或較進步的水渦輪機（turbine）為動力，直至一九六二年二月，台電電力到達本鄉，才改用電動馬達。一九七八年交給第二代梁萬逢經營。

梁正賢一九八四年退伍後回到池上，此時正是稻米產業受到嚴峻考驗之際。兩年後，梁正賢正式接棒，面對凋零的農村，農委會、農林廳及糧食局推出「良質米產銷計畫」，建興米廠以及池上的稻米產業都必須有新的因應，農業刊物是梁正賢尋找出路的方式之一，其中豐年社的出版品《鄉間小路》堪稱「進修祕笈」。

一九八四年左右，梁正賢在《鄉間小路》看到南投草屯有試種有機米，聽說可以提高品質，所以很有興趣，想找農民試種，但都沒有談成。於是他先從自己的三甲田開始，後來還把

梁正賢[23]

梁正賢是西部漢人移居到池上的第三代。日治昭和年間，梁正賢的祖父梁火照從台中大甲來到台灣東部，先在富里鄉永豐一帶養鴨，後來接手一家礪米廠，展開梁家的礪米廠事業。光復初期，池上第一屆官派鄉長牽涉到228，其經營的錦豐礪米廠由梁火照與友人杜錦枝接手。梁家的事業重心逐漸轉往池上。

梁火照育有5男3女，長女梁雪與前花蓮縣副議長、省議員黃金鳳結婚，次女、三女都在教育界服務，長子梁萬忠曾任台東縣議員，次子梁萬逢繼承家業經營礪米廠，三子是畢業自體專、將池上國中打造成體育王國的梁俊良。

梁正賢的母親畢業自台北師範，因大甲親戚的介紹嫁到池上。一開始梁母在福原國小任教，後來辭去教職在家中的礪米廠幫忙。許多池上人都對其能幹、誠懇、親切讚譽有加。在梁母的堅持下，梁正賢小學畢業就離家，到大甲念國中，此後從台中一中一路念到大同工學院機械系。

「念機械系（大同工學院），跟當時的氛圍有關係，不想念師大當老師嘛。會念機械系，跟考試分發有關，考上哪，就念哪。」儘管如此，梁正賢對其機械系背景還是頗為得意。「剛回池上時，銀行年利率13%、14%。當時民間月息是3分利，農機貸款是5.5%，等於貸款利率砍半，所以買了一台小怪手。低利率很吸引人。前後修了三次，現在還在用呢。」

1984年，梁正賢一退伍就被家裡召回池上，馬上在自己家的礪米廠工作。身為長子，他也覺得責無旁貸。「當時還是父親在管。家裡有做公糧，他跟其他米廠、官員有許多交際，時代氛圍嘛，現在不可能這樣囉。他把我當搬運工嘞。以前都是用人力，體能要很好，一口氣要扛16噸哪。」

勤勞、儉樸是梁正賢給人的第一印象。經常看他穿著拖鞋、Polo衫，啃著太太做的饅頭，一大早就從住家趕到工廠，然後趕赴下一個約會。「銀行存款不是紅字是藍字就好，賺千萬跟賺十萬沒有太大差別。又不會影響到生活。」這應該是梁正賢會被視為「有良心的企業家」的主因吧！

住在隔壁鄉富里的岳父拖下水。起初沒有經驗，雖然面積有擴大到十幾甲，但六年期間成效不大，收成也不好，可說都是在摸索學習。直到二〇〇〇年，梁正賢到日本有機聖地ＭＯＡ大仁實驗農場參訪，才真正開啟了他對農業發展的新視野。[24]

梁正賢一共去參訪ＭＯＡ三次。第一次是二〇〇〇年單獨前往，後來兩次則是帶著農民一起，ＭＯＡ三百個產地支付系統、幾十家超市，還有專門拍賣有機產品的市場，讓他印象非常深刻。尤其到大仁實驗農場時，「看了以後發現，環境三面環山，中間有一百多公頃的平地，跟我們萬安相當神似，回來後剛好ＷＴＯ迫在眉睫，在那背景下，我認為我們萬安可以成為第二個日本大仁農場。」

二〇〇一年二月，在梁正賢遊說下，後來獲得二〇〇五年第一屆全國有機米評鑑冠軍的蕭煥通開始試種五分半。那時候梁正賢已經有七年的經驗，本身技術也有一定的積累，不但整個種植過程相當嚴謹，也有紀錄。這次的收成品質不錯，收入也有提升，吸引十四位農民於六月簽約加入，於是建興米廠與池上鄉萬安社區結盟，萬安社區有機米產銷班因而誕生。有機米產銷班的成立不僅是農業上的重要嘗試，更與當時的社區總體營造緊密結合，方有後來池上無敵稻景的出現。

除了追求品質，池上糧商也在銷售經營上努力。有機米價格高、市場容納度有限，雖然替池上稻米產業闢出一條新路，但種植面積始終占全鄉水田的比例不到一成。如何成功銷售非有機米，並賣得好價格，才更為關鍵。

不過就在池上米品質改善、頻頻得獎後，「池上米」的仿冒問題變得非常嚴重，造成一九九〇年代全台都在賣池上米，米商只要在米袋上印製「池上米」即可提高售價。根據各方說法，當時全台有百分之六十至九十的池上米是仿冒品。這種情形嚴重影響池上農民與米糧商的利益，特別是二〇〇二年台灣加入ＷＴＯ之後，解決問題的需要更為迫切。

池上米產地認證的過程[25]

二〇〇二年，為打擊仿冒池上米，建興碾米廠提出創立共同品牌「多力米」（DO RI ME）的經營構想，獲得農會和其他碾米廠之支持，其策略是黏貼「池上鄉徽」背書和「多力米」品牌，作為米糧是從池上生產的證明。米糧是由池上農會、鄉內米糧商與農民簽訂契作合約而來，除了池上鄉農會之外，參與的還有陳協和米廠、錦和米廠、廣興米廠、瑞豐米廠，由梁正賢擔任會長，也是池上米認證標章推動的開始。

「多力米」共同品牌有兩層主要的意義。其一是參加農民需要依照契作合約內容，進行耕作前堆肥、耕作過程中填寫「田間栽培管理紀錄簿」等，這應是去日本參觀ＭＯＡ之後的具體實踐。其二是契作價格依品質等級計價，起初與六十五位農民契作一百零八甲，約占池上稻作面積百分之八，價格依品質等級按市價每百台斤加價一百至兩百元左右，收購成本由農會和米糧商吸收。於是，池上首創米質分級收購、加價收購，不再依賴政府以公糧的方式保價收購。在這樣的設計下，不但農民有更大的誘因種出品質更好的稻米，廠商也要做相應的投資，以更靈活的方式銷售產品。然而，由於消費者無法將多力米與池上米畫上等號等因素，此一品牌在市場上拓展失利，農會和其他米糧商因銷售不佳，不堪損失紛紛退出，最後僅建興米廠繼續使用此一商標，而這亦成為池上米日後走向高品質、分級收購的重要基礎。

儘管多力米品牌行銷失利，仿冒以及ＷＴＯ的衝擊仍在，二〇〇二年下半年，池上鄉公、私部門再度形成共識，改以池上鄉公所名義向經濟部智慧財產局申請註冊「池上米」產地證明標章，藉以維護池上米農和米商的權益與商譽。然而，池上米的認證背後涉及龐大的市場利益，申請過程並不順利，受到外界阻礙。西部十二個產米縣市聯名組成的中華民國稻米協進會設法阻擾，聯名對池上米證明標章之核發提出異議，理由之一為「池上米是同業習慣上的通用商標，池上米既已成為東台灣無汙染良質米的代名詞，就不應該被池上鄉專用」。由於外界的壓力，加上法律不完備，所以當年申請「池上米」為註冊商標未獲核准。

當年的穀價因為ＷＴＯ的因素，一下子進來太多米穀，真的崩盤了。梁正賢解釋說：「台灣的稻米是兩期，一期是六月出，二期是十一月出。一期的稻米出來四個半月後，二期就出來了。而一期稻作又比二期多出百分之三十。倉儲是個問題。隔年十月，池上米價跌至九百二十元，其他地方更慘，跌至八百二十元。」契作農民擔心他無法履行承諾，但他擔心的倒不是建興米廠的資金，而是倉容不足。「因為第一期倉庫裡的稻穀還沒賣完，第二期就要收割了。為了解決倉儲的問題，我失眠了三個月，最後住進慈濟關山醫院，我身體一向強壯，這是我這輩子第一次住院。」為了空出倉庫容納第二期的稻穀，他忍痛以九百二十元的賠本價把倉庫清空。幸好，此時池潭源流協進會的理事長賴永松挺身而出，與他並肩作戰。

池潭源流協進會以關心池上大坡池生態為創會目標，任教於池上國中的賴永松是創會會員，也是首屆理事長。二〇〇三年間，他從媒體上得知池上米申請註冊標章時受到阻礙，於是開始關心。賴永松當時跟梁正賢不熟，促成他全力投入池上米認證的其實是梁正賢的母親。「梁正賢的母親有一次對我說，你可不可以在公務之餘花一點點時間，來幫助我們，幫助池上的農民。」於是，池潭源流協進會從二〇〇三年起投身池上米認證的工作，該年十月二十八日，鄉公所授權池潭源流協進會使用「池上鄉徽」辦理產地認證，使用期限三年。[26]二〇〇三年二期稻作開始核發，認證面積五百四十四公頃，參加農民共有兩百二十四人，辦理四梯次的教育研習。如果稻農想申請池上米認證標章，必須拿到研習結業證書。協進會還要負責食用米的品質檢測，因此委託行政院農業委員會農業試驗所等單位進行「稻米農藥殘毒快速檢驗」，測試殺蟲劑與殺菌劑殘留的情況，通過檢驗的農民即可向協進會申請使用認證標籤。

池潭源流協進會能夠獲得鄉徽使用的授權，也是幾經波折。要使用鄉徽作為池上米認證的標誌，首先面臨的難題是依法無據。《地方自治條例》允許各鄉鎮制定自己的鄉鎮徽使用條例，但是池上鄉公所過去沒有修訂相關條例，因而無法可用。為了使池上鄉徽使用具有法律依據，池潭源流協進會草擬《台東縣池上鄉鄉徽使用辦法「農產類-稻米」執行要點》，然後送至鄉民代表會進行修改與表決，此要點只適用於稻米，池上雞隻和其他水果類農產品等都不能使用。此草案送至鄉民代表會審查時，部分代表反對，幾經波折，最後終於通過與生效。

池潭源流協進會也自訂了《池潭源流協進會「池上米」認證標章管理規範》，作為黏貼鄉徽以識別池上米的依據。列出的申請人資格如下：「凡池上鄉農地生產之水稻，或（民國）九〇、九一年水旱田利用調整計畫有案之申請農戶。生產農友得填寫申請表格暨田間栽培紀錄簿及池上米識別標誌申請書、池上米農產品銷售紀錄、實施者年度生產紀錄、池上米標誌使用認可申請書，並參加稻米生產技術班研習，始可向池潭源流協進會申請。」

池潭源流協進會辦理的認證標章分兩類，一類核發給農民，另一類是給廠商申請。認證的精神是保護農民和產品，不是廠商，因此標章識別裡涵蓋「稻谷（穀）」和「白米」兩類，站在保護農民利益的立場，稻穀本身就是產品，因此，購買池上稻穀加工成食米，也可以貼池上米認證標章。

二〇〇三年，池潭源流協進會一共辦理四次研習，農民參加需要自費一千元，若為池潭協會會員則可補助五百元。每梯次研習為期三天，共十八小時，授課者主要是池上農會總幹事吳清吉、台東區農業改良場祕書江瑞拱、池上米共同品牌協會會長／建興米廠老闆梁正賢、池潭源流協進會理事長賴永松和赤腳米王蕭煥通等人，稻農如果要申請池上米認證標章，就必須拿到研習結業證書。[27] 另外，課程十分重視填寫「田間栽培紀錄」的教學，米農要記錄何時整地、插秧、施肥和除草等，因為這可以有效協助農民管理與監控水稻種植的過程，對於生產出高品質的稻穀極有助益。[28] 總體來看，課程安排兼顧理論與實作。

教育訓練研習課程的成效與加價收購機制十分有關係。賴永松說，過去政府機關也會辦培訓，但比較是屬於例行性課程：「有公文來才辦，有沒有效果沒關係，有來就好。農民為什麼會來？有便當可以領，所以他們來，農民吃了便當、領了獎品就回去了。」他特別強調池潭源流協進會的不同：「我們的訓練不一樣，要繳錢，要繳一千塊，提供餐點。我們沒有補助，所以農民要繳錢。那農民為什麼要來？沒有東西領還要叫我繳錢？我們就說，你們如果參加我們的認證，你們穀價一包多三十元，通常一公頃大概一百包，所以多三千塊。我一公頃可以多三千塊，我繳一千塊划得來……如果不是多訂這三十塊錢，他們根本不會來上課。一般上課就是你上你的，我聊我的天，我們上課仿照大專聯考，有八個單元，蓋滿八個章，才算完成課程。」更特殊的是，課程結束後還要考筆試，考題是十題是非題與十題選擇題，碰到不識字的農民，池潭源流協進會就將考題一題一題唸出，讓受試者作答。而當時承諾讓參加研習的農民每包稻穀收購價增加三十元的，只有一家碾米廠，就是建興碾米廠。

池潭源流協進會發揮的作用，並不止於農民的教育訓練，事實上在「鄉徽使用辦法與相關規範的建立」，以及「池上米認證標籤的發放」等方面，他們都投入不少心力，尤其認證牽涉到各方利益，需與不同層級的公私部門協商、周旋。一般農民比較缺乏這方面的能力與敏感度，米廠老闆又因為涉及自身利益不易被信任，所以在國中任教的賴永松在認證過程中扮演重要角色，他也因此五十一歲就提早申請退休，以便全力協助認證工作。賴永松很清楚此點：「在池上，老師較受尊重，社經地位較高，沒有商業利益，所以在推動池上米認證上較好處理。梁正賢找我，也因我比較容易被農民信任。」因此，在二〇〇三至二〇〇六年間，兩人經常攜手作戰。例如為了解決產地認證的法律問題，他們閱讀了不少相關文獻，包括台大農藝系郭華仁教授的著作；也因為鄉內有人提起要如何檢出農藥殘留的問題，他們千里迢迢到台中霧峰農業試驗所向專家請益。賴永松回憶說，所幸當時擔任經濟部智慧財產局的王美花組長全力支持，所以得到很大的鼓勵。

二〇〇三年十一月二十八日，國內參考WTO中TRIPs相關規範，修訂商標法，於是池上鄉公所於十二月一日順勢取得「池上米®」商標。換言之，只要生產自池上鄉境內的稻米，經過鄉公所認證後就可以貼上這個標章。但是紛爭沒有停止，而這次的紛爭來自池上鄉內。

「條例通過之前就發現有些廠商不願意使用鄉徽，也不願意參加認證，原因就是怕會受到限制，而這個限制就是他們從外面拿的米沒辦法從我們的條例中取得鄉徽證明。當時的農會理事長也非常反對，我們還曾在鄉民代表會中辯論，因為他認為做了認證之後還要做教育訓練和管理，一個地方不能有兩個農會。」賴永松回憶說，「當中牽涉到一些廠商的利益，牽涉到代表，牽涉到政治的一些角力，還有牽涉到農會系統認為會被架空以及角色被取代的問題。」當時的鄉長李業榮也是農家出身，儘管很贊同池上米認證這件事，但在各界壓力下，加上公所內沒有人手可以幫忙，執行時不免顢頇。

池上米認證涉及多方利益，不可避免地在地方上會掀起許多波瀾。認證一開始主要由民間團體與在地糧商啟動，鄉公所其實處於被動位置，但礙於新商標法規定，認證工作應由政府機關執行，因此池潭源流協進會必須將工作逐漸移轉給池上鄉公所承辦，這項任務就落在當時的鄉托兒所的所長張堯城身上。他花了很多時間把制度搞清楚，根據《台東縣池上鄉鄉徽使用辦法「農產類-稻米」執行要點》和《池潭源流協進會「池上米」認證標章管理規範》，擬定了《台東縣池上鄉公所「池上米」註冊證明標章使用執行要點》。二〇〇四年一月五日，池上鄉公所召開「池上米鄉徽認證辦法補充及修正」協調會，池上鄉農會再度重申「不符合農會法」，不願加入。不過最後還是達成池上米保價收購共識，將每台斤的獎勵金提高至七十到九十元。

二〇〇四年八月十七日，鄉公所召開池上米品牌認證制度研商會議，達成由池上鄉公所負責執行並成立推動小組的共識。同年十月二日，池上米認證標準由CNS一等米，調整為CNS二等米，才符合全面認證的現況。對於池上米標章的爭議，鄉公所一直無法達成正反雙方的共識，十一月三日，請縣府代為處理。十二月八日，智慧財產局通過池上米註冊證明規範。二〇〇四年底，鄉民代表會數度與鄉公所對執行認證標章的諸多準備工作事項無法取得共識，鄉民代表會凍結相關執行預算，遂引發農民走上街頭，舉白布條抗議，鄉民代表會礙於選舉壓力，以通過一半的相關執行預算來解決後續工作；至二〇〇五年五月三十日池上米認證標章的相關推行政策與配套措施才得以完備。

二〇〇五年一月一日，池上鄉公所為推動「池上米認證制度」，避免消費者混淆，宣布自即日起停止浮貼「池上鄉徽」標章。一月十一日，鄉民代表會在錦園村保安宮舉辦第一場說明會，表達堅決支持標章認證立場。四月二十八日，鄉民代表會通過《池上米註冊證明標章執行要點》。八月二十二日，訂定《台東縣池上鄉公所「池上米」註冊證明標章使用執行要點》。八月二十三日、九月二十六、二十七日，辦理三場次執行池上米證明標章說明會。九月二十日，完成採購農藥殘毒快速檢驗儀器設備、食味計[29]，及池上米認證標章印製四百五十萬張招標工作。這是當時全台唯一由鄉公所設置的稻米農藥殘留檢驗站。二〇〇五年十一月底，池上鄉公所才完成所有行政程序，池上米認證標章正式上路，推出公版米袋，對合乎標準的池上米發出認證標章。至此，池潭源流協進會結束池上米認證工作，將工作移轉給池上鄉公所執行。二〇〇五年十一月三十日，全國第一張地理標章「池上米」產地證明標章正式問世，頒給率先申請的建興米廠梁正賢。

這個標章對池上最大的意義在於，稻穀的收購價格提高，農民的收入也因此增加，農民越來越有尊嚴。由於稻米之前有政府的保價收購，公糧價通常就是稻穀收購價的天花板。二〇〇二年七月，池上已經有高於公糧價的穀價，主要來源是共同品牌契作的農民，二〇〇五年實施地理標章後，池上稻穀的價格更是把公糧價遠遠拋在後頭。

池上米產地認證的意義與後續效應

池上鄉公所現在所實施的《台東縣池上鄉公所「池上米」註冊證明標章使用執行要點》（二〇一五），農民可申請的證明標章分兩等級，一是一等池上米證明標章，二是池上米證明標章，兩者稻穀都要達食味值六十五分以上。

池上鄉公所現在是以「池上米®」作為認證標示，證明標章必須經由池上鄉公所檢驗和核發，市售米品不得使用「池上米」三字，混淆消費者視聽。每包經由池上鄉公所認證的池上米會「以流水編號控管數量」，一來鄉公所可以從編號控管認證數量與產量相符，二來消費者可用以查驗稻米原料來源。「池上米®」使池上鄉公所可以對坊間仿冒池上

圖3-3：池上米認證貼紙。

表3-2：池上鄉穀價與全國平均值比較（2006-2008） （單位：元／百台斤）

年度	池上米平均穀價	全國平均穀價
2006	1,430元	1,132元
2007	1,480元	1,182元
2008	1,550元	1,132元

米之行為，訴諸法律途徑解決。

貼有「池上米®」認證的米，市場上的價格不錯，獲得池上農民普遍的支持。第一年推動時只有兩成農地申請，但二〇一六年已經有八成農民加入產地標章認證，平均每張兩元的貼紙，讓池上米的檢驗費、抽查費用可以自給自足，不需拿官方一毛錢，甚至有餘額捐助地方學校。池上鄉民的認同感也就更為提升。[30]

首先，稻農的收入直接來自稻穀的收購價格。包括二〇〇四年在內，之前，池上米收購價格平均約一千一百元／百台斤，當時的公糧價是一千兩百六十元／百台斤，賣給糧商的私糧平均約一千元／百台斤。雖然二〇〇一年起，池上已經首創米質分級收購制度，但直到二〇〇五年實施池上米認證之後，稻米收購價才大幅提高。當年容重量最低以公糧價一千兩百六十元／百台斤收購，高標者每一級距加價三十元；完成生產履歷及農藥殘留檢驗之農民每包穀子加價三十元，大大提高了稻農的收益。根據農糧署網站公告的統計資料，二〇〇六至二〇〇八年的三年間期間，全國穀價保持平穩，但池上米收購價格卻節節升高。

此後，池上稻穀的收購價格也皆高出公糧價甚多。以二〇一六年為例，公糧價為一千五百一十六元／百台斤，但池上稻穀第一期的收購價格從一千六百元起跳，最高到一千七百八十元。即使是受風災影響的第二期稻作，至少也以公糧價收購。再以二〇一七年第一期為例，有機米的收購分成三級，其他等級依舊。這樣的分級收購機制，很明顯地增加了農民的收入。（見表3-3）

由於池上米認證產生的效應，池上鄉境內的稻米收購價格比鄰近地區要高，[31]造成稻米收割後繳交行為的改變。以池上鄉振興村的嘉武為例，此處是池上鄉的邊陲，屬於振興村的第十七鄰，與池上早期發展的萬安、錦園等村都有段距離，與目前池上街區的福原、福文等村更遠，目前要靠仍在不斷改善中的縣道一九七來與核心地區聯繫，想當然耳以往的交通往來更不方便。因為與關山鎮只有一水之隔，居民早期其實都過河到關山解決民生問題，當地所產稻米也主要交到關山農會。

然而池上米認證通過後，情況有了顯著改變。有位

表3-3：池上米收購價格（2016-2017）

（單位：元／百台斤）

年度	期別	有機穀	TGAP越光米	台稉2號、高雄139、145、147
2016	一	2,300	2,500	1,600—1,660—1,720—1,780 台稉2號及高雄147，符合TGAP驗證者不分規格等級一律1,780元收購
2016	二	同上	同上	同上，風災因素容重量未達540公克者一律以公糧價1,516元收購
2017	一	2,200—2,300—2,500	2,500	1,600—1,660—1,720—1,780 台稉2號及高雄147，符合TGAP驗證者不分規格等級一律1,780元收購

嘉武的居民說，「每包米相差好幾百元，只有傻瓜才會交到關山去。」事實上，說這句話的同時，由於縣道一九七施工難行，他必須開車載稻穀過橋到關山，然後沿台九線北上到池上。關鍵在於，池上米認證要求產地必須在池上鄉境內，因此農地的地籍登記變成有價值的「商品」。這位農民目前也在伯朗大道經營腳踏車出租店，還賣自產自銷的稻米，與池上鄉的緊密度大增。另一方面，距離池上市街比嘉武近很多的鄰鄉聚落（例如富里的富南），其所生產的稻米就是比種在池上鄉境內的稻米收購價格低。池上米產地認證的影響可見一斑。

稻米的觀光與文化價值[32]

許多外地人對池上的最大印象是一大片的稻景，而位在這片稻景間的伯朗大道與金城武樹，更是遊客到池上的必到打卡景點。若說這片無敵稻景是池上鄉的名片，應不為過。一九九七年間，伯朗咖啡廣告便在池上的這片稻田間道路取景，媒體宣傳使得「伯朗大道」之名不脛而走，也為爾後的地方觀光發展埋下伏筆。但在此之前，地方上已經為這片稻景付出不少心力。

一九九三年，國內社區總體營造政策推行之際，池上鄉各村也開始展開社區發展協會的運作，其中一個經營成果頗為出色者，便是臨近老田區內四村的萬安社區發展協會。一九九三至一九九八年間，萬安社區發展協會所辦的活動，多為聯誼性質，如中秋節聯歡晚會、社區村校聯合運動會等，藉此聯繫居民感情，凝聚向心力。同時也成立各式團隊，如關懷天使隊、民俗技藝隊、大鼓隊、萬安社區媽媽教室等，以更多元的方式讓社區居民參與社區事務。一九九八

謝美國[33]

謝美國是彰化芳苑人，1933年出生，從小跟著父母親務農；1959年發生八七水災，中南部嚴重淹水，家庭陷入困境，只能隨著親友、帶著妻小遷徒到台東，輾轉來到池上。

剛到池上，謝美國承租土地，種西瓜、菇類、蔬菜及雜糧，更從土木粗工做起，在老師傅教導下，一路升到工頭，然後開始接單做生意，和朋友合夥開設公司，承接地方基礎建設等工程。目前家中經營預拌混凝土業及務農。事業有成後，謝美國在1980年左右加入玉清宮當委員，1990年成為玉清宮的主任委員至今，對玉清宮的發展貢獻良多。此外，他也回頭買農地，目前連自有與承租國有地每期稻作將近十餘甲。

十多年前，謝美國將營造事業交給兒子經營，開始當專職農夫。當時政府推動有機農業，於是他接受農業改良場的輔導，學習有機水稻栽培，在新武呂溪畔種植10公頃的稻米。

由於池上鄉稻米的契作早已採分級收購制度，農民皆努力追求更高的品質，以取得更好的價格。2019年，池上鄉農會發現謝美國所種的「高雄147號」有機水稻品質極佳，鼓勵他參加池上鄉稻米競賽。謝生平第一次參賽，就以有史以來最高分90.98分拿下有機米組冠軍，代表台東縣出賽全國「台灣稻米達人冠軍賽」，亦連戰皆捷，成為全國有機米組冠軍。池上鄉農會將其水稻送往日本「米・食味分析鑑定競賽」參賽，以8票成績獲得「金賞」，打破以往台灣選手在此競賽僅能獲得「特別優秀賞」的紀錄，打敗台灣、日本、泰國及美國等5,000多組選手，僅次於「最高金賞」和獲得10票的北海道選手。對於自己的成就，謝美國謙虛地說，他只是按照農會、改良場的指導：「照步來」，和別人沒什麼不同，「運氣卡好而已」。

年，萬安社區參加當時文建會「公共空間美化種子點評選」，開始每週聚會兩次，針對社區發展方向，共同歸納與擬定社區願景，經過密集討論後，訂下以稻米原鄉館、有機米專業生產區、萬安磚窯場與有機農村體驗園區，作為發展的四大主軸。規畫出主要方向後，社區從一九九九年起開始推動一些計畫，例如社區環境改造、社區美化工程等，居民也紛紛提出成立社區文史工作室、學校與社區資源共用等構想。二〇〇一年，在淡江大學建築系黃瑞茂教授的工作團隊協助下，社區提出「地方文化產業振興計畫」，對未來的發展藍圖，定調為「文化參訪、產業升級」，目標包括籌組社區合作社、訂定社區公約、持續發展萬安社區文化旅遊等。此時期，社區協會在建興米廠梁正賢老闆的協助下，聯合農會與其他米廠，共同規畫有機米生產專區，還建造禾鴨生態調節池，成立了社區有機米產銷班。

「伯朗大道」的前身是行經「肚底」一帶的輕便車道，道路斜行且筆直穿越萬安田區。「肚底」（閩南話）或「湖底」（客家話），指的是北以池上浮圳為界，萬安與錦園一帶的田區。[34]因位在新武呂溪沖積扇扇端，加上池上斷層活動抬升地形，地勢明顯低窪，地底伏流不時湧出，大雨過後更形成湖泊般的積水，因此而有「肚底」之稱。此處在西部漢人尚未大舉移居池上平原之前，是阿美族人與平埔族人的生活場域。

據在地耆老口述，日治時期的輕便車道，主線是沿著現今一九七縣道向南而行，支線沿大坡山西側山腳至新開園（今錦園村），轉「肚底」直往海端橋下，搭橋跨越新武呂溪後再通往里壠（今關山鎮）。一九二六年，東線鐵路全線通車後，原本的輕便車軌道便不再使用，而這條路也由於鋪設軌道變得特別筆直，至戰後一直維持著不超過兩公尺的土石路面，僅容一輛牛車行駛，主要為農業及民生用途。

一九九〇年代，地方政府積極展開基礎建設，時任鄉長的林慶堂，修建了全鄉將近八成的道路，其中，錦新三號道路即是這條輕便道路，也就是現在的「伯朗大道」。這個時期除了良質米與有機耕作的轉型，道路及排水溝等的建設與改善，也對地方農業經濟產生很大的影響。整建排水溝，有效解決了多數田區的淹水問題，也減少了稻米的發芽率，提高水稻的品質與產量。而產業道路的拓寬除了增進交通便利，更有助於農業機械的使用，促進當地水稻農業機械化的發展。這些都為「伯朗大道」的形象先行「鋪路」，間接造就了這片池上的無敵稻景。

二〇〇四年，「稻米原鄉館」落成，正式開幕之前，伯朗大道上竟然豎立了四根新的電線桿，路旁也有大批準備設置的電線桿，沿著伯朗大道往新興村的方向，以一九七縣道為起點，道路沿線標示著預定埋設電線桿的記號，當地居民議論紛紛。原來，有一戶在伯朗大道旁的私宅，向台電公司提出用電申請，因此台電便規畫從一九七縣道開始，沿著伯朗大道每隔五十公尺設置一根電線桿，總共需四十多根電線桿。

接下來的日子裡，台電公司及鄉公所不斷收到地方民眾陳情。為何設置電線桿會引來如此大的爭議？如前所述，「肚底」早期為阿美族與平埔族的生活場域，漢人移入後，許多族人陸續將水田轉賣給漢人，於是肚底一帶逐漸成了漢人的土地。在當地居民的記憶中，池上直至一九六一年左右才開始有電力設備，「肚底」一帶的住戶在搬遷他處以前，仍在使用煤油燈。而且，根據在地耆老描述，「肚底」田區幾乎終年泥濘積水，早先居住於此的住戶約於一九七一年左右便已陸續搬遷，此後也再沒有住戶遷入。當地人都認為「肚底」一帶不適合居住。

此區域近四、五十年來皆以水稻耕作為主，而且長期無人居住，因而保留無房舍無電線桿的「無視覺障礙」景觀，直到二〇〇三年發生電線桿設立事件以前，此地沒有相關民生設施的構造物出現。

在「電線桿事件」中提出申請用電的住戶，早年曾居住於此，但後來也因地勢低窪生活不便而遷徙到附近的聚落，不過老宅一直未拆除、土地也沒有水田化，在池上蠶桑產業興盛時期，老宅還曾作為該戶人家的蠶桑養殖室。之後，老宅也沒有當成居住所，只作為農具間使用，這次爭議也不是為了居住在此的日常民生必需用電。

伯朗大道設置電線桿對視覺景觀必然會帶來衝擊，在此社區發展協會準備推動生態旅遊之際，當然會引來協會的強力反對。於是，社區開始積極與相關單位及人士協商與溝通，期望能擋下電線桿的設置，減少對社區環境造成的影響。此外，電線桿會影響農務工作、颱風來襲時可能會危害安全等，也是多數社區居民反對的原因。

在一片反對聲浪下，當時的鄉長李業榮立即與台電公司協調停工，同時進行協商。鄉公所與台電公司都意識到電線桿的設立茲事體大，攸關地方整體視覺形象，但台電基於工作職責，不能拒絕民眾的合法申請，鄉公所出面恰為此事解套。伯朗大道這條產業道路的地權在早年道路拓寬工程時已歸屬鄉公所，加上該用戶申請目的並非居住生活使用，只是工寮用電，鄉公所站在道路所有權人的立場，以考量鄉內整體視覺景觀為由，阻止了伯朗大道東側靠近一九七縣道端的電線桿設置。

然而，事件尚未畫上句點。申請用電的屋主繼續尋找新的牽電辦法。屋主嘗試向台電公司申請以電線桿地下化的方式牽電，但因成本過高被拒絕。屋主也試著與社區協會協商，希望沿著現在的「天堂路」申請牽電至老屋。協會當然不同意，但提出替代方案，建議屋主配合社區生態旅遊，將老宅規畫為不用電的生活體驗園區。當時的鄉公所也為該申請戶提出替代方案，試圖向中央爭取太陽能設置的相關經費。不過，這些替代方案皆由於申請者意願不高而不了了之。

幾經轉折，申請者仍未放棄，轉而申請從伯朗大道的西側（即新興村一帶）牽電至老屋。台電公司基於業務職責，必須辦理民眾的申請。至於鄉公所雖為產業道路的所有權人，但這回不是以維護景觀的理由阻擋，而是以電線桿的設置不得妨礙農務工作為原則來處理。西側居民得知此事也激烈反對，理由與東側居民相同，就是會造成農務工作的不便。許多關心地方事務的人士也提出反對，認為不能因為單一居民非必要性的需求，而犧牲龐大的社會及環境資源。

屋主的二度用電申請，又有了變數。大部分的電線桿都得架設於產業道路上，鄉公所以妨礙農務為由，不同意電線桿設立於公共用地，但有兩根電線桿位於私人的土地上，若申請者取得該土地所有權人同意就能架設。台電公司因此召開協調會。原本的一件私人用電申請案，歷經紛擾，已演變為地方公共議題，地主不斷受到各方人士的關切及勸說，雖然也有持相反意見者，但大都力勸地主拒絕電線桿的設置。而這位地主恰巧是當時福原社區發展協會的理事長范恨豐。福原也是池上積極推動社造的社區之一，范恨豐為了維護池上的稻田景觀，拒絕在其私有地上架設電線桿的要求。由於此事件引發的地方輿論與壓力，台電公司最後決定撤銷此案，將申請費退還給屋主，「電線桿事件」終於落幕。

電線桿設置議題，讓社區居民對於完整無視覺障礙物的稻田景觀，形成萬安社區堅定的在地認同。因此，社區願景於二〇〇五年後逐步落實，並訂定生態社區生活公約。稻米原鄉館透過勞委會多元就業開發方案，建立為地方產業資訊中心。有了營運與導覽人員後，一方面發展農村生活體驗與農產品開發，讓社區農產品既有優良的品質又有通暢的銷售管道，發展社區產業觀光化，另一方面創造就業機會，也促進地方整體的經濟活動。

二〇〇九年，台灣好基金會進駐池上。當年普訊創投董事長柯文昌成立台灣好基金會，主張「台灣的好，從鄉鎮開始」，深入在地社群，理解本地文化。同年選定人文素養高的池上，透過與居民互動，提煉出具備後山特色的稻米文化，舉辦一系列藝文活動。此後，台灣好在池上每年一度的秋季活動持續蓄積能量，二〇一二年由優人神鼓表演，湧進大量的遊客造成紊亂，於是次年雲門舞集的表演一改先前的完全免費，演出場次由週六的一場增加為週五、六、日共三場，為嘉惠池上鄉親，週五為免收費的鄉親場，外地遊客必須透過付費機制參與。這也是池上舉辦此一活動首次以網路售票控管人數。

另一方面，在伯朗咖啡廣告拍攝的十六年後，二〇一三年六月長榮航空於「伯朗大道」與「天堂路」拍攝宣傳廣告，在代言巨星與稻田景致的結合下，將池上的觀光發展推向有史以來的高峰。廣告中沒有電線桿、樓房等屏障的遼闊稻田景觀，不僅更強化了國人對池上的印象，也使池上美景登上國際媒體。於是，原本寧靜的田間產業道路吸引了大批觀光客，「伯朗大道」甚至被稱為「金城武大道」，成為國內外媒體及旅行業者蜂擁而至的明星景點。

在這樣的背景下，加上當地知識分子與東台灣文史工作者的推動，池上鄉公所於二〇一四年三月依據《文化資產法》，針對池上浮圳以南、「伯朗大道」及「天堂路」周圍一帶，面積共一百七十五公頃的水稻田，向台東縣政府文化處提出「文化景觀」申請。而台東縣政府亦於短短三個月內，同年五月即登錄公告為「池上萬安老田區文化景觀」，並於二〇一六年六月更名為「池上新開園老田區文化景觀」。

「新開園老田區」全區在土地使用中屬於「特定農業區」，但在官方公告的文件中，突顯出該文化景觀被關注的理由是廣告效應和觀光人潮，文化資源則著重於外在社會對農村的田園牧歌式想像，對於當地的歷史與文化脈絡並未給予足夠重視。文化景觀與觀光發展有了強烈的連結，也因而引發當地一連串的擾動。

首先，由於觀光人潮的大量湧入，許多自行車出租業者承租農地並設為停車場。但此營業行為引來台東縣政府以違反農地非農用原則，針對業者開罰，使得業者開始進行多次陳情協商，連台東縣府官員、台東縣議會副議長和縣議員等，亦以池上老田文化景觀區為由，建議池上鄉公所提出「興辦事業計畫」以爭取陳情業者的就地合法。於是，「文化景觀」變成替利益背書的工具，[35]悖離了登錄為文化景觀的原始精神。

其次，文化景觀的劃定範圍即為當紅的觀光景點，大量的人潮對地方生活造成莫大的影響。於是，「文化景觀」被不少民眾理解為與觀光發展甚至土地炒作有關。先前，農民在「電線桿事件」中反對電線桿的架設，除了基於影響農務工作，也含有維護視覺景觀的動機。不過，當下一波的文化景觀保護運動緊繫著觀光發展而來時，農民的考量重點仍圍繞著農務及生活的秩序，使得農業文化景觀保存的意義反而在此情勢中被淡化及誤解。

另外，在文化景觀登錄後，依文資法執行保存維護計畫的過程中，多數地主對於登錄前期未進行足夠的地方溝通，以及私有土地被劃入文化景觀區域內並不知情，不滿事後被告知的做法，亦擔憂文化景觀的劃定將造成日後的土地貶值及發展限制。這也反映出，以「文化景觀」

的登錄作為保存地方稻作文化價值，以及維護農業景觀隱含的歷史人文理念，僅限於少數地方人士。文化景觀之無形文化資產概念對於現今台灣農村社會，難免引發出各種不同的想像，且與觀光導向的發展想望連結更是不免相互扞格。

總之，「新開園老田區文化景觀」的登錄過程中，過度強調其觀光資源價值，以及由外部而來形塑的地方形象，忽略了當地農民仍持續結合傳統與現代技術耕種稻米，所以無法呈現區域的歷史厚度、農業文化及環境特色，事先也未與地方有足夠的溝通，衍生登錄後地方多所爭議，在在呈現出文化景觀保存的核心理念有待進一步提倡。發展觀光帶來的負面影響，有賴之後逐步調解。

插曲三：觀光產業的興起與東台灣

二〇〇〇年出版的《臺東縣史．觀光篇》中將台東縣觀光遊憩發展分成四個階段：一八九五年以前為探索旅行期、一八九五至一九四五年為調查旅行期、一九四五至一九八〇年為蓄勢成長期，以及一九八〇年之後的成長起飛期。[1]由這個架構出發，可以觀察台灣、台東以及池上三個層級的觀光發展。

早期的台灣，觀光產業並不發達。以一九四五年之後為例，戰後百廢待興，人們忙於日常謀生，不但無錢無心力去旅行，觀光也不成為賺錢的生意。直到一九五六年，台灣省政府為了因應年年增加的歸國僑團及國際友人、旅客，乃成立台灣省觀光事業委員會。一九六〇年，政府又於交通部設置觀光事業專案小組。顯見政府開始重視觀光事業。

但要到一九八〇年代以後，在工商業逐漸發展的情況下，觀光休閒才在台灣真正「成長起飛」。尤其是一九九〇年代之後，台灣的國民所得突破一萬美元，一躍晉升富裕國家之林，出國旅遊現象飛躍成長。一九九八年，台灣開始施行隔週週休二日，二〇〇一年全面實施週休二日，配合各地交通發展，移動更為便捷，促成國民旅遊蓬勃發展。官方設置的國家公園、風景區、森林遊樂區、植物園、博物館、美術館、文物館等如雨後春筍，民間投資的遊樂設施也不落人後，各種休閒農場、牧場、果園、茶園、民宿等紛紛出現。

交通部觀光局成立於一九七三年，主要工作是綜理規畫、執行並管理全國觀光事業，一九八一年於松山機場成立「旅遊服務中心」，隔年也陸續在台中、台南、高雄成立「旅遊服務中心」服務處；一九八七年解除戒嚴後，政府更縮減或放寬山地、海防及軍事管制區，增加觀光旅遊活動空間，並於旅遊服務中心設立「觀光諮詢服務台」。觀光局於一九八八年六月一日成立東部海岸風景特定區，無疑是東台灣發展觀光的關鍵性因素。這個直屬中央的單位在一九九五年七月一日改制為東部海岸國家風景區管理處，是台灣第二座國家級風景特定區管理處。由於擁有充沛的預算與人力，得以憑藉著完整的規畫藍圖，逐步在花蓮與台東兩縣的海岸地區進行觀光方面建設，並取得顯著的成果。

因為受到中央山脈阻隔的影響，東台灣較晚納入清政府版圖，在整個台灣的經濟發展上，也不如西部地區發達。在台灣西部工業化、都市化的情形下，台灣東部仍能保持相當不錯的環境品質，成為西部人眼中的「台灣最後一塊淨土」或「最後的福爾摩沙」，因而適合觀光旅遊業的發展。一九八〇年代，東部的觀光勝地以花蓮的太魯閣、台東的知本溫泉、東海岸，以及離島的蘭嶼、綠島最具有吸引力，在東管處的努力下，東海岸設立許多著名景點，例如三仙台、小野柳等，也成為吸引觀光客重要地點。一九九二年，台東縣第一座五星級觀光旅館知本老爺酒店開幕，這是台東縣民間重大觀光投資的首例，也意味著台東縣優越的觀光遊憩資源，已經成為外地財團眼中的一塊大餅。

一九九六年九月十三日，花東縱谷國家風景區管理處核准設置，這是觀光局在東台灣設立的第二個重要單位，無疑對台東縣的觀光發展打了一劑強心針。其實，相對於東部地區的另一個縣市花蓮縣，台東縣受到石礦業、水泥業的影響較少，基本上仍維持著以農業為主的產業形態，更適合觀光發展。

二〇〇〇年，台東縣政府改制，設立了「觀光及城鄉發展局」，二〇〇二年五月一日更特別成立「旅遊局」，其下設置「觀光企劃」、「觀光管理」、「遊憩」三課，二〇〇四年再增設「觀光建設課」。此後數度更易，以便處理日漸成長、變化的觀光產業。

根據《增修臺東縣史．觀光產業篇》的觀察，[2] 二〇〇〇年之後國人旅遊日益盛行，觀光體驗需求越來越多元，台東既有豐富地景、多元人文特色及地方產業基礎，透過政府、業者及社區團體多方推動，新興觀光據點不斷增加，以在地特色為主體之觀光產品亦日益多樣化，可謂台東縣觀光發展成長期。同一資料還顯示，二〇〇〇年之後台東縣的觀光可以再細分成「觀光穩定成長期」（二〇〇〇~二〇〇八）和「觀光快速成長期」（二〇〇九~二〇一八）兩個階段，快速成長階段不論是遊客人數、旅館及民宿數量都大量增加，住宿人數在二〇一四至二〇一七年皆位居全台第一或第二名。台東的觀光知名度與能見度在國內外皆迅速提升，成為名符其實的觀光大縣。[3]

前面已經指出，位於花東縱谷中段，行政上隸屬台東縣縱谷地區最北端的池上鄉，早期一直以農業為主要產業受到上級單位關注，觀光方向發展的外在動能不大。例如在二〇〇一出版的《池上鄉志》中，只有第十一篇〈勝蹟篇〉的第三章有以十頁的篇幅討論「觀光發展」[4]，文中提到的池上觀光資源包括在台東十景中有一席之地的大坡池，也強調稻米與平面繭對池上的重要性，並指出台糖的牧野渡假村與台東農場為勝景，以及池上鄉農會主辦的米香油菜花之旅為特色之一。顯然此階段強調的是觀光發展的願景，但仍不是重要的產業。然而，鄉公所應該意識到觀光的重要性，所以在二〇〇〇年協助成立了池上鄉文化解說員協會，為之後的觀光發展培植重要的民間團體。不過組織方面則直到二〇〇六年才將日益興盛的觀光業務納入組織自治條例，並將原來的農業課改稱為農業觀光課。顯然，此時觀光與農業在鄉內已經可以相提並論了。

第四章　觀光、在地性與地方治理

一九九〇年代中期之後，觀光產業在池上開始萌芽，尤其一九九七年伯朗咖啡的廣告在池上的稻田間拍攝，更讓池上的名聲廣為人知。然而，要到二十一世紀初政府推動四化政策之後，池上的觀光發展才進入另一階段，除了社會企業責任趨勢下諸如二〇〇九年台灣好基金會的進駐，也有各級政府與財團合作下出現的國際渡假村。多方力量加持，致使池上的觀光發展終於在二〇一四年大爆發。然而，觀光產業對地方發展有正面與負面的雙重影響，與稻米產業間的競合更是明顯。如何在觀光產業興盛後，使之與地方發展形成良性互動，乃成為地方治理上的一大課題。

蓬勃發展的觀光產業

二〇〇八年六月七日上午，池上鄉可謂冠蓋雲集。前行政院長郝柏村、當時的花蓮縣長謝深山、台東縣長鄺麗真、交通部觀光局長賴瑟珍、觀光局縱谷管理處長張振乾、池上鄉長李業榮等人都參與了花東縱谷幾年來最大的一場開幕活動，現場估計有一千多人觀禮，堪稱花東縱谷觀光界的一大盛事。[1]這一天，號稱五星級的「日暉國際渡假村・台東池上」（PAPAGO INTERNATIONAL RESORT TAITUNG CHIHSHANG）正式開幕。這座國際渡假村占地六點八公頃，有一百一十九間豪華套房及一百零二間總統級ＶＩＬＬＡ，因為成功開鑿出池上鄉第一口溫泉井，園區內還有戶外溫泉ＳＰＡ、溫泉美容ＳＰＡ，ＶＩＬＬＡ房間也都有溫泉水供應。不但在池上是空前的，在花東縱谷也頗為罕見。

這個國際渡假村出現在池上，不但表示觀光產業在台灣東部已經越來越重要，也意謂著外來財團開始進駐池上鄉，民間社會與政府部門的關係開始轉型。渡假村所在位置原本的地目為農地，根本不可能興建旅館，是台東縣觀光旅遊局依據促參條例核准，將地目變更為遊憩用地，同時日暉集團答應在兩年之內蓋好主建物，與台東縣政府簽訂ＢＯＯ（Build-Operate-Own）計畫，才得以動工。這也是縱谷地區的首宗ＢＯＯ案。

在日暉集團將投資眼光投注到池上之前，在地早已嗅出觀光發展的商機，除了政府相關機構的設置與經費投注，來自三個池上大地主的動作也不容忽視。一九九〇年，原本規畫安置退伍榮民、以農墾為主要目標的台東農場池上場部，開始發展觀光休閒與生態旅遊，以提供榮民（眷）就業工作。同樣在池上擁有大筆土地的台灣糖業公司，因為不堪國際糖價競爭，一九八六年停止製糖，開始畜養牧牛，並於一九九三年正式成立「池上牧野渡假村」轉型觀光。另一方面，民間資本也有往此方向轉變的趨勢。以經營碾米廠為主業的建興米廠老闆梁正賢，一九九五年投資興建複合性的飯店，除了賣米、賣便當，也提供旅客住宿的房間。

一九九七年似乎標誌著池上觀光轉型的重要轉捩點。當年，伯朗咖啡廣告於池上稻田間取景，池上名氣因此大漲。同一年，後來讓「池上飯包」更為知名的「悟饕池上木片便當」，也悄悄出現在池上。

最早的池上飯包源自日治末期，而所謂的飯包其實是池上車站賣的蕃薯餅；二次大戰結束前後出現以竹葉包裹、池上米捏製成的三角飯團，到了一九六〇年代再改用木盒包裝。一九九七年，出身宜蘭五結的李照禎，應該是嗅聞到池上展現的商機，在池上成立第一家便當店「悟饕木片便當」，一九九九年更買下台東池上飯包原創老店之營運所有權，重新命名為「悟饕池上飯包」。此後，靈活的企業化經營，讓這家公司迅速發展。例如二〇〇〇年開始發展加盟；二〇〇一、二〇〇九年兩度改建池上飯包文化故事館，讓這家池上飯包店成為池上的重要地標，也更確認了其池上在地性。

悟饕池上飯包與日暉國際渡假村都屬於外來資金投資池上的觀光產業，兩者相較，悟饕池上飯包只能算是中等規模的企業，但影響可能更為深遠。首先，日暉一直到二〇〇六年才開始動工，二〇〇八年正式營運，但悟饕一九九七年就在池上開始設店營業。其次，日暉的地點在池上新興村，也就是平原外圍，與熱鬧的街區有一段距離，但悟饕的池上飯包故事館就在火車站附近，不但是外地遊客最多的地方，也是當地人生活的重要地點。另外，日暉鎖定高消費的客群，帶來的遊客數量有限，悟饕的飯包不但是一般人都付得起的價格，更是日常三餐都可能會消費的商品。最後，池上的名聲其實也是透過悟饕行銷而更加廣為人知。

池上鄉的國有地中，除了台糖公司與台東農場，就屬土銀代管的農場最大。一九七四年，土銀為了配合政府推動精緻農業，在萬安村的海岸山脈成立示範蠶桑場，與當地農民合作養蠶，桑蠶產業在花東縱谷興盛一時。一九八〇年代為了突破日本市場，農場改變蠶「作繭自縛」的特性，研發出平面繭，製作輕柔、保暖、透氣的蠶絲被，聞名全台，農場也成為台東地區知名的景點。不過蠶絲業抵不過中國的價格優勢，之後逐漸沒落，一九九九年，政府收回土地，委外經營，轉型為「池上蠶桑休閒農場」，二〇〇三年業者在台東縣政府輔導下，成為國內第一家包含住宿、餐飲、生態等綜合性的大型休閒農場，曾經風光一時，直到二〇一三年才正式歇業。就在池上蠶桑休閒農場歇業的前一年，另一家可以容納更多人住宿、強調重視一般大眾遊樂性的大坡池渡假會館開幕。

二〇一三至二〇一四年間，也標誌著池上走入另一個歷史發展階段。除了大規模旅宿業的發展，二〇一三年的秋收稻穗藝術節由雲門舞集擔綱，首度實施售票制並迅速售罄，見證了池上的觀光潛力。二〇一四年萬安老田區被登錄為文化景觀，同年秋收稻穗藝術節請張惠妹回鄉表演、台灣好基金會擬定了「池上藝術村十年計畫」，二〇一六年樂賞基金會進駐大坡池音樂館，公私部門的經費相繼湧入，這些都增添了池上的觀光熱潮，持續到今日。

空間地景與在地生活

整體來說，花東縱谷的遊憩系統在二〇〇〇年後已大致建立，從池上鄉北邊的玉里鎮、富里鄉、卓溪鄉，到南邊的關山鎮、鹿野鄉、延平鄉，都有許多新的觀光資源，帶動觀光產業明顯蓬勃的發展。池上的觀光發展必須放在整個大環境來了解，包括台灣社會本身的經濟成長、政府的相關政策與民間的配合等等。以政府為例，政府對交通建設投入不少經費，旅客到花東縱谷更加便捷；客家文化園區、地牛館、自行車道等建設，也不無政府資金的投入，對於吸引遊客影響頗大。以民間為例，日暉國際渡假村、悟饕池上飯包等大型投資，都對池上的觀光發展有不少貢獻。

從歷史的脈絡更能深入了解池上特殊的觀光形貌是如何發展，並演變成今日樣貌。如前所述，池上米的認證，提高了農民與糧商的收入；社團與社造凝聚了一群關心池上公共事務的人；大坡池生態公園發展成為國家級的濕地，無敵稻景因知名企業廣告而躍上國際舞台……池上的觀光產業應運而生。此外還有一個重要因素，就是二〇〇九年台灣好基金會的進駐。

從國家治理的角度來看，在四化政策的原則下，鼓勵「企業的社會責任」是一個合理的發展方向，也是台灣在金融海嘯之後興起全球性企業責任之呼籲、把原先由國家承擔的責任外包的一種嘗試。而在企業紛紛投入地方鄉鎮活動之際，台灣好基金會算是開風氣之先。一開始，台灣好基金會有幾個有意拓展的據點，之所以決定進入池上，與當時擔任池潭源流協進會理事長的賴永松有關。賴永松認為必須把握與基金會合作的機會，所以邀集幾位協會成員，在其經營的池畔驛站討論如何與基金會合作。[2]

一開始，台灣好基金會並沒有設定活動主軸，而是先徵詢「池上欠缺什麼」。基金會的想法是讓許多人來池上不是吃完便當就走，而是慢慢體會池上的美。協會則認為，地方平時就有許多活動，如社團有耶誕晚會、鄉公所辦竹筏季，還有小型音樂活動等，因此基金會不需提供產業上的資助，而是給予文化層面的協助，帶一些藝文表演團體進來。在這樣的共識下，台灣好基金會促成了池上第一次以金黃色稻穗為布景的音樂會。基金會列出可能的演出者名單，協會成員決定後，由基金會負責邀約。當時決定邀請的是鋼琴演奏家陳冠宇。

對池上而言，演出舞台選在稻田似乎再適合不過，然而每個細節都不容易。「秋收」音樂會選定的季節是十一月，正好遇上二期稻作收割，要讓農民願意配合，就得請出地方跟農民有交情的有力人士進行洽談。第一次音樂會的地點選在浮圳下方的稻田區，主要考量是遇上東北季風可以「閃風」（閩南語，避風），但為了音樂會舞台規格，稻子必須以傳統人工收割，才能算準面積。

第一次的音樂會原本設定為地方性活動，媒體採訪也以地方性為主，但此次演出引人注目的程度讓台灣好基金會與池潭源流協進會的成員體會到，結合美景和在地人文特色，在鄉鎮深耕文化的可能性。於是，基金會結合觀光局與本身的企業資源，和池潭源流協進會成員以及陸續加入的夥伴們討論，發展出符合池上傳統農家四季作息的活動，讓遊客一年四季來到池上，都能欣賞到四季更迭的景色。當時規畫「春耕」、「夏耘」、「秋收」、「冬藏」四季的活動：春天辦野餐節、夏天辦米之饗宴、秋天辦音樂會，冬天則辦室內活動，以人文藝術講座和藝術家駐村為主。

但是，這樣的構想在執行上有天候與人力等無法配合的因素。二〇〇九年的音樂會結束後沒多久，連續又舉辦了兩場講座，然而來聽的人很少。隔年，刻意配合春分節氣辦「春耕」野餐節，沒想到當天天氣很冷，在大坡池野餐，遊客和演唱者都大感吃不消。該年的「夏耘」辦桌，地點選擇在客家文化園區，由亞都麗緻酒店行政主廚指導客家媽媽如何擺盤。活動當天天氣很好，有外交使節參加，也請到金曲獎的客家歌手演出，算是辦得很成功，但接下來兩年的「春耕」和「夏耘」皆受到天候影響。於是最後決定把其他三季取消，集中火力辦「秋收音樂節」；而且為了達到更好的效果，第二年後又換了兩次地點，不但視野更遼闊，場地也越來越寬廣，只是其間需要的協調也越來越複雜。

秋天正是二期稻作收割的時間，以第五年為例，為了讓演出有美麗的背景，演出前得先收割舞台使用那三塊田的稻子，周邊稻作則必須等到活動結束才能收割，舞台地點的選擇與前置作業因而相當重要。經過協調取得共識後，舞台區的三塊田全部種「高雄一四五」品種，以便較早收成，並由建興米廠以烘稻免費、碾米優惠、提高收購價格等條件，作為促使農民配合的誘因。同時為了避免演出時周邊稻田出現收割機的干擾，全鄉三大米廠協調，演出前不收穀子，於是後來就出現了幾乎在「秋收」活動結束的隔天，萬安「天堂路」附近全面收割的有趣景象。

二〇一六年，池上這一群協助台灣好基金會舉辦「藝術節」活動的夥伴們，成立了「台東縣池上鄉文化藝術協會」，並從那一年起開始接下主辦「秋收稻穗藝術節」的工作，成為主導地方藝文活動的骨幹。

從台灣好基金會二〇〇九年來到池上，其籌辦的文化藝術活動為池上帶來觀光效益，到鄉公所、縱谷管理處、池上稻米原鄉館也陸續舉辦不少吸引觀光客的活動，加上國際巨星的影響，點點滴滴都讓池上的觀光事業越發欣欣向榮。光是二〇一七年就有超過一百萬遊客湧進池上的伯朗大道，造訪大坡池等熱門景點的人數也很可觀。觀光無疑是東台灣相當重要的產業，而池上是個值得投資的標的，這使得池上的民宿與餐廳近幾年來爆增，其中的經營者除了外來的投資客，也不乏返鄉的青壯年，當然還有一些人是純粹喜歡池上的氛圍，選擇來此開店過生活。

二〇二〇年七至九月間，筆者與中研院地理資訊中心合作進行普查，池上鄉共有餐廳小吃一百七十五間，包括早餐店、中式料理、異國料理、咖啡廳、特色小點和飲料店；[3] 主要分布

蕭仁義[4]

蕭仁義的家族來自新竹北埔。1926年，他的曾祖父與親友多人一起到東部發展，當時蕭仁義的父親才兩歲。他們先在白毛寮（振興村）的溪邊搭茅舍住了下來，以燒瓦為生，賠了不少錢。之後輾轉在錦園、萬安間租地、墾山、燒瓦，最後他的父親才在萬安龍仔尾定居下來，並開始在天堂路附近買地。

蕭仁義兄弟姊妹共8人，有3個姊姊、1個哥哥、2個妹妹與1個弟弟。家裡做山，哥哥姊姊都做得很辛苦，很早就出外就業。蕭仁義一心留在池上，照顧家裡以及勞碌一輩子的雙親，高中時選擇離家不遠的關山工商，就業時也盡力透過考試選擇公職，而且一心就想調回池上。他先後在台糖、台鐵、郵局、電信局等機構工作，只為了達成留在故鄉的心願。

1993年，在全國社區總體營造政策的推行下，池上鄉內各村亦展開了社區發展協會的運作，其中臨近海岸山脈的內四村一帶，以萬安社區發展協會的經營最為醒目。蕭仁義初期擔任社區會計，接著任第二、三屆社區總幹事，第四屆社區理事長，是早期萬安社區發展協會的靈魂人物之一。他說：「進電信局後工作穩定，才開始投入社區工作……有一些事情是我們想要做的，於是就申請計畫，一頭栽進社區工作。當時有一群人，一起工作。」

電信局工作之餘，蕭仁義也親自照顧自己家的稻田。除了有機種植外，部分區塊還參與「國土綠網水稻友善耕作」。他的住家及水田就在每年舉辦秋收稻穗藝術節的場地附近，因而結識不少藝文界等各種類型的外地人；也因為有穩定客源，讓他敢嘗試自己銷售家裡的稻米。他表示，如果不是像自己這樣，有電信局的穩定收入、懂電腦、有行銷管道，一般人很難自產自銷，只能把生產的稻米契作給碾米廠，喪失了中間的利潤。

在市街的中山路附近；至於民宿、飯店、旅社，若不論合法登記與否，共有一百一十二間，雖然仍是中山路附近數量較多，但分布整體來說比餐廳小吃店分散。這個數字對於常住人口僅八千多人的池上而言，不能不說相當可觀。但這樣的發展究竟是好是壞，值得進一步思考。

長久以來，台灣的觀光發展由交通部觀光局、省旅遊局以及旅行業者主導，因此觀光遊憩產業整體傾向於量的成長，忽視品質的提升。而國人旅遊習慣與態度欠佳，破壞遊憩區自然觀光資源之新聞亦時有所聞，不得不讓人思考地方發展觀光遊憩產業應有的態度。

當然，觀光發展會對地方帶來正面的經濟效益，這是毋庸置疑的，也是早期學術研究的主要論點。但一九七〇年代之後，學界開始注意到觀光發展應該考慮在地居民的意見，此時思考的就不僅是經濟層面而已，至少也可以從社會文化生活以及環境生態等角度切入。這也是學界目前以正、負面兼具的角度，來看待觀光帶來衝擊的基本態度。基於池上的田調經

表4-1：觀光發展的正負面影響

	經濟	社會文化生活	環境生態
正面	•吸引外來投資 •增加就業機會 •增加當地農產品銷售機會 •增加遊憩、購物、消費機會 •提升收入與生活水準	•增加年輕人回鄉意願，減少人口外流 •鼓勵各種文化活動，重視傳統習俗 •提升地方形象，增加居民與外界交流的機會	•維護與保存生態環境 •重視與保護歷史建築與遺跡 •提高居民環境意識，重視居家環境
負面	•地價、房租上漲民生用品上漲，增加生活開銷 •過度依賴觀光產業的風險	•干擾居民的日常生活與作息 •從事觀光事業人員增加	•自然環境、野生生物、生態資源受到影響 •交通擁擠，停車塞車問題嚴重

驗，可將觀光所帶來的衝擊歸納如表4-1。

觀光為池上帶來的經濟效益十分明顯。例如日暉國際渡假村以及悟饕池上飯包，都屬於較大型的外來投資，也都提供了就業機會，其中有不少員工就是池上本地人。一些因為觀光熱潮而開設小型的民宿或餐飲業，其中固然有不少本地資金，外地來的投資經營者也不少。這些住宿、餐飲地點，除了採用在地食材，也會展售當地生產的農產品，尤其是稻米，增加了很多當地農產品銷售的機會。此外，觀光設施的興建與相關商家的開設，增添當地人生活的便利性，不論遊憩、購物與消費的機會都大大提升，而這又跟收入與生活水準的提高息息相關。

與鄰近的關山鎮、富里鄉一樣，池上也面臨人口老化的問題，只是相對之下，人口的減少沒有那麼明顯。除了返鄉務農的青年之外，從事與觀光有關的工作也是池上吸引年輕人回鄉或來此創業的動力之一。我們可以發現，不論是市街還是較偏遠的村落，經營民宿、咖啡店、輕食餐廳的年輕人不少，觀光對於減少人口外流不無幫助。

部分基於發展觀光的考量，近幾年鄉公所對於各種文化活動（如新住民耶誕節）大力支持，也重視傳統習俗（如元宵遶境、馬卡道族夜祭、阿美族豐年祭），對於生態環境、歷史建築與遺跡益發關注。更重要的是，一些大型的活動（如秋收音樂活動）不但提升了地方的名聲與形象，同時讓居民與外界有更多交流的機會。居民對池上越來越有認同感與榮譽感，很難說這都是觀光帶來的效應，但其影響絕對不容忽視。

舉例來說，針對越來越多隨著音樂節而湧入的觀光客，池上居民大動員，不斷召開協調會，大人小孩輪流當志工，天堂路與伯朗大道實施交通管制、安排交通接駁；其中，池上國中的學生甚至是志工群中的主力。長年從事戶外公演的雲門舞集對志工培訓已累積出一套經驗模式，而這樣的志工模式，意外成為池上國中學生自信心的來源。梁正賢也看到這樣的改變，他除了高度肯定校長、主任及教職員的努力外，還這樣說：

國中的孩子總是叛逆，不好管教，自己與在地居民不斷尋求方法想要鼓勵孩子，雖然長年設立獎學金，但成效幾乎是零。……雲門帶來這套訓練方式後，林懷民老師不斷讚揚他們，所有來的觀眾也給他們鼓勵的笑容跟掌聲，他們竟然因此改變了，開始對池上有認同，對自己有信心，也喜歡自己在做的事，因為他們有了舞台，有自信了。

而這樣的改變甚至更具體展現在池上國中的學測成績上，本來是全縣倒數第十名，幾年之間翻轉成全縣前兩名。[5] 二〇二〇年，更首度有四位同學得到5A，且C的數字減少，成績十分亮眼，成為台東縣表現最為出色的國中。值得留意的是，鄉內沒有補習班，學生主要是靠自習與學校的輔導。

至於觀光帶來的負面效應在前一章已經略有所述，例如在伯朗大道上，主要就是會對居民的日常生活與農耕活動造成影響，或是農地被拿去當自行車出租業的停車場等。但其實不論是靠近海岸山脈的一九七縣道，還是在地日常活動的市街，居民都可以感受到民生用品變貴、生活開銷增加的壓力；不論是農地還是建地，地價都在上漲，房租也因而水漲船高，讓一些財力較單薄的年輕人吃不消。甚至曾經聽聞，有民宿業者因操作不善欠下鉅款而輕生。目前池上新建民宿持續增加，另有觀光飯店因完成購地而取得建照。但民宿大量增加，是否是過度發展觀光呢？

在生態環境上，典型的觀光發展負面案例出現在大坡池。當年在觀光熱潮下，政府在此地投下大筆資金，事後發現做了一些不能用的建設，但已造成自然環境的破壞，野生動植物與生態資源受到嚴重影響，之後只能用「減法工程」來重建大坡池，使其慢慢恢復從前的樣貌。但與此同時，目前仍有許多活動選擇在大坡池舉辦，例如台東縣政府主辦的熱氣球光雕音樂會，是台東唯一一場不需接駁車即可到達會場及有湖光倒影的光雕秀。對於這個一年一度的大塞車，多數池上人當作是過年，或是基於迎賓的包容性，少有抱怨。不過也有當地人排斥這樣的活動，懷疑大量遊客擠到大坡池對生態環境真的好嗎？而這也是池上鄉公所目前面臨的考驗之一。

米鄉治理

東台灣的觀光潛力在一九八〇年代已經受到政府重視，但對於人口少、稅收又不多的花東兩縣，地方政府根本沒有財源發展觀光產業。直到交通部觀光局一九九〇年前後陸續設立東部海岸風景特定區與花東縱谷國家風景區管理處，才顯示中央政府開始戮力於東台灣的觀光發展，而台東縣政府則是到二〇〇〇年才改制設立了「觀光及城鄉發展局」，正面處理觀光方面議題。

至於池上鄉公所，如第二章所述，一九九三年起即在重視建設的第十一與十二屆鄉長任內，針對鄉內首要勝蹟大坡池展開規畫，並據此逐步開發大坡池，也因此乃有鄉內「環保」與「觀光發展」的兩種不同聲音。而一直到一九九九年之後，大坡池的大規模建設才正式停止。鄉公所態度的轉折，除了九二一地震的客觀因素外，也與一九九八年上任的第十三屆鄉長陳榮發有關。據當地重視環保的人士所言，相對於前任鄉長比較重視硬體建設，陳榮發對於軟體建設較為關心，接受大坡池轉向生態保育發展只是其中之一，他也鼓勵並支持池潭源流協進會的成立；更重要的是，在他任內以地方人士為主體，完成了《池上鄉志》的編纂。

二〇〇二至二〇一〇年擔任第十四與十五屆鄉長的李業榮，代表池上鄉的發展邁向一個新的階段。首先，大坡池原先設置三個人工島中的B島開始挖除，大坡池繼續往生態濕地方向發展。其次，台灣於李業榮就任鄉長的這一年加入WTO，池上米產地認證也在他任內順利完成。這段時間也是池上米在全國比賽大放異彩的年代，多次獲得優異的成績；二〇〇七年三月，池上鄉公所更整合各米廠，共同訂定「池上鄉九六年一期稻米品質競賽實施計畫」，比賽獎金比照全國標準，同年八月擴大為全鄉參與，讓池上米的名聲更為響亮。

二〇一〇年就任鄉長的林文堂依循這樣的軌跡繼續前進。二〇一一年一月，大坡池由內政部營建署正式公告為「國家級」重要濕地，象徵大坡池有了更明確的發展定位，也表示池上鄉可以透過「國家重要濕地生態環境調查及復育計畫」等中央政府經費，在大坡池進行與生態保育相關的工作。同年，池上農會獲得經濟部認證，設立了花東第一家觀光工廠「金色豐收館」。二〇一二年，農會開設「田媽媽養生餐坊」。

最值得注意的是二〇一三年六月，長榮航空在池上老田區拍攝廣告，爆發了池上的觀光熱潮，觀光造成的亂象引人注目，如何在這樣的趨勢中找到更好的出路，留待十七屆的鄉長張堯城來解決。

第十七屆鄉長張堯城的政策部分有延續性，大坡池的整治就是其中之一。前任鄉長李業榮已把B島挖除，張堯城任內則是去除三座人工島中最大的A島，並開始挖除C島，僅保留蓮花區及數叢水鳥棲樹，目標是要讓池上大坡池像五十年前一樣，「從東岸可以看到西岸，南岸可以看到北岸」。許多人都視大坡池為池上的母親，「是池上的龍神，等於是我們的財位，大坡池越寬闊，池上活水源頭越豐富，這樣是財源滾滾。」過去大坡池沒什麼遊客，但目前已有業者在經營竹筏、獨木舟等出租，也不時舉辦各種活動，一年吸引約六、七十萬的遊客；年輕人也會固定一個月辦一次音樂市集，透過音樂、活動吸引人前來，進一步行銷自家的產品，試圖在生態環境與觀光發展之間尋找另一種出路。另外，池上長期以來重視社區環境，經常發動大掃除，鄉公所配合新建立的志工制度，簽到累積達一千個小時就是池上鄉的榮譽志工，並享有不少福利。所以鄉內各村的環境清潔都保持得不錯，並曾獲得全國九個最乾淨鄉鎮及最乾淨村里的榮譽。

稻米無疑是池上最重要的產業。張堯城任內池上與稻米有關的重要政策有四項，分別是比賽特等米、池上米平損補助、池上福利米，以及池上音樂米。

池上鄉內原本就有舉行稻米比賽的制度，張堯城就任鄉長後，比賽改由池上鄉福原國小文教基金會主辦、池上鄉公所指導、池上鄉農會承辦、池上多力米公司協辦。該年的比賽，獲獎的池上農民除了可獲得二十五萬元穀金，主辦單位福原國小文教基金會亦提供部分販售所得作為農民的「年中獎金」。[6]

二〇一七年三月，池上鄉公所邀集鄉內米廠、稻農召開兩場協調會，制定「池上米平損補助自治條例」，提交池上鄉民代表會審議，幾經協商，順利在五月十六日獲得代表會通過。自治條例通過後，鄉公所邀集農民及鄉內米廠討論相關細節，進一步擬定施行細則，徵詢池上鄉

張堯城[7]

張堯城出生於台北社子的工人家庭，高中就讀建國中學，大學念輔大社工系，期間半工半讀。大三時考取公務員特考，放棄學業到池上鄉公所工作。分發時依成績填選志願，張堯城一心想到台東偏鄉服務，又考慮到父母來的方便性，因此捨棄成功，選擇了池上。1993年婚後定居池上，2014年當選池上鄉第17屆鄉長。

初到鄉公所的張堯城是基層的職員，1991年承辦社福業務，主動協助弱勢族群，1992至1997年間擔任圖書館管理員，承辦社教業務，帶動文化事業，也首先完成電腦自動化讀者服務系統及開辦多項藝文活動，獲選為全國示範圖書館。他也曾擔任池上鄉公所的社區輔導員、鄉立托兒所所長等，並於2011年轉往關山鎮任職親水公園管理所所長。

張堯城的公職生涯中，熱心公益，積極參與民間社團，與社團成員有良好互動，讓池上鄉的社教活動辦得有聲有色，在大坡池的整治上也貢獻良多。2009年，張堯城獲台東縣政府推薦，參加全國模範公務員競選，成為鄉鎮級唯一的得獎者。

張堯城當選鄉長後，先前擔任公務人員的經歷，讓他對行政流程與相關法律相當嫻熟，有利於其施政效率；與池上民間團體的長期接觸，又讓其對於全鄉有全面性掌握。第一任結束後，由於無人出馬競爭，所以2018年11月順利連任。張堯城第一任的施政主軸是：「藝文米鄉、世界農莊」，第二任則是「全福利、移居慢城」，順著他的脈絡，或許可以理解池上鄉在他的治理下有哪些重要的發展。而他首度競選提出的12項政見大綱，上任後就貼在鄉長室之前的走廊，他說是自我警惕，也讓民眾不時檢視。他手邊有張表格，詳列政見大綱延伸出的工作細項，長期控管。「公所內的公務員是很辛苦，但是做得越多，代表地方的發展越好，所以不管是要配合款還是要自籌款，很多政策池上鄉都盡力去推動。」

這樣一個從台北來的外地人，原本在鄉公所內擔任基層公務員，經過25年的時間，他與池上民間團體的長期接觸及主持《池上鄉志》的編纂，搖身一變成為池上的鄉長，相當曲折有趣。但更重要的是，擔任鄉長後，他做了更多有意義的事，對池上的發展影響深遠。

農會、建興、陳協和等米廠的配合意願，八月間開始實施。藉由池上米平損補助，幫池上稻農儲蓄，面對農損的問題。運作原則是，在豐收或平收期，每公頃每期由農民提撥新台幣一萬元、輔導米廠補助一千五百元、鄉公所補助五百元，共同存入該農民在池上鄉農會的帳戶，等到有農損或有重大事故需求時可提領應急；若遇歉收期，農民毋需提撥存款，由輔導米廠及鄉公所依實際耕作面積補助。這項政策意味著：農民只要存入一萬元，就有兩千元的額外入帳，等同年息百分之二十，被喻為比軍公教退休金的百分之十八利息還優渥，而且一年兩期可辦兩次，對池上農民來說是一個非常大的福利。

福利米則是嘉惠全體鄉民，尤其非務農居民的制度。目前池上鄉農民只占三成，估計全鄉約有兩千戶近六千人並未從事農耕。依據池上鄉農會的估計，池上米因為品質好，平均零售價也比其他米高出一倍，這是農民的利多，但對當地非務農的居民則會覺得米價偏高。張堯城與鄉內三大糧商溝通，從二〇一五年二月九日發行池上米優惠卡。每年年初，戶籍登記在池上鄉的鄉民都可獲得一張優惠卡，持卡可在鄉內三大米商以八五折價格購買池上米，以半年十五公斤、全年三十公斤為限。

台灣好基金會二〇〇九年開始進入池上，展開了稻米跟藝文結合的契機，二〇一五年則著手進行另一個長達十年的「池上藝術村」計畫；接著樂賞基金會進駐，除了在大坡池設立了音樂館，舉辦民歌演唱、古典音樂欣賞、假日電影院、夏令營、專題四季講座等活動；也在萬安村的農田邊設置固定的音響設備，定時播放古典音樂，讓稻米聽音樂。目前池上稻子每天聽音樂的地方，一處是伯朗大道，另一處是池上米有機專業區禾鴨生態池，前者位於錦園村，後者位於萬安村。樂賞基金會做了留聲機造型的大音樂箱，每天上午七時至十時及下午三時至六時會自動播放古典音樂。這樣的音樂播放，的確很能吸引人駐足在稻田邊聽古典音樂，達到樂賞基金會推廣古典音樂的目的。另一方面，萬安村有機田間的「音樂米」，會由樂賞基金會以較高的價格收購，農民也因此從中獲益。

由此大致可看出池上發展的基本軸線，重視生態環境，也強調稻米種植是池上的經濟命脈，以此為基礎推展藝文活動，讓鄉民同享稻米價格提高的好處。當然，池上米得以一直維持高價，與鄉公所嚴格執行品質管控有關。事實上，每次稻米收割前都有公所人員去稻田取樣，[8]進行農藥殘留檢驗，通過了才能發給產地認證。取得產地認證標章，稻米可以賣到好價錢，農民受益；反過來說，每發一張認證，鄉公所可以收到一筆規費，所以認證數越高，鄉公所的財源就越充沛，越可以用於鄉民福利與公益。[9]

藝文活動顯然是池上多年來很重視的一環。除了樂賞基金會的活動，配合池上的米鄉意象、外觀像穀倉的池上火車站是池上另一個重要的藝文活動場所。推動池上米認證的建興米廠也提供自家的公糧穀倉，整修成藝術館，推展池上的藝文工作。如今池上街上有不少裝置藝術、中小學也有許多藝文相關課程，讓池上的藝文氣息更加濃厚。

此外，張堯城是社工出身，對於弱勢族群的福利、文化都十分重視，例如補助婦聯會為外籍配偶辦理教育課程、替阿美族爭取集會所的建立，以及鼓勵並補助平埔族群舉辦馬卡道夜祭活動等。張堯城有一系列「從搖籃到墳墓」的全人福利構想，包括生育補助、幼兒鄉托、學生獎助學金、青年創業輔導、老人照護，以及納骨塔的興建與志工參與[10]等等。

目前池上鄉出生人口，一年只有四十幾個，人口老化的情況十分明顯。二〇一九年開始，依「婦女生育補助自治條例」，生育補助從每胎每人五千元調高到六萬元，若加上縣府的補助，池上鄉生育補助高達七萬至七萬五千元，為全台最高。

池上鄉九十歲以上人口占百分之一點一四左右，鄉內原本就有很多針對可自行活動的長者設置的老人會、樂齡班、共餐、文化健康站、關懷據點等，並自二〇一九年起安排免費的愛心巴士，專門照顧獨居老人。至於亞健康[11]或缺乏人家照顧的長者，則是興建長照中心，並委託花蓮慈濟醫院經營。同時，池上鄉代表會二〇一九年通過鄉公所提的「台東縣池上鄉重陽敬老禮金發放自治條例」，是審計室要求檢討重陽敬老禮金發放排富後，台東第一個將重陽敬老禮金法制化的鄉鎮。

池上鄉有百分之二十五的原住民，原住民相關政策也成為歷任鄉長施政重點。以人數最多的阿美族為例，分住在九個部落，過去只有四個部落有聚會所，張堯成就任後先興建福文、大埔及新興部落聚會所，二〇二〇年後再動工興建福原和慶豐兩個部落的聚會所，並興建可以提供老人家學手工藝、傳承傳統技藝及族語的文化健康站。[12] 原住民土地所有權的部分，也在二〇一八年編列鑑界預算，並擴編三位專門的人員進行相關工作，讓原住民得以儘快拿到保留地的所有權狀。

池上鄉的阿美族過去四年一次的聯合豐年祭是六、七月在各部落間輪流舉行，但一年雙收後，割完稻還有第二期的插秧，七月正是農忙，而且天氣太熱不適於穿傳統服裝。二〇一八年，池上鄉公所首創雙收豐年祭，時間訂在寒假，池上、關山、鹿野的縱谷阿美族，一起到池上農會的花海、大地劇場來舉辦豐年祭慶典。一開始有人批評違反傳統，但一來這是慶祝第二期稻作收成，也是豐收，再來氣候適宜，配件服飾不會造成負擔，而且結合幾個鄉鎮的部落，更有豐年祭歡愉的氣氛。至於最早來池上開發的屏東馬卡道族每年都會舉辦的馬卡道夜祭，過往漢人不會參加，馬卡道人也不希望別人來參與。但站在文化傳承的角度，近幾年在鄉公所經費支持下舉辦，人數有越來越多的趨勢，是近年花東地區最大的夜祭活動。

池上近年的許多蛻變，與鄉長施政有很大關係，但也相當程度涉及池上地方社會的性質。下一章就從地理條件、歷史過程等角度，綜合觀察池上地方社會發展的軌跡。

插曲四：二〇一六．一．廿二，星期一，池上，晴轉陰

昨天來到池上，為了參加每年一度的元宵遶境。民宿是友人親戚開的，在稻田當中，很新，去年十一月才開張，住起來很舒服，早餐也不錯，可惜還沒有裝無線網路。

今天的元宵遶境早上十點出發，依例在玉清宮集合，先從外圍的村莊開始，晚上才回街區。因為黃昏「吃飯擔」的地點今年輪到福原村，路線與去年有些不同。浩浩蕩蕩的近百輛車陣繞經各宮廟時，都會特意停下來向廟中神明致意，途中家家戶戶也在自家門口擺設香案，迎接遶境的諸神明，因此不斷聽到此起彼落的鞭炮聲。

四點半就到大地飯店後方的仁愛街，兩旁早已擺滿各家信徒準備的美食，有燒酒雞、炒米粉、蘿蔔糕、粽子、滷蛋等等，更別說是啤酒、汽水等各色飲料了。原本預定五點開飯，但今天有些耽擱，五點半所有車隊才到齊，在主辦者的「開動」聲中，參與遶境者、鄉民、旅客，四處尋覓想吃的食物，十分熱鬧，不過用餐秩序還不錯。

晚上六點半開始徒步繞街，一改上午所有人員坐在車上、到了各宮廟才有人下來行禮的方式，所有車輛跟著陣頭、神明緩步前進，從加油站出發，最後回到玉清宮。但見夜空中煙火四

射，震耳炮聲更是連綿不絕，街道上擠滿人，比上午更顯熱鬧。有趣的是，鄉公所前也設有香案，鄉長還親自迎接每個前來致意的宮廟，鄉公所也舉辦宮廟間的競賽，並提供獎金，所以宮廟的陣頭無不卯勁演出。完成遶境的宮廟照例會一一回到玉清宮拜謁，等到最後一個宮廟回來時，已經半夜了。我們一直到十二點多才回到民宿。

池上的元宵遶境很有趣，但是這個制度是如何開始的呢？又有何意義呢？滿腦疑問，只有留待日後探討了！

第五章　以鄉為社造單位如何可能？

池上鄉屬於國家行政體系中的一個單位。筆者認為，目前池上鄉之所以特別，與這個行政單位在一九九〇年代的「社造」有相當大的關連。然而，此處所說的「社造」不等同於一般人所認知的「社區總體營造」。一方面社造的範圍不侷限於村落、部落或社區，而是一個更大尺度的空間，相當於一個鄉；另一方面，推動社造的組織不限於社區發展協會，而是不同階段有不同民間團體陸續接棒，最後甚至是以鄉公所來完成另一階段的發展願景。

然而，一九九〇年代推動的社區總體營造政策有其國際政經環境，政策背後也有其原始假定與設定目標，這與二〇〇〇年之後受到新自由主義影響、國家治理朝向四化方向頗不相同。觀察池上的社造路，必須意識到這一脈絡中的改變。進一步來說，一九九〇年代啟動的社造之所以能以全鄉為範圍，並取得一定程度的成效，與地理條件及之前的地方社會發展有關。因此，本章將從池上鄉這樣一個行政單位是如何形成的，又有何特色談起，才能對池上的地方社會發展有整體的了解。

國家形塑下的地方社會

在一個有關嘉義民雄的研究中，施添福提出一個非常有挑戰性的問題：「地域社會的建立如何成為可能？」[1]亦即在傳統的血緣與原鄉情結之外，台灣社會在日治時期如何以地域原則來組織人群。這篇文章是施添福唯一以地域社會為題但沒有觸及族群議題的作品，「重點在解析日本時代基層的各種行政空間結構，是如何影響地域社會的形成。」[2]必須先指出的是，雖然池上鄉內族群關係頗為重要，但無損於施添福觀點的啟發性；再者，本書採克瑞斯威爾的定義，除了直接引用，行文中也將以「地方社會」來代替「地域社會」。

施添福指出，日本殖民政府經由土地調查建立了地理系統，並以空間明確的大小字，作為各種社會教化機構管轄區域的基本單位，然後在此基礎上建立了地方社會發展的三層空間：「街庄民空間」、「警察官空間」與「部落民空間」。更重要的是：「這三層空間，不但層次分明，界線清楚，而且統合內疊；既成為國家深入民間、行使權力的管道，亦提供人民建立和發展不同層次地域社會的場域。」[3]筆者認為，這是在土著化、祭祀圈、信仰圈研究之後，另一個研究台灣地方社會的重要切入方式。

相對於台灣西部（例如嘉義民雄），東台灣在歷史發展上與西部有同有異，但受到日治時期的國家影響有過之而無不及。施添福在另一篇有關台東關山地方的文章中，以〈地域社會與警察官空間〉為題，做了與前文相近的考察。[4] 關山鎮就在池上鄉南方，歷史上兩個鄉鎮緊密關連，因此，借用施添福的架構，可以幫助掌握池上在日本殖民時期，在地調查的基礎、警察的監控治理下形塑的地方社會，尤其是「街庄民空間」的形成。[5]

池上鄉位於台東縣、花蓮縣交界處，北側沿秀姑巒溪與其支流龍泉溪（萬朝溪）與富里鄉為界；東側鄉界由堵開埔山起，沿鱉溪背斜稜線向西南而行至嘉武溪支流北溪之溪源處止，長約十一公里，稜線以東為本縣東河鄉之泰源盆地；西南以新武呂溪、南以嘉武溪與關山鎮接壤；西側鄉界較為零亂且無明顯之天然地形，大致在大埔山西側高度約一千公尺以下之山地為本鄉轄區。從地理特徵來看，日治時期有其劃分疆界的空間基礎；而且相對於關山鎮，轄區相對完整。[6]

就地形觀察，花東縱谷共有三條主要溪流：花蓮溪、秀姑巒溪與卑南溪。花蓮溪由光復鄉的大富村北流後，將光復鄉、鳳林鎮與壽豐鄉分成兩半，壽豐鄉甚至有部分轄區包括海岸山脈的東側；卑南溪從池上西側往南流後，也將關山鎮與鹿野鄉切成兩半。但是同時為秀姑巒溪與卑南溪源頭的池上以卑南溪的沖積扇為主，加上一小部分的秀姑巒溪（包括萬朝與大坡）沖積扇，相對而言地形完整，這或許是池上鄉最特殊的地理條件。

另一方面，根據二〇一三與二〇一八年底的統計資料，花東兩縣縱谷地區從北至南各鄉鎮的相關數據可排列如下頁表5-1。比較這些地理條件類似的鄉鎮，可以發現幾個有趣的現象。首先，花蓮縣的鄉鎮整體而言不論面積或總人口都比台東縣高，但不論是花蓮縣還是台東縣，各鄉鎮的人口數都在減少中；其次，鎮的人口密度普遍高於鄉，但有趣的是，池上鄉的人口密度排名第二，居然比玉里鎮、鳳林鎮還高。這些現象似乎意味著池上鄉的地理條件有利於整個鄉的凝聚力，且產業發展或可不侷限於農業。

「平地蕃人」阿美族納入一般行政區

日治時期採集權官治主義，地方與總督府間純粹為上下的隸屬關係。雖然一九二〇（大正九）年曾有所謂的「地方自治」制度，但被台人評為「畸形的自治制」、「假自治制」或「似是而非的自治制」。一九二七年起，台灣人爭取比照日本國內實施地方自治，改官選為民選，改諮議機關為議決機關。一九三四年，總督府分別公

表5-1：花東縱谷各鄉鎮人口與面積比較

鄉鎮名稱	總人口（2013／2018）	面積（平方公里）	人口密度（2013／2018）
花蓮縣壽豐鄉	18,109／17,849	218.4448	83／82.17
花蓮縣鳳林鎮	11,397／10,846	120.5181	95／89.99
花蓮縣光復鄉	13,459／12,787	157.11	86／81.46
花蓮縣瑞穗鄉	12,170／11,668	135.5862	90／86.06
花蓮縣玉里鎮	25,695／24,277	252.3719	102／95.13
花蓮縣富里鄉	10,966／10,277	176.3705	62／58.27
台東縣池上鄉	8,679／8,199	82.6854	105／99.16
台東縣關山鎮	9,268／8,703	58.7351	158／148.17
台東縣鹿野鄉	8,229／7,875	89.698	92／87.79

布「臺灣州制」、「臺灣市制」、「臺灣街庄制」後，展開台灣地方自治制度的改革。在這樣的新體系下，街庄協議會半數為官選、半數為民選，[7] 而池上一直要到一九三七年才真正實施，這當然與東台灣的特殊性有關。

日本於一八九五年領台之後，隔年五月底，日軍於台東登陸，六月設立臺東支廳，一八九七年升格為臺東廳。此後逐漸在各地成立區役所、警察官吏派出所、國語傳習所（後來的公學校）等，對當地社會逐漸產生影響。對於深受其他原住民族群（主要是泰雅族與布農族）侵襲的阿美族等平地居民來說，禁止原住民族間的獵首習俗、有效維持社會治安，應是日本政府最重要的統治成果。而對位在東台灣中部地區的池上地區來說，影響更是直接且深遠。一九一四年，日本政府於里壠（今關山）至北絲鬮溪（今鹿野溪）之間設置隘勇線，一直到一九二五年，陸續有二十六社布農族表示歸順，日本政府在「理蕃方面」投入甚多心力。到了一九二〇年左右，布農族對於池上居民的威脅可說已不復存在。

自一八九六年起，日本政府逐步在統治策略上區分出蕃人的特殊部分，最遲至一九〇三年將台灣的族群治理分成兩大類：日本人（內地人）、本島人（台灣漢人＋平埔族人）與蕃人（生蕃＋化蕃）。前者採取普通法律統治，後者採取特殊統治。至於東台灣與西部地區有一個較大的不同之處，就是族群分類上屬於生蕃，卻住在普通行政區內的「平地蕃」，台東與花蓮的阿美族與卑南族就是一例。[8]

池上地處花東縱谷中部偏南，歷史上曾是阿美族、卑南族與布農族的勢力緩衝區，是十九世紀前期縱谷地區三個無人定居區之一，更是清末來自台灣西南部西拉雅、恆春阿美得以容身之地。光緒年間清軍駐紮後，漢人也開始在此混居。日治初期（一八九七年），新開園庄、萬安庄、大坡庄已劃入臺東廳廣鄉第一區，一八九八年改編為第八區，包含新開園庄、萬安庄、大坡社與大坡庄等。一九〇五年，設置新開園區，由原有的番社通事卓清和擔任區長，管轄新開園庄、大坡庄、大坡社與萬安庄，直到一九一〇年。據推測，卓清和不是平埔族人就是漢人。次年改由平埔族王明經擔任[9]，一直到一九二一年才換成來自屏東的漢人曾貴春續任。[10]

在這段期間，池上的平埔族群與漢人皆受到普通法律統治，且依照日本官方之規定，應組成保甲、壯丁團，協助警察維持地方治安。但因人數過少，一直無法組成，到一九二五年新開園區才組成一保、一團。相對地，阿美族在日治初期雖住在普通行政區，一八九七年也依照之前慣例，制訂「設置總通事、通事章程」與「社長、副社長章程」，分別任命並按月發給津貼，處理各社事務。一九〇七年，臺東廳在頭目制的基礎上，發布「蕃社行政」，以各社舊慣例為基礎，在地方官監督下成立「蕃社役場和頭目例會」。[11]頭目的部分工作要向派出所報告，而派出所也要備置日誌，記載有關蕃社一般行政之通知。

從法律層面言，一九一〇年代起，「平地蕃人已經負擔租稅義務、業主權被承認、納入戶口規則，亦即就一般行政事項與民事權力，已經與漢人所有之權利義務相似。」[12]不過，在刑事懲罰方面，仍多限制，一九二〇年以前，案件起訴必須經由總督同意，且行政機構未曾放棄對平地蕃人之懲戒權力。[13]國家的行政權力逐漸介入，頭目津貼也在一九二二年被取消。

在此過程中，警察的影響也越來越強。一九二四年，在派出所警察的指導下，運用傳統的年齡組織，設置了「蕃社青年團」。一九三一年，總督府公布「青年團設置要項」與「青年團準則」，依規定青年團應由學校、警察及區役場職員擔任指導者，但臺東廳以時機尚未成熟，堅持「蕃社青年團」應完全由警察指揮。在一九三七年二月一日之前，臺東廳長期動用警察權，強制各社提供勞力，負擔東部開發的任務，這一天之後宣布廢除「蕃社行政」，正式進入完整的區、庄制度。

三級統治空間與街庄制度

警察派出所的影響力在日治時期即已深入地方社會，這種情形在東台灣更是如此。事實上，自設置花蓮港廳與臺東廳之後，廳下還設有支廳，以有警察身分的警視或警部為支廳長，綜理支廳一般行政事務；廳下之區設區長，奉支廳長的命令和指揮辦事，這種情形要到一九三七年才有較大的改變。[14]

臺東廳於一九〇一年就已在新開園設置警察官吏派出所。一九三七年實施皇民化運動，將新開園供奉神農大帝的保安宮毀壞，原址在一九四一年興建萬安派出所（即今日的錦安派出所），同年將新開園派出所遷往火車站附近，改稱池上派出所（也就是目前關山分局池上分駐所），確立目前的警政格局。

依照施添福的研究，「警察官空間」是三級地域社會統治的第二層，也是很重要的一層。以池上的情形來看，不論是本島人的保甲制度、壯丁團，還是後來在阿美族社會設置的「青年團」，都受到警察派出所的監控管理。而日治末期兩個派出所管轄的範圍，或者說其與大字、小字的關係，至今並沒有很大的改變。

在基層的「部落民空間」方面，早在經由土地測量確定大字、小字，能「以圖統地、以地統人」之前，臺東廳即已在一九一三年成立新開園蕃人公學校，一九一九年在池上日本移民村設立池上尋常小學校，同年並設立里壠國語普及會新開園會場，進行社會教化的工作。這樣的教化在一九三二年達到另一階段，總督府於該年四月公布辦法，八月開始實施，以小字為一區域部落的原則，成立部落振興會。一九三七年推動皇民化運動，一九四一年成立皇民奉公班，到一九四二年十月十五日，整個池上有八個部落會、五十個奉公班，部落民的空間被充分動員。

在此一過程中，一九三七年對池上的地方社會發展顯然特別重要。第一章已經指出，該年五月臺拓正式成立台東出張所（辦事處），在東台灣的拓殖事業以開墾事業、栽培造林事業、移民事業為主，陸續設立多個事業地，其中萬安與新開園兩個事業地便位於池上鄉境內。如前所述，這無疑加速了漢人在池上的人數。也在這一年的十月，「台灣總督府為了積極開發東部資源，以臺東廳成立街庄自治團體時機已成熟，而進行地方行政制度之改易，廢支廳為郡，廢區為庄，與台灣西部行之已久的街庄制一樣，成為『廳－郡－街、庄』三級制。」[15]這次重編行政區，在臺東廳關山郡下設置了「池上庄」，其轄區大致即是先前的「新開園庄」，也就是今日池上鄉的行政區域。

這樣的變遷有幾方面的因素交錯影響。除了日本官方移民政策的轉向外，交通的改善也讓西部漢人不再視台灣東部為畏途。原本日本人已由花蓮港為核心，逐步向南修築鐵路；而臺東製糖株式會社也由卑南（台東）向里壠（關山）修築輕便的鐵路。一九二六年，東線鐵路全線完成通車，大大改善了池上地區的對外交通；一九三二年之後，新開園區役場與新開園公學校陸續遷到火車站附近，這些都是促成池上廢區改設為庄的條件。而這樣的改變除了廢除針對阿美族的蕃社行政與頭目例會制度、一體實施保甲制度，原本另有其組織的日本人也合併到新的行政體系中。

戰後民主制度的深化影響

二次世界大戰結束後，台灣回歸中華民國版圖。一九四五年，原來的臺東廳改為台東縣，沿襲日治舊制，將原有三級改為「縣-區-鄉/鎮」，池上庄改稱池上鄉，在縣之下由關山區管轄。一九四八年，台東縣廢除區署，池上鄉直接由縣政府管轄，直到今日。

由於戰後實施民主選舉制，日治時期警察統治的影響逐漸淡化，全面性的選舉不但及於鄉鎮代表會，連鄉鎮長、村里長等也都是民選，有投票資格者也較諸日治時期放寬甚多。若按池上鄉的地方自治史來看，可分成兩階段：一九四六至一九五〇年，以及一九五〇年之後。第一階段的鄉長選舉為間接選舉，仍屬過渡階段。一九四九年，省政府公布《台灣省各縣市實施地方自治綱要》以及其他法規，開始實施縣市地方自治，縣市以下各級公職人員選舉都依照上述自治綱要另訂實施規程，台東縣各鄉鎮長、鄉鎮民代表、村里長選舉都依此規程，定期舉行各類選舉。也在此歷史脈絡下，池上鄉的地方自治邁入第二階段。

鄉與村作為一個行政空間，建立於日治時期，透過各級政府機關的治理，尤其是資源挹注以及選舉制度，強化了這些空間的地方社會性質。換言之，這種建立於日治時期的空間劃分，確實「成為國家深入民間、行使權力的管道，亦提供人民建立和發展不同層次地域社會的場域」。[16]也在日後池上鄉的發展中呈現其影響。

行政與市場中心的移轉

如前所述，早期池上的聚落沿著海岸山脈西側發展，這也證諸於池上鄉三個角頭大廟其中兩個的創建歷史。保安宮成立時間最早，以靠近海岸山脈沿縣道一九七的四個村（振興、富興、萬安、錦園）為祭祀圈，主祀的神農大帝也反映當地居民以農民為主，且以早期移入池上的閩南、客家、西拉雅平埔為多；創立時間稍晚（一八九一年）的池上鄉福德宮以大坡、慶豐兩村為主要祭祀圈，分布範圍在全鄉北邊，也是銜接台九線與縣道一九七的所在，當地居民以阿美族、平埔族為多，也大體皆以農業為生計。

相對之下，靠近鐵路與台九線的玉清宮位於街肆之中，居民甚多是二次世界大戰前後遷入池上的閩南人，且做生意的人頗多。因此，雖然玉清宮創立的時間較晚（一九四八年），嚴格來說祭祀圈也只有四個村（福原、福文、大埔與新興），但因信徒的經濟實力較雄厚，且以祭祀天公為主神，神格比五穀大帝與福德正神要高，因此在池上鄉內玉清宮逐漸取代保安宮，成為漢人民間宗教的龍頭。玉清宮的崛起，也反映著池上的市場與行政中心由海岸山脈西側往西邊移動的事實。

清代的新開園不但是個聚落的名稱，也有軍隊的駐紮，目前海岸山脈中仍可見清軍駐地的遺址。也就因為如此，從國家治理的角度看，新開園較諸當時池上鄉內的萬安、水墜、大陂等庄，甚至目前玉里、富里境內的聚落都更為重要。然而，當時生計以農業為主，商業並不發達，生產的稻米除自行簡易碾製成白米食用外，大多以牛車送到台東換取生活用品，日治初期仍是如此，一直到日治中期才有明顯轉變。[17]

相較於清代治理東台灣是以「實邊」為目標，日本殖民政府基於東台灣地廣人稀，一開始期望透過從日本移民來「內地化東台」，最後達到「內地化台灣」的目的。除了這個政治目的，經濟上也想殖產興業，獲取經濟利益。但一方面本地資本不多，外地資本也因為治安不穩、基礎建設欠佳、勞動力人口不足等問題裹足不前。在日本政府的鼓勵支持下，臺東製糖株式會社於一九一九年在池上興建兩百一十戶的移民村，由日本國內的長野縣移入了四十九戶；一九二三年，臺東開拓株式會社興建一百五十戶的移民村，又招來八十三戶的本島人（漢人）移入。雖然這些移民後來大多離去，所開墾的土地也有限，但「也使得土地開墾跨過池上圳，向扇央地帶延伸」[18]。

有鑑於日本移民在東台灣的拓墾不順利，具有官方色彩的日本國策會社於一九三六年十一月成立臺灣拓殖株式會社，這個半官半民的特殊會社始終以台灣作為事業基地，且對東台灣影響深遠。尤其一九三九年南迴公路開通與花蓮港竣工，「對東部開發注入新吸力，自由移民顯著增加。」[19]從這個時期開始，大量的西部漢人移民遷到池上地區，不但改變了此地的族群人口比例，也使得火車站一帶成為此地區的行政與市場中心。

戰後，日治時期池上的兩大地主臺東製糖與臺拓，其土地轉變為三大農場，分別由台東糖廠、土地銀行與台東農場管理。其中以臺拓將近九百公頃的原野地劃歸退輔會，這些土地大多為河灘、荒埔，交由台東農場的兵工開墾，解決大量退伍軍人的問題。於是從一九五三至一九七五年間，大批榮民移入池上，分散在三十五個農莊，但戶籍都在福原村十七鄰、福文村十二鄰以及新興村八鄰。由於遷移人口的遽增，加上社會環境與經濟形態的轉變，池上地區從單純的農業社會，逐漸轉變為以農業為主、工商業為輔的綜合型聚落。

根據台東縣政府民政局的資料，二〇〇〇年六月底與二〇一九年十一月底時池上鄉各村的人口分布呈現如表5-2。可以看出，池上鄉的人口中心在福原與福文兩村，也就是鐵路火車站附近，大多數的鄉內商店、政府機關、金融機構、學校皆位於此地，這也是平地人口較多的兩村。另外三個人口數較高的村子（慶豐、大埔、新興），則都是沿著火車站往南北延伸。由此也可看出一九二六年以後花東鐵路全線通車並設車站於此地造成的影響有多大。此

表5-2：2000年6月底與2019年11月底池上鄉各村人口分布

行政區域名稱	區域內總人口	平地原住民人口	山地原住民人口	平地人口
福原村	2,770／2,272	187／91	22／64	2,561／1,992
福文村	1,998／1,304	240／257	24／62	1,734／985
新興村	1,235／949	137／81	14／24	1,084／767
大埔村	1,083／892	521／225	5／11	557／439
慶豐村	1,019／724	105／115	2／19	912／590
振興村	604／489	392／355	2／7	210／127
富興村	603／443	140／144	5／5	458／294
錦園村	533／379	2／14	1／4	530／361
大坡村	499／356	339／143	3／2	157／89
萬安村	491／351	13／31	0／1	478／319

資料來源：台東縣關山戶政事務所。

一區域中心大約在日治昭和年間便開始形成，此後的發展並沒有太大的變化。政治與行政中心的轉移，也深深影響以池上市街為服務範圍的其他方面發展。

宗教活動與地方感的形成

目前池上鄉每年固定舉行的大型全鄉性傳統活動中，以元宵遶境與中元普渡最為重要。前者是台東地區除了台東市區之外較受矚目的地區性風俗，加上近年有與觀光結合的趨勢，更提升了其重要性；[20] 一九七〇年代建立的「吃飯擔」制度（也就是將全鄉劃分為五區，各區輪值提供餐點給參加遶境的人員與提供者享用），是池上鄉元宵遶境的特色之一，也是池上人聯絡感情的絕佳時間。此外，儘管元宵節是漢人傳統節慶，但在池上參與元宵遶境的並不限於漢人，原住民參與狀況相當踴躍，越到晚近這種情形更為明顯，現在元宵遶境已成為各族群共同參與的地方歲時活動。由此可見，除了行政與市場之外，在民間習俗方面，池上也大體以鄉境為範圍，形成一個有認同感的區域。這樣的地方感也呈現在一九九一與二〇〇〇年的兩次建醮。

各種類型的醮典在台灣西部地區經常可見，但在東台灣則相對較少，而池上鄉的兩次建醮，實可視為當地漢人宗教文化理想的具體實現，從中也多少可以看出池上社會性質的改變。池上已經不是單純的農業社會，區域性行政與市場中心由錦園轉移到火車站附近。同時，三個大廟的祭祀圈涵蓋全鄉十個村，亦即兩次醮典的醮境即以池上鄉為範圍，禁屠齋戒與封山禁水的範圍也是全鄉，更強化了池上全鄉的一體感。

克瑞斯威爾認為，地方作為「有意義的區位」包含「區位」、「場所」和「地方感」三個基本面向。[21]就「區位」的面向來說，池上地理範圍在地表上的經緯度是明確的，這也是當地居民主要社會活動的「場所」。更重要的是，當地居民對這個地方有「主觀和情感上的依附」[22]，也就是對池上有共同的地方感。檢視一九九一與二〇〇〇年的兩次建醮活動，五個醮壇的名稱與位置雖然有些差別，但都在池上鄉境內，而且方便讓鄉內各村居民前往祭拜。這是透過宗教儀式，把整個池上鄉連成一體，強調池上為一個「獨立自主」的地方社會。李麗梅的研究指出，打醮可增強地方的聯繫，提高居民的歸屬感，[23]池上的兩次建醮也有這樣的意義。

「建醮」在漢人社會中常被視為地方大事，而一般人對這種地方重大祭祀活動最具體的感受就是「空間」與「時間」的區隔。[24]所謂的空間，也就是醮區的「境意識」。一般民眾不易進入舉行主要祭典的法壇（內壇），因此這些醮典外壇，以及標誌醮典意象的燈篙、牌樓與醮燈、醮彩等，就成了一般民眾對於建醮的最主要印象，也共同建構出一幅建醮盛事的熱鬧景象。

這種區隔的感受也明顯表現在醮典期間的齋戒要求。在醮典期間，從進入醮典的晚上開始到最後一天普渡結束的下午禁止葷食，可吃的食物為米飯、綠色蔬菜、竹筍與豆腐。[25]而且，村落內的肉鋪不可販賣肉品，當然也不可烹煮肉食。[26]換言之，在兩次的醮典期間，整個池上鄉屬於一個醮境，全鄉都要禁屠齋戒一段時間，無形中強化了全鄉屬於一個地方社會的地方感。[27]

池上在日治時期已經成為一個獨立的行政單位，加上地形完整、相對面積不大，又有主要居民（馬卡道等西拉雅系平埔族人、恆春系阿美、漢人）共同面對山區布農族的歷史經驗，構成池上鄉民具有共同地方感的一環。二次世界大戰之後，透過中元普渡與元宵遶境等漢人宗教活動，更是強化了這樣的地方感。以池上的兩次醮典來看，超過七成的民眾交丁口錢，至少有一半的居民直接參與這個活動，即使未交錢或信仰其他宗教的人，也都配合禁屠、齋戒的約束，此點至今仍是居民津津樂道的記憶。今日，池上鄉每年元宵節，全鄉寺、廟、宮的聯合遶境活動，以及中元普渡的舉行，也是這種一體感建立後的延續。這樣的地方感，有利於從事更大地理尺度的社造。

社區發展協會與民間團體合作的池上地方社造

一九九一年五月一日頒行《社區發展工作綱要》，由居民組成的「社區發展協會」被正式定位為依《人民團體法》成立之人民團體，社區發展協會被賦予法定地位。[28]錦園社區發展協會於一九九三年四月十九日立案，是池上鄉最早成立的社區發展協會。一九九四年，行政院文建會提出「社區總體營造」規畫，正式開啟台灣社區總體營造史的初頁。在這樣的風潮下，池上鄉的十個村都分別成立了社區發展協會。[29]

台灣社區營造政策的推行可以分成四個階段：一九九四年以前的「醞釀階段」、一九九四至二〇〇一年的「實驗階段」、二〇〇二至二〇〇七年的「擴展階段」和二〇〇八至二〇一五年的「轉型階段」。[30]不同階段，不同政府部門投入的程度經費有別，執行的政策也不斷在調整，各地的社區發展協會也就有不同的回應。以池上鄉來說，一九九四至二〇〇一年間的社區工作偏向擴充硬體建物與設備，以及辦理精神倫理建設。[31]這段時期，錦園、萬安、大埔與福原是較早接受中央補助、啟動社區總體營造工作的社區。

到了二〇〇二至二〇〇七年的政府社造擴展階段，中央投入的經費增加，池上社區發展協會的表現差異顯著擴大。鄉公所的社區工作報告顯示，在池上的十個社區中，萬安社區獲得較多發展資源，其中以文建會補助萬安社區自導性指標系統與稻米原鄉館之建置最為醒目。[32]

從二〇〇二年行政院的「新故鄉社區營造計畫」、到二〇一四年文化部的「文化部推展社造創新活動網絡計畫」以及「青年村落文化行動計畫」等，都是提供彈性資源，協助地方發展社區營造。這類型的政策被稱之為「社區協力政策」。曾旭正以政府部門和社區共同騎協力車來比喻此政策的意涵：社區擔任前座騎士，選擇自己要走的方向，政府部門則居於後座，配合前者的需求，提供協助，組織分工合作的夥伴關係。這裡指的「政府部門」主要是中央部會，因為中央部會比鄉鎮市區公所機關擁有較多的經費，可以提供社區適當的協助。因此，社區是直接向中央部會或是縣市政府交涉與申請社區營造提案。也因此，二〇〇八年之後社造政策進入轉型階段。[33]

以二〇一〇年農委會執行的「農村再生計畫」為例，《農村再生條例》明定設置一千五百億元之農村再生基金，於十年內分年編列預算，有計畫地推動農村活化。農村再生計畫提供資源，協助農村社區的發展，其中請與執行單位大部分是各地方的社區發展協會。[34]池上有五個社區在執行農村再生計畫，分別是大埔、富興、萬安、福文和錦園社區，[35]其中錦園、大埔與萬安從社造政策推動開始到現在，表現一直相當出色。

綜觀池上的社區發展協會，半數左右不具有撰寫計畫的能力，而據此向中央爭取經費從事社造工作，頂多只能從鄉公所取得小額補助，舉辦一些社區性的小型活動。因此，鄉公所與社區間的關係，以及鄉公所可以扮演的角色值得關注。另一方面，前述爭取到農村再生計畫的五個池上社區發展協會，在池上鄉內算是表現較佳者，其中又以萬安社區發展協會的成果最為亮眼，尤其在著名的伯朗大道與無敵稻景的形塑過程中扮演的角色最讓人印象深刻。[36]但必須強調的是，當時若沒有鄉公所的從旁協助，以及池上鄉內一群重視環境與景觀的人一起關心此事，電線桿事件不可能如目前的結果落幕。這就牽涉到池上鄉另一軸線的社造。

池上鄉的民間社團數量相當多，尤其一九九〇年代以後，鄉內的民間社團更是蓬勃發展。[37]從今日角度觀察，一九九〇年七月台東社教館池上社教站重新設站非常關鍵。換言之，一九八〇年七月就已經設立的「池上社教工作站」因為「績效不彰」，一九八七年六月被台東社教館停辦。復站之後，配合一九六八年七月已經成立但成果欠佳的「中國青年反共救國團池上鄉團務委員會」，兩個原本具有黨國色彩的組織，在同一組人馬的巧妙運作下，吸引大批志工，成為非常有活力的組織，將許多新觀念（例如環保、生態、親子關係）在台灣解嚴後引入池上，成為醞釀地方社會轉變的力量。[38]大坡池畔的植樹活動就是其中代表性的例子，這也催生了二〇〇〇年成立的「池潭源流協進會」，以及之後的大坡池整治方向，最後成為國家級濕地。

也就是說，在一九九〇年代社造勃興的時期，除了官方大力支持的社區層次社造，因緣際會之下，大批池上居民對地方事務和議題開始關心，希冀營造出適宜居住的環境。進一步觀察當時的池上地方社會認同，除了有源自地理條件與歷史發展過程衍生的面向，以及漢人宗教習俗的凝聚力，其實還加上了救國團與社教站，這兩個半官方性質的團體帶來的新觀念，與既以全鄉為服務對象、又是配合社會變遷下成立的民間社團，兩者相互串連，產生重要的影響。

因此筆者認為，在漢人成為主導地方發展的情況下，傳統漢人社會裡的共善與共好，一九九〇年代（甚至直到今日）仍然鮮活可見，在這樣的基礎上，新引入的環保等觀念，被架接成為新時代的共善共好形式，在民間團體的主導下，將大坡池由原來的強調觀光發展，改變為注重生態保育，卒而有了一個國家級的生態濕地。而在池上無敵稻景的電線桿事件中，如果沒有這些全鄉性的民間團體彼此串連，單憑萬安社區發展協會的反對，絕對無法產生如此巨大的社會壓力。這一股對池上的認同感，不但在大坡池整治、無敵稻景維護中發生作用，也延續到後來的池上米認證等社會體制改變，對池上地方社會的發展產生重要影響。

從「池上地方社會」的發展來看，在不同歷史階段、透過不同方式，「池上」其實對不同人有不同的意涵，他們的地方感也不盡相同。大坡池緊鄰池上市街，無敵稻景也相距不遠，這兩處的相關社造，除了當地民眾外，更有賴住在福原、福文、大埔等村中產階級的倡議、組織。此時的「池上」範圍還不是那麼確定，但池上米認證成功後，「池上鄉」不再只是一個政府的行政單位，在民間的意義也有很大的轉變。

稻米產業、地景維護與觀光發展

稻米是花東縱谷中段最重要的產業，在池上鄉更是如此。因此，在池上以全鄉作為社造單位的過程中，稻米是不容忽視的一環，產地認證更是其中最關鍵的部分。

顧名思義，「地理標示」（Geographical Indication）與地理名稱有關。根據經濟部智慧財產局在二〇〇四年頒布的《地理標示申請證明標章註冊作業要點》，對地理標示的定義為：「指為辨別一商品係產自一會員之領域，或其領域內之某一地區或地點之標示，而該商品的特定品質、聲譽或其他特性，主要係歸因於其地理來源者而言。」[39]依台灣的《商標法》規定，池上米可以申請兩種註冊方式：「產地證明標章」或「產地團體商標註冊」，取得註冊以保護地理標示。[40]「池上米®」屬於「產地證明標章」。

產地證明標章是商標的一種形式，強調「商品或服務之品質、聲譽或其他特性與該地理環境間具有相當關連性」，換句話說，貼或印有「池上米®」標示的米品一定產自池上鄉行政區域之內。池上米的認證牽涉多方利益，不論在鄉內或鄉外，皆有不同的立場與背後動機。但在台灣加入ＷＴＯ的背景下，政府的法規改變，有利於「池上米」這三個字從大家都可以使用的公共財，轉變為從屬於地方的財產。而在實際執行面上，從民間團體池潭源流協進會的積極投入，到認證工作成為鄉公所的常態性業務，有四位關鍵人物。

首先是建興米廠的老闆梁正賢。建興米廠在池上的契作面積僅次於池上農會，是池上私人經營的最大米廠。由於池上米的品牌被廣泛使用，嚴重影響池上在地糧商的權益，梁正賢二〇〇二年開始串連鄉內糧商共有品牌，幾經努力，才有二〇〇五年得到國家認證的池上米產地標章。他在取得認證的過程中與池潭源流協進會合作進行教育訓練，並保證建興米廠會以每包高於公定價三十元的價格，收購全程參與課程、且用這套方法耕作的稻穀，成為農民願意來上課的原因之一。

第二位關鍵人物是池潭源流協進會的創會會長賴永松。二〇〇一年之後，鄉公所逐漸接受以生態、環境為主軸的大坡池整治，也運用公部門的經費陸續執行之，於是二〇〇三年以後，池潭源流協進會將重心轉向關心池上米認證。梁正賢具有糧商的身分，推動稻米認證難免引起許多人的質疑，但賴永松「國中老師」的角色比較沒有利益上的問題，池上米認證乃得以順利推動。

在鄉公所接手認證業務之時，當時的鄉長李業榮的角色也很重要。他一方面務農，但也擔任過農會代表、鄉民代表等職。卸任後恢復原本的農民生活，對有利於農民的發展都很支持，是落實鄉公所接下池上米認證業務的重要環節。至於在實際執行池上米認證的過程中，張堯城基於對公務體系的嫻熟，在跟經濟部、池潭源流協進會、鄉代會等聯繫上更扮演樞紐的角色。[41]

從大坡池的整治到池上米的認證，鄉內一群熱愛鄉土的人串連，才能成功。二〇〇四年，萬安村、錦園村一帶的稻田已經在成功擋下電線桿設置而逐漸聞名。二〇〇九年，在台灣好基金會的加持下，成為觀光客喜歡造訪的重要景點。於是，在地方知識分子及東部文史工作者的推動下，二〇一四年三月池上鄉公所以伯朗大道及天堂路周圍一帶水稻田的文化景觀，向台東縣文化處提出文化景觀之申請，同年五月登錄公告為「池上萬安老田區文化景觀」，又於二〇一六年三月更名為「池上新開園老田區文化景觀」（包含錦園村、萬安村、新興村），卻引發了鄉內不同利益間的糾葛。

從登錄文化景觀之特徵說明來看：「浮圳以南、伯朗大道及天堂路周邊約一百七十五公頃土地，全數種植稻米，區內除水圳、農田、道路外，未見一根電線桿或一間農舍，儘是一整片的稻田景觀，顯示在地住民及農田地主，為持續土地利用及維護原有景觀所擁有的共識及努力，農田地主以稻米為主，未種植其他農作，水稻是池上鄉最重要的農作物，農民在池上平原種植稻米維生，以發展池上米為產業，創造了優質池上米品牌，並尊重大自然法則，努力維持自然的景觀，不增加任何建築物，以維持現有景觀為目標，已是目前共同的默契。」[42]可見申請時即有預期帶來觀光收益，也有宣傳池上米的效果。

老田區登錄之後的確帶來可觀的觀光客，對池上米的行銷也頗有幫助，但稻米種植與觀光發展的衝突卻更為突顯。舉例來說，觀光人潮的大量湧入，許多自行車出租業者承租農地設為停車場，嚴重違反農地農用的規定，而大量的人潮對地方生活、農事工作都造成莫大的影響。另外，文化景觀劃定後，可能受到法律約束造成土地價格下跌，一些地主因而產生不滿。

鄉公所在老田區實施交通管制，除了當地居民及農用之外，禁止機動車輛進入，觀光客只能以徒步或騎乘自行車、協力車等方式遊覽此片稻景。農田廢耕改為出租車停車場、商店的亂象，也在縣府的強力取締後適度遏止。更有趣的是，二〇一七年十一月間，張堯城提出了《臺東縣池上鄉觀光據點管理自治條例草案》的構想，擬向自行車及電動車出租業、飯店、民宿等觀光業者（而非遊客）徵收「環境管理維護費」，用於農民維護景觀的回饋金，讓實際於池上新開園老田文化景觀區耕作之農民，每年每公頃可以獲得回饋金新台幣二千元，以及遊客損毀稻田時當期作可有新台幣二千元的賠償金。此外，這筆徵收費用亦用來支付公共意外責任險、交通管制、僱工打掃、維護環境等費用。[43]二〇二〇年修訂的《臺東縣池上鄉地景維護津貼濟助自治條例》開宗明義就指出：「為維持及擴大台東縣池上鄉（以下簡稱本鄉）文化地景的品質及面積，並維護所有權人之權益，形塑本鄉成為台灣文化地景面積最大之典範，特訂定本自治條例。」於是，除了在老田區耕作的農民獲得適度的權益貼補，從大坡池以南的電線桿也一一撤除，池上無電線桿的稻景不只限於老田區的一百七十五公頃，而達到五百公頃。[44]從這個條例來觀察，稻米產業、包括稻景在內的地景維護、以及觀光發展之間，在鄉內似乎暫時找到一個新的妥協方式。這一方面反映出稻米仍是池上最重要的產業，也顯示鄉內正在尋求一個更好的利益重分配。

稻米之鄉的再分配政治

一九七〇年代之後，由於整體來說農業收益較低，許多青壯人口紛紛從池上外移，但在動力機械化的協助下，留下來從事農業的人越來越專業，工作面積也有擴大的傾向。因此，雖然在池上從事農業的家戶與人口的比例下降，仍無損農業（尤其稻作）在池上產業中的關鍵地位。

從產值來看，每年兩穫的水稻無疑是池上最重要的產業。再從地景來看，一望無際的稻景，是眾多池上人珍惜、驕傲的公共資產。而近年強調的藝文活動與觀光發展，也常常以稻米、稻景為主軸，例如每年固定的秋收音樂節舉辦地點、新建火車站的穀倉意象等，有意無意間都在傳達稻作為核心的池上意象。若說池上是「稻米之鄉」，絕不為過。

觀察池上鄉最近二十多年來的變遷，二〇〇三年十二月一日獲得政府核發的第一張地理標示－產地證明標章「池上米®」無疑是最重要的一件事。[45] 每包經由池上鄉公所認證的池上米會「以流水編號控管數量」，一來鄉公所可以從編號控管認證數量與產量相符，二來消費者用以查驗稻米原料來源。「池上米®」使池上鄉公所可以對坊間仿冒池上米之行為，訴諸法律途徑解決。於是，產地證明標章證明了貼有「池上米®」的稻米與其耕種的池上地理環境有關，直接提高了池上米的身價，不但讓在地糧商與稻農都獲得較鄰近鄉鎮更好的回報，也因認證制度讓稻農對地方的認同更為強化。然而，由各種外來資源及行動網絡所建構出的和諧地方意象，無法完全掩飾新情境下內在不同行動者間的權力／利分配問題。除了前面提到稻米產業與觀光發展間的糾葛，還有一般稻農與碾米廠、一般居民與農業從事者之間關係的問題。

據池上鄉農會的估計，池上米在近九年來的收購價格從低於公糧價的一千一百元左右一路漲到一千七百元，而其末端的零售價格也比其他地方的白米高出許多，整體漲幅將近百分之五十五。因此，池上米在產地認證實行數年後，雖然整體平均米穀收購價幾乎已是全國最高價位，也是全台少數幾個可以用超越公糧的價格來收購米穀的鄉鎮，但其市售小包裝米的價格也因而偏高。換言之，在糧商與農民依然是不對等的情況之下，如何讓因產地認證而來的新增利潤空間可以再分配給基層生產者，仍是一個重要問題；而在池上米聲名卓著之際，零售價格也越來越高，對於當地非務農者，形成額外的經濟壓力，這個問題也不容忽視。

早年農業技術的提升，主要透過農會的組織，把農改場、農復會的資訊、技術逐漸引入。農會也是替農糧署代收公糧的主要單位，儘管池上鄉內另有兩個礱米廠也有代收公糧，但民間的礱米廠在產銷過程中扮演的角色不太顯著。然而二〇〇〇年之後，池上建興礱米廠即自行實驗有機米種植，二〇〇二年更與池潭源流協進會合作，舉辦田間管理、生產履歷等講習，帶動農民追求更高品質的動力。尤其是二〇〇五年之後，農委會開始推動「稻米產銷專業區」，讓大型礱米廠在產銷過程中扮演更重要的角色。政府為了因應加入ＷＴＯ所建置的稻米產銷專業區也使得池上的礱米廠產生很大的變化。

日治時期池上即有商業化經營的礱米廠，例如大正年間開設的新開園礱米廠，一直到一九六〇年代才停止營業。據當地已故耆老張勝雄的記憶，這種歷史上曾經出現但已歇業的礱米廠至少有六家。二〇〇一年出版的《池上鄉志》中記載，當時鄉內有以下六家米廠：陳協和礱米工廠、錦和米廠、建興礱米廠、池上農會新興礱米工廠、瑞豐礱米廠以及廣興米行。這六家碾米廠目前仍在營業，但陳協和碾米工廠、建興碾米廠、池上農會由於當時有代收公糧，不但資金較雄厚，也有較大的廠房，在二〇〇五年政府推動「稻米產銷專業區」後，二〇一四年進一步升級為「稻米產銷契作集團產區」，讓這三家碾米廠的發展益加迅速。

這個政策的主要精神是：「整合稻農、農會、碾米廠、行銷公司等單位，以契作、集團栽培方式擴大稻米產業經營規模，以降低生產成本。」以二〇〇九年第一期為例，契作的生產面積至少要六十公頃，這樣讓以前沒有代收公糧的碾米廠很難取得接受政府輔導的資格，但根據農糧署二〇〇九年度績優稻米產銷專業區的評鑑也可看出，該年契作面積只占了池上水田面積六成，可見仍有農地未加入這樣的契作，而以其他管道處理其生產的稻穀，包括自家食用、賣給其他碾米廠或自產自銷。[46] 在賣給其他碾米廠的情形中，前述二〇〇一年前即已在池上鄉存在的錦和米廠、瑞豐碾米廠以及廣興米行仍有一定比例，鄰近鄉鎮的碾米廠也是農戶會合作的對象，例如關山鎮最具規模的梓園碾米工廠。但池上農民未與三大集團契作，將稻米留下來自產自銷的比例仍不容忽略，尤其是池上米認證成功之後，稻米價格節節升高，這樣的情形更為明顯。

一般而言，會自產自銷的農戶，通常家中都有年輕人可以幫忙處理行銷方面的事務，特別是打電話、架設網站等。花東縱谷四個稻米產業興盛的鄉鎮（玉里鎮、富里鄉、池上鄉、關山鎮）曾有人進行過調查，此區八十五個自產自銷經營的農戶中，不僅包含了不同的族群，而且超過百分之七十是由第二代的返鄉者在經營，與目前池上的發現類似。[47]

由自產自銷戶的增加，多少可以看出稻米產業在產銷過程中仍有很大的利潤分配問題，也隱含著碾米廠與稻農間的緊張關係有待進一步解決。鄉公所近年針對池上最重要的稻米產業推動的相關政策中，除了提升池上米的知名度、增加農民獲益，以及相關的藝文活動、社會福利方面的規畫，農民生計基本安全網的池上米平損補助，有助於米廠和稻農維持彼此契作關係的穩定性，也多少緩和了碾米廠與稻農間的緊張關係。[48]更重要的是，許多鄉公所推動的社會福利或相關制度，都透過鄉公所制訂、鄉代表會通過的自治條例執行，而其經費來源，很大的一部分來自於池上米認證標章所產生的規費。[49]這也使得池上米認證產生的效益，開始成為池上鄉再分配政治的啟動因子，形成一個池上米的正向循環。

一九九〇年代的大坡池整治，或二〇〇〇年之後的池上米認證、無敵稻景的無電線桿化，都不是平順而毫無雜音，因為不同背景、身分的人，利益與立場其實頗不一致，即使有人提出共好、共善的想法，不同的人也有不一樣的考量與理解，之所以能逐一克服，跟民間有不少具相同理念的人或團體相互支援，加上國家治理從威權轉向民主化有關。

早期社造強調的五大資源面向是：人、文、地、產、景。我們可以發現，這五個面向鄉公所幾乎都能照顧，並以全鄉為單位來進行規畫。鄉民只要提出需求，鄉公所評估合理，不論大小都會處理；鄉公所也補助不同族群、不同宗教的活動；在鄉內空間功能分類上，鄉公所也有一番規畫，限制伯朗大道交通與環鄉自行車道的規畫皆為其中一環；在經濟上，稻米產業是基礎，觀光是輔助，這不只是鄉公所施政的優先秩序，也是多年來全鄉性民間團體努力的目標。從池上的發展可以發現，這是把全鄉當成一個「社造」單位，來積極實踐許多鄉民共同的理想。

結語　想望「地方」的未來

二〇二〇年八至九月間，距離鬧區約兩公里的樟香綠廊，也就是池上市街往西走的台二十甲線，路邊橫掛著長長的白布條，大大黑字寫著「無能的代表會配合鄉公所出賣池上」、「池上人不要光電」、「財團滾出池上鄉」。隨後幾日，街區穿梭一輛小型貨車，不但掛著「光電滾出池上」、「電來了／人沒了」等標語，還用擴音器傳達鄉民反對在鄉境設置太陽能板的立場，甚至揚言要罷免鄉長。與此同時，臉書社群「池上人」也開始出現大量相關討論。台灣近幾年綠能發電的議題，在池上正式浮上檯面。

在這次的太陽能板事件發生之前，光電業者已經在池上尋覓適當土地一段日子了。福文村的這塊農地，地主原本以一公頃每期四萬元租給人種稻，[1]後來有人找上地主，以一公頃每年二十萬，承租二十年。暑假過後，大型機械開始進駐整地，光電業者準備在此種電的消息不脛而走。這個地方剛好在火車站附近，從月台上往西邊望過去特別顯眼，引發的反彈也特別大，前述反對鄉公所與鄉代會的聲浪也因此爆發。

鄉長張堯城於是聯絡縣政府、立法委員、縣議員、鄉代表會、村長等，與地主和光電業者開會協商，時間訂在九月四日上午十點，地點則在那塊農地旁的馬路邊。由於前一天才正式發出通知，又不是假日，因此原本預定應該只會有五、六十人出席。沒想到，筆者當天不到十點到場，塑膠布棚下的椅子已經坐滿了人，後來湧進的人潮不但站滿整條馬路，甚至外溢到一旁的稻田裡，人數估計在兩百至三百之間。

張堯城一開始就表明支持政府的能源政策，也指出此案已經通過經濟部能源局與縣府主管單位的核准，所以在這塊地種電完全合法。但同時強調這個申請案不需經過鄉公所的同意，鄉公所與鄉代會都是前一陣子才得知這項消息。這個說法後來也得到縣府主管單位與鄉代會主席的證實。接著，張堯城並未直接反對在此設置太陽能板，但提出兩個層面要地主與業者斟酌，考慮繼續執行種電計畫的必要性：第一，此地附近十多公頃已經通過都市計畫，不久後地目將可變更為建地，預期增值幅度頗大，因此在此種電未必就是最好的投資方式；第二，太陽能發電後，必須在鄰近的馬路上設置電線桿才能將電配送出去販賣，但馬路的土地屬於鄉公所，如果鄉公所堅持不同意電線桿的設置，業者有可能血本無歸。當天地主並未到場，業者極力說明光電帶來的好處，尤其是對地方的回饋機制，但隨即被發言的群眾一一反駁。兩小時後達成結論，業者主動表示放棄此案，但有一個條件：縣政府與鄉公所協助找到其他合適的地方設置太陽能板，以彌補其損失。

當天到場的鄉民相當多元，除了民宿業者、餐廳老闆、糧商、農民，也有當地的一般民眾，雖然出發點不盡相同，但都一致反對在此地設置太陽能板。一個月後筆者再度前往現場，機具都已撤離，連原先畫好預計設置太陽能板的白線也消失得無影無蹤。同年十一月，經各種行政程序後，業者在舊垃圾掩埋場取得一公頃土地，並於次年三月二十九日正式動工。這次的地點在偏遠的新武呂溪畔，雖然仍有人前往抗議，但人數不多，整起事件因而暫時畫上句點。

這次的風波讓人聯想起二〇〇四年保存無敵稻景的電線桿事件。儘管時空背景有別，但基本上都是因為當地民眾聯合反對，而成功阻止了某項地方建設。相隔近二十年的兩次事件，見證了池上人對維護生態環境的共識，即便這種共識並非所有人都一致。觀察池上鄉近二、三十年的變遷，鄉公所的努力功不可沒，但從另一個角度，如果沒有某種在地共識，也不可能成就這樣的發展。筆者認為，「不犧牲環境生態的前提下，首先重視稻米產業為主軸的農業，然後規畫地方的各項發展」的願景，某個角度來說，已經從一九九〇年代開始逐漸在池上形成許多在地人的共識。然而，這樣的共識會持續多久，池上的未來又會如何發展，都有待慢慢觀察。

重新定義「地方」

本書設定以池上鄉為調查單位，一開始最主要的原因在於，多元族群並存是東台灣顯著的現象，但人類學的原住民研究大多以村落為研究地點，筆者先前的研究也不例外。這樣的做法雖有村落內部資料可較為細緻的優點，但不易具體看到村落與外在生活世界的關係，原住民研究與漢人研究也往往各行其是。以池上鄉內十個村落為例，不同族群居住在不同村落，形成大坡村以阿美族為主要人口，客家分布較多的村落是萬安與慶豐兩村，而閩南則在街區的福原村有較高比例。筆者認為，以整個池上鄉（或池上地方社會）為調查單位，更容易看到族群互動的軌跡。

換言之，跳開傳統人類學擅長的村落研究，透過較大空間尺度的鄉鎮層次來觀察，更能同時掌握國家治理與民間動能，了解左右鄉鎮內整體發展的結構性力量，以及其如何與民間動能接合。以這個池上研究為例，早期人口以來自南台灣的平埔族群與阿美族為主，到了日治中期以後，由於官方政策的激勵，漢人急速增加，二戰結束後更是掌握這個地區的主導權。透過歷史過程的爬梳，不但可看出漢人宗教的元宵遶境如何形成並分析其意義，對於諸多原住民社會文化的發展（例如平埔族祀壺的興衰、阿美族宗教變遷的軌跡等等），也就更容易被理解，而這樣的視野也更有利於原住民研究與漢人研究間的對話。

至於在研究主題方面，社造是本書關注的重點，筆者除了希望補足以往社造研究缺乏與先前地方社會研究成果對話的缺憾，[2]更嘗試以鄉鎮為單位，探索進行社造研究的可能性與意義，而不只是侷限在村落或社區的層次。自日治時期以來，鄉鎮便是台灣地方行政體系的重要單位，相較於最基層的村（里）與鄰，鄉鎮不但具有法人地位，也有固定的人力編制與經費來源，所以非常適合以之切入討論社造方面議題。

以池上鄉的案例來看，一九九〇年代起政府推動的社區總體營造的確扶持了不少活力十足的社區，例如萬安與大埔；也產生了許多重要的成果，例如萬安的稻米原鄉館。然而觀察池上近二、三十年的變化，大坡池從水泥化工程到國家級濕地、池上米產地認證推動成功、鄉公所推出多項全鄉性社福政策等等，似乎無法光從村落層次的社區總體營造來說明。因此若把「社造」中的「社」定義為「地方社會」，社造可以指稱村落與鄉鎮的營造，很多池上的現象可以得到更好的解釋。

相對於台灣西部，池上這樣的東台灣鄉鎮，直到清代光緒年間平埔族人移入前可說無人定居，因而可以較清楚地追溯地方社會的歷史發展過程。池上地區自一八三〇年代開始有西拉雅系馬卡道平埔族人與恆春系阿美族人定居的紀錄，當時國家力量尚未進入此地區。一八七五年清廷駐軍後，其他人群才陸續遷入，包括漢人與之後的日本人。日治以後，當代國家治理技術逐步影響池上。二十世紀初期，相當於今日池上鄉境的「新開園區」逐漸成為一個獨立的行政單位，此一轄區的劃分，對後來的池上地方發展有頗大影響。亦即轄區面積偏小，地形相對完整，使得池上鄉在地域人群的整合上具有優勢。加上早期居民為了防備來自中央山脈的布農族，不分族群住在海岸山脈西側，也構成許多池上居民共同歷史記憶的一環。到了一九三〇年代末期，在日本政府的移民政策和產業政策下，漢人人口開始超過較早遷入的原住民，而且比例越來越懸殊。於是，漢人成了池上地方社會發展的主導動力。戰後的一九五〇年代，每年一度的元宵遶境成為整個池上的重要活動，越到晚近越為重要，連原住民也踴躍參與，而這也成了一九九一年池上首度建醮，並且是由鄉內三大廟（玉清宮、保安宮、池上鄉福德宮）聯合舉辦的基礎。

進一步觀察，十九世紀末期，池上才開始受到國家力量支配，但日治之後的警察官吏制度、土地登記制度、戶籍登記制度乃至學校教育等，無不使當地居民籠罩在威權統治之下，此一剛開始建立地方社會的移民地區，深深受制於國家政策，其中尤以人口、產業、土地政策最為關鍵。前兩者對於池上的原漢人口比例影響較大，第三者則左右了當地經濟形態與規模，也造成家庭農場的盛行。

一般人或許認為，由於當代國家治理較晚進入，位於邊陲的東台灣可能受到國家的影響較小，但池上的案例卻顯示，國家的宰制力量在此更為顯著。主要是因為，日治初期政府認為東部地區地廣人稀，有利於開發，於是實施一連串的政策，一方面收奪原住民的土地並利用其剩餘勞力，[3]另一方面透過官營或民營等方式，移入外來人口，進行糖業及其他熱帶栽培業。[4]在這樣的歷史背景下，東台灣引入大量外來人口，並以自行開墾、承租等方式在當地定居，之後在三七五減租、土地放領等政策下，官方的大型事業地轉而由當地居民取得，於是各家庭擁有土地偏少、以小家庭為單位的農業經營形態盛行乃成為地方社會一大特徵。而且因為農業是池上的主要產業，碾米廠也因而成為當地最主要的企業體。在這樣的社會發展基礎上，家庭不但是社會的基本單位，人與人間的平等性也得到高度彰顯。

當然，家庭與家庭之間仍會出現貧富的差距，例如經營小商店或碾米廠的通常比較富裕，但這樣的家庭常會透過修橋鋪路、捐助興建學校等行動，一方面展現其善行，另一方面回應可能會被批評「為富不仁」的道德壓力。他們在廟宇的民俗活動中也會以不同形式比一般信徒負擔更多經費，例如演平安戲時捐獻較多的戲金、建醮時擔當不同等級的「燈首」之類的。在儀式中認捐更多固然具有「得到更多神明庇佑」的意義，但這樣的行為模式也有財富重分配的意義，可以視為傳統社會中展現共享、共善的一種方式。這樣的文化傳統，至今仍清晰可見。

更重要的是，特殊的地理條件與歷史發展，使當地民眾早已有了相當於一個鄉的地方認同感，於是奠基於傳統「公」概念的共善與共好，到了一九九〇年代之後有了新的表現形式。從《池上鄉志》的編纂、大坡池的整治，到池上米的認證，我們看到池上鄉民以不同於鄰近鄉鎮的方式投入地方事務，一方面面對新時代的新挑戰，另一方面以超越村落、社區的尺度，善用外部資源來進行社會改造。最後，在以重視環境生態，並以稻米種植為地方產業主軸的前提下，發展出以鄉公所為單位，進行各種形式的財富再分配，提供鄉民相當優渥的社會福利。這段最近三十年的發展饒富意義，值得仔細討論。

從池上的歷史發展觀察，一九八七年的解嚴顯然具有重要的影響。整體而言，一九九〇年代之後，隨著台灣社會的政經發展，以及社區總體營造計畫的影響，池上鄉各村於一九九三年起紛紛組成社區發展協會。在官方的經費與觀念引導下，地方動能被激發出來了，並發揮了很好的社區功能。大約也在同一時期，轉型後的救國團池上鄉團委會以及池上社教工作站等團體，以全鄉為活動範圍，經由團康活動、社會教育等方式，為池上帶來新觀念與新想像。

對池上這個正處於轉型階段的保守農村來說，救國團池上鄉團委會和池上社教站這兩個「半官方／半民間」的組織，其意義與全然的民間社團並不相同。救國團池上鄉團委會雖然在一九九〇年改制為人民團體，早期政黨運作的組織動員和培訓青年人才等特性，依舊有其作用；而社教站以政府補助經費與社教方針，舉辦涵蓋各年齡層、社群、主題的文教與藝術活動。兩股力量發揮一加一大於二的效能，為建立「地方感」提供源源不斷的能量，尤其是人才的發掘與培養，間接催生當地志願性社團的成立。

台灣社會推動「社造」，大抵透過「物」的營造，進而達到「人」的改造，池上則略有不同。所謂的「物」是指社區公共事務，大多數從社區綠美化、閒置空間改善再利用為據點，也有部分為在地歷史、文化，一九九〇年代如雨後春筍成立的「文史工作室」即是。池上卻是一開始就關注「人」的凝聚和改變，強調全鄉性的生活共同體概念，大坡池的生態保育便是一個實際實踐的案例。

曾旭正在討論一九八〇年代起台灣社區尺度的社會集體行動時，將社區行動分成兩大類：一是因應「危機」而產生的社區運動，另一是為「改善環境」而動員起來的社區運動。[5] 池上的大坡池保育行動應偏向後者。簡要言之，二〇〇〇年成立的「池潭源流協進會」主要是針對政府過度開發的不滿，「目標在於改良、提升社區的環境品質」，[6]而且倡議者的確大多來自地方上的中產階級。但筆者要強調，若沒有救國團與社教站的觀念啟發，並激起鄉民「愛鄉愛土」的情懷，大坡池的民間種樹活動不易成功，也不可能有鄉公所日後的改弦易轍，政策方向從強調開發轉向重視生態環保。

池上第一次具當代社造意義的民間自主性結社，與文建會推動的社區總體營造政策無直接關連，反而跟救國團與社教工作站影響下的全鄉性動員有關。然而，之後保存無敵稻景的電線桿事件，倒是跟社造政策有關。換言之，是緊鄰此片無敵稻景的萬安社區發展協會試圖發展觀光產業，才有動能去阻止電線桿的設立。當然，若沒有全鄉性的串連與支持，這樣的行動也不會成功。因此筆者認為，必須擴大「社造」的範圍，納入救國團與社教站的影響，亦即池上自一九九〇年代起就有兩個層次的社造，如此方能理解池上地方社會發展何以是目前的面貌。

不論是大坡池的保育，還是阻止在稻田間設置電線桿，這些行動的確來自於外來新觀念的啟迪，但池上由於地理條件與歷史發展的因素，早在一九五〇年代之後即已孕育出超越村落的地方連結。這種連結在元宵遶境中逐漸形成，並在一九九一年的首度建醮中充分展現，二〇〇〇年之後的社造風潮順利架接在這樣的基礎上，二〇〇五年池上米認證也是基於此連結才得以成功。

值得注意的是，進入二十一世紀之後，國家治理受到新自由主義的影響，而有了政府體制的調整。除了池上米認證外，二〇〇八年開幕的池上日暉國際渡假村，便是在各級政府與民間企業以ＢＯＯ方式、帶有新自由主義色彩的國家政策協助下財團進駐池上的例子。從這個角度觀察，影響地方社會深遠的池上米產地認證，其實跟政府加入ＷＴＯ後有意培植地方競爭力有關，而農委會農糧署推動的稻米產區集團契作，也是在此脈絡下的政策思維。

當然，池上米認證的啟動者來自當地米商，不容否認其有商業利益的考量，但若沒有把部分利潤分享給農友的想法與做法，亦無法得到地方上具有公信力的池潭源流協進會支持。有趣的是，在這個過程中，原先模糊的「池上地方社會」，越來越向「池上鄉」靠近。換言之，在大坡池保育與電線桿事件中，參與者雖然會強調「為了我們池上好」、「池上人的整體利益」，其實這裡的「池上」缺乏一個明確的地理界線。但到了池上米認證必須符合ＷＴＯ精神、以行政區域為單位後，「池上鄉」的重要性益加突顯。以種植稻米的土地位置作為認證依據是其一，以居民的戶籍是否在池上作為發放池上米優惠卡依據是其二。也因此，越到後來，鄉公所在地方上扮演的角色越來越重要。也就是說，進入新自由主義當道的時代，「共好、永續」是許多鄉民的共識，鄉公所一項項再分配的政策出爐，宛如一個「真實的烏托邦」出現在東台灣鄉間。

萊特（Erik Olin Wright）在《如何在二十一世紀反對資本主義》[7]中，提出評量社會制度與社會結構的三個指標：平等／公平、民主／自由、社群／團結。其中的一個核心概念是：「在一個公正的社會裡，所有人都擁有大致平等的管道可以取得享有美滿人生所需的物質與社會工具。」（頁三五）至於美滿人生的概念，「代表一個人生活順遂的整體狀態。」（頁三七）從這樣的角度看，池上鄉近年的發展不但大體符合這樣的趨勢，也具有弱化資本主義，「遏止邊緣化與經濟不平等的惡化」的意義（頁一四九）。更重要的是，這是由一個基層行政單位的「鄉」來獨力進行的。

另一方面，池上所以能發展出目前的社會制度，是眾多行動者群策群力的結果，這點也可以用萊特以認同、利益與價值「為形成集體行動者的交疊基礎」（頁一六八）來做進一步分析。從認同的層面來看，超越村落規模的「池上」成為許多當地人在諸多社會認同中的重要選項，不但是地理條件與歷史發展的綜合效應，在台灣加入ＷＴＯ後更攸關池上糧商與稻農的共同利益，逐而有池上米認證的出現。然而，在鄉內稻米收購價格提高的同時，糧商與稻農之間、鄉內的稻米生產者與消費者乃至其他行業之間，仍有不少利益的衝突，這又有賴占優勢的一方願意分享利潤，讓其他人也可以有「美滿的人生」，其中很重要的基礎是池上的共同認同感，以及本書中強調的共善、共好價值觀。

在萊特的分析架構中，認同牽涉的是集體的利益與價值，隱含著一個「社會整體」的「社會想像」與「願景」。但從池上的經驗來看，透過不同利益與價值的交錯影響，從早期不那麼清晰的「池上地方社會」，慢慢浮現出界線相對清晰的「池上鄉」認同，也確實影響眾多當地人的地方感。然而從個人的角度看，「池上地方社會」甚至「池上鄉」，未必就是所有當地人的認同對象，尤其是到了當代社會。

新自由主義普遍影響全球是毋庸置疑的事實，台灣當然也不例外，問題在於，不同區域脈絡下的台灣地方社會受到何種形式、何種程度的影響，原來的地方社會文化又做出怎樣的回應，呈現怎樣的表現或樣貌。

黃應貴在《21世紀的地方社會：多重地方認同下的社群性與社會想像》[8]中提到：「在一九七九年新自由主義化以來，隨著網際網路、交通、溝通工具的快速發展，使人、物、資金、資訊的快速流通，遠超過現代民族國家的控制，不僅造成全世界區域的極端不平等發展，更造成國內大都會的急遽擴張及地方社會沒落、乃至解體。但在資本主義這新一波的發展條件下，地方社會真的沒落或解體？還是只是一種轉換？或呈現另一種新面貌？這是本書的主要關懷。」黃應貴根據其自己的研究成果，加上書中包含日本和台灣的案例的資料，提出一套對二十一世紀地方社會的綜合看法，即多重地方認同下的社群性與社會想像。池上的發展與該書的發現有同有異，恰可作為「在資本主義這新一波的發展條件下，地方社會真的沒落或解體？還是只是一種轉換？或呈現另一種新面貌？」的另一個參考案例。池上米的認證，以及後續的觀光化發展，明顯受到帶有新自由主義色彩的國家政策影響；池上一些年輕人發展出來的結社方式，跟日本北海道的根莖狀社會形態也不無類同之處。[9]更不用說在當代人口遷徙流動的情況下，池上也有黃應貴所說的「多重地方認同下的社群性與社會想像」現象。換言之，《21世紀的地方社會》一書中點出「多重地方認同」牽涉到面對生活裡的領域分化，以及跨地域的生活空間，從「個人」出發來談認同與社群性，這樣的立場與本書並無二致。

但本書比較特殊的地方在於，以一個鄉為研究單位，並發現這個鄉發展出一個以「鄉」為社會再分配的制度。也就是說，當中央主政者試圖擺脫社會福利的再分配角色，認為這些風險應該是由個人或家庭承擔（從稻米產業來看，即是國家不再以市場價格的擔保者作為某種確保稻作農村穩定生產的福利手段），池上的例子反而是透過地方政府在公共性上的堅持，發展出再分配的政治施為，試圖緩和新自由主義對地方所帶來的衝擊，且短期內這樣的體制仍居於支配性，不得不說這個案例具有相當大的啟發性。

當代資本主義的經濟體制和科層體制國家治理已造成當前全球經濟危機與社會不平等的普遍困局，台灣是否能在市場和國家之外，尋找替代資本主義以掠奪資源為手段、以累積利潤為目的之新形態經濟組織運作模式，發展社會互惠的互動關係，朝向以社群利益為主的經濟組織與社會互動模式，是當前社會的重要課題。[10]位在東台灣一隅的池上，外在資源相對較為欠缺，東台灣又長期是藍營的天下，在公民意識不算發達、傳統價值仍居支配性的情況下，仍能發展出有如「真實烏托邦」的制度，是不是帶給其他地方更多的希望呢？

池上經驗可以複製嗎？

「池上經驗可以複製嗎？」筆者的回答是，要看想複製的經驗是什麼？目的又是如何？如果一個地方或鄉鎮只想發展觀光，想模仿池上找明星搞宣傳，或複製另一棵「類金城武樹」之類的景點，那就相對容易，只要有經費便可做到，但可能只有短期效益，對地方的長遠發展恐怕幫助有限。真正重要但比較困難的，是制度上的改變。

這本書研究的地理尺度範圍是鄉鎮，從制度改變這個層面來說，筆者認為池上鄉最值得重視的發展經驗有兩項，一是池上米產地認證，二是鄉公所不但成為產地認證的單位，更積極扮演糧商與農民間的中介，提供農民生活的安全防護網，踐行全鄉社會福利的再分配，建立起許多相關的自治條例。

產地認證的最終目的是透過認證機制，取得消費者的信任，使產品賣到好價格，進而讓生產者獲得較高的收益。能否成功，有兩個緊密扣連的環節特別重要，一是生產者願不願意持續將產品交由認證單位，付費取得認證標章，然後販賣；二是認證單位有沒有公信力，在生產端與消費端都獲得信任。以池上鄉來說，最受矚目的無疑就是池上米認證。[11] 這種鄉鎮層級就能建立的制度，儘管不是那麼容易，但畢竟有前例可循，因此引起一些鄉鎮的模仿學習。例如鹿谷鄉甚早就推出茶的認證，花東兩縣的鄰近鄉鎮（如關山鎮、玉里鎮與富里鄉），也紛紛推出境內的稻米認證。

然而整體來說，其他鄉鎮農民將產品拿去認證的比例都比不上池上。一方面是生產者並沒有因為去認證而滿足心目中預期的收益，另一方面對鄉鎮公所沒有足夠的認同感應該也是重要的因素。此外，部分實施產地認證的鄉鎮也因為缺乏認證規費的收益，大多無法推出類似池上的社會福利，可見這樣的制度建立並不容易。

池上除了因為地理條件與長期歷史發展，全鄉性的凝聚力長期維繫不墜，地方社會與鄉公所間的緊密關係、碾米廠在農業為基礎的社會中所發揮的凝聚力，都具有不同層面的功用。也就因此，在新自由主義的國家及資本市場力量支配下，藉著池上具有社會創新意義的社會行動（池上米認證）與地方治理（米鄉的治理與社會再分配），發展出另類的社會實踐可能。

池上的經驗證明了歷史通常在路徑依賴（path dependency）的基礎上不斷往前走，也始終受到結構（structure）的支配，但另一方面也有其機遇（contingency）的面向。或者換個方式來說，池上的經驗是機遇聚合下的歷史發展結果，但始終交織關連到不同的個人在過程中的情感、目標與行動作為，我們看到了池潭源流協進會的賴永松、建興米廠的梁正賢、池上鄉長張堯城等各色不同人物，踐行出他們的生命的努力，這都是歷史過程中不可忽略的一環。「池上現象」是機遇聚合下的歷史發展態勢。即使結構性的條件存在，亦難以複製出「池上」，關鍵是當地如何創造性或模仿性地面對生存樣態的各種嘗試與努力。因此，若再問：「池上經驗可以複製嗎？」筆者會回答：每個地方都有其客觀地理條件與特殊歷史發展過程，池上的發展經驗未必能完全複製，也未必一定要去模仿複製。

另一方面，池上經驗值得留意之處在於，多年來鄉公所即與全鄉性社團保持密切關係，近年更以全鄉整體發展進行施政重點，儼然是把全鄉當成一個單位在從事社造，已經有「行政社造化」的色彩。

依筆者的觀察，池上鄉內的十個社區發展協會中，將近一半或因社區內人數過少人手不足，或因組織不夠健全，明顯功能不彰，也缺乏向外爭取經費的能力。部分較活躍的社區發展協會，也有因為與行政系統無法配合而產生運作上的障礙，甚至有社區發展協會內部有紛爭的情形。[12]另外，公民參與的比例也不盡理想，一些發展協會的活動因爭取到政府經費，不得不執行，但過程中大多數居民只是「表面參與而已」。[13]從狹義的社區總體營造來看，有些村落人口不多、青壯人口又大量外流，要組成完整的社區發展協會、撰寫計畫書、申請經費並執行計畫，確實有其難度。在這樣的情況下，這些村落的社造工作往往有賴鄉公所來協助推動。

根據張堯城的觀察，社區發展協會有其結構上困境，比如不是所有村民都加入，所以鄉公所若要補助有時也師出無名；且理事長與村長屬於不同行政系統，若由同一個人兼任往往無法兼顧，若由不同人擔任則可能會有合作上的問題。而在鄉公所的立場，只要對鄉民有利的活動都會儘量支持，但補助社區組織活動的經費又會受到一年兩萬元的限制。面對此種不利的條件，池上鄉公所發展出的因應對策是：如果社區針對自身需求，擬出好的活動計畫提案給鄉公所，鄉公所評估可行後，由鄉公所出資主辦、提案社區協辦，此種方式不受補助經費限額規範；或是由鄉公所自己提出活動計畫，例如全鄉性的元宵節、中元節活動，委託某特定社區辦理。此種委辦方式亦有另一附加價值，就是行動力強的社區容易受到鄉公所之青睞，被委託辦理活動的次數高，而社區績效越佳，在社區評鑑比賽中即能脫穎而出。

藉著池上鄉的例子，或許可以檢視鄉鎮區公所在社造中扮演的角色。早期的一些研究已經指出，由於社造經費往往由中央直接撥到社區，「使得最了解地方資源與掌握地方行政的鄉鎮市公所與村里辦公室沒有著力的空間」。[14]但不論是正面或反面的影響，地方公部門的確相當程度地影響基層社區的運作，跳過地方政府，中央的社造政策往往無法落實，因為「地方政府具備下述兩個優勢：（一）鄉鎮市公所是對社區最了解的公部門機關；（二）掌握了政府部門補助資源分配的資源和管道。」[15]所以後來改良的社造政策三點零政策第一個方向便是擴大參與，除了擴大公民參與及擴大層面（例如社區劇場與影像紀錄），另一重點是：「延續行政社造化計畫的業務，持續擴大基層行政單位共同參與，尤其是鄉鎮市區公所……應賦予鄉鎮市區公所在新的計畫中承擔社造協力的功能任務……」[16]

縣市政府主要在二〇〇二年「新故鄉社區營造計畫」中開始被納入社區協力政策的執行。[17]針對此目標，文建會推動各縣市政府成立社區營造委員會和社區營造中心，訂定社區營造白皮書，並鼓勵各縣市提出自身的社區培力計畫。然而，從文建會到縣市政府再到地方社區，以上執行過程獨缺鄉鎮市區公所的角色，如何鼓勵鄉鎮市區公所投入社區營造工作，是值得努力的目標。二〇〇八到二〇一五年政府推出的「新故鄉社區營造第二期計畫」，以及後續的「社區營造三期及村落文化發展計畫」（二〇一六～二〇二一），都針對鄉鎮市區層級之社區營造工作，進行更多著力。因此曾旭正進一步提出三級政府（中央部會－縣市政府－鄉鎮市區公所）在政策工作上的分工，確立各自的角色功能和發展合作關係。[18]

三個層級單位各有其核心任務，「中央部會的核心任務在於『研發』、『宣揚』與『整合』；縣市政府的任務有『整合』、『深耕』和『陪伴』；鄉鎮市區公所則是『陪伴』與『動員』。」[19]「陪伴」除了以補助經費形式出現之外，尚可以專業引介、跨區參訪和良性競賽的方式，鼓勵社區參與社區營造工作，而鄉鎮市區公所比縣市政府更能發揮功能；「動員」則是其他單位不易達成的，要動員一個以上的社區，有賴於鄉鎮市區公所的運作。[20]然而依筆者在池上的觀察，若現有法規與行政體制沒有配套調整，鄉公所很難充分發揮「動員」或是「溝通平台」之功能。

針對鄉鎮市區公所層級，政府近期推動的「社區營造三期及村落文化發展計畫」有一個目標是「分層輔導培力強化行政動能」，著重鄉鎮市區公所的培力。其中的一個做法便是「行政社造化」。曾旭正以台南市的實際經驗指出，縣市合併時由於區公所首長不再由選民選出，上級政府可以不受地方政治派系干擾，指派具有社造精神的區長，培養社造化的行政體制，再由此來刺激鄉鎮市區公所。[21]只是這個案例較適用於六都、且有意大力推展社造政策的行政首長，六都之外的台灣其他區域（尤其是東台灣）並不適用。

另一個行政社造化的案例來自虎尾鎮。第十六與十七屆鎮長林文彬參與社造工作多年，經過里長、鎮民代表的歷練，於二〇〇九年當選鎮長。[22]他成立了「虎尾社造中心」，也順利培力了埒內社區、平和社區、三塊厝社區，三個出色的發展協會。這是一個六都之外其他鄉鎮有可能學習的模式，但前提是要有這樣的人，且要選上了這樣的職位。

周芳怡在〈社區總體營造運動20年之回顧與展望〉一文中提出的「雙圈六角互動模式」，則是從另一個角度來定位鄉公所的角色。[23]此文從社區政策形成的背景開始，討論其執行並分析其軌跡，綜合討論台灣社造運動二十年之回顧與展望。過去的討論著重在所謂的「由上而下」及「由下而上」兩股力量，也就是政府與民間上下的互動關係，「雙圈六角互動模式」跳脫這樣的互動關係，轉而討論政策推動與落實的歷程。[24]六角是指文化部、地方政府（縣市政府）、專業團隊、鄉鎮區公所、企業與社區，六者必須跳脫政府機關或社區組織的本位主義，彼此相輔相成。周芳怡點出「約莫十年前，開始有企業投入支持社區自主力量的開展」[25]，這樣的觀察亦見於池上，應是與政府鼓勵「企業的社會責任」相呼應。不過，周芳怡的焦點集中在文化部，但實際上政府部門涉及社造業務的不僅限於文化部，因此實際狀況應更為複雜。

周芳怡相當重視鄉鎮市區公所的重要性，並且主張：「鄉鎮市區公所從第一線執行者轉變為溝通平台：要避免社造資源重疊或分配不均，則必須要建立一個離社區最近，且最了解社區的溝通平台，這部分在歷經多年的行政社造化工作後，鄉鎮市區公所應能擔任起此角色。」[26]由這樣的角度觀察，池上鄉公所已經扮演不錯的溝通平台角色，但由於鄉內各村（或各社區發展協會所在地）之間仍存在明顯的資源落差，如何「避免社造資源重疊或分配不均」，不但有賴相關法律制度的調整，鄉公所與地方社團也仍有繼續改善的空間。

在此，至少我們看到一種趨勢，鄉鎮層級要面對國家治理的轉型，不僅是國家行政體制的基層單位，在當代的地方治理中作為「跨域治理」溝通平台的位置益形重要，同時溝通協調不同層級各政府部門、民間團體、基金會、企業，並動員居民參與地方公眾事務。

每個地方都有其地理條件與歷史發展過程，在國家行政體制中的位置不盡相同，面臨的挑戰與機遇也不會一樣，當中央政府已經明白表示放手讓地方自行發展時，原來的社造政策也轉型為地方創生[27]，一個地方的發展很難完全複製另一個地方的經驗。本書主要目的是探索池上地方社會的歷史過程，了解諸多目前現象的緣由，而其發展出的諸多社會制度創新，無疑是在當代情境下，面對新自由主義下可能弊端的一種方式，其他地方未必可以完全複製。但是透過這個案例，池上的某些經驗或許仍可提供其他地方發展時參考，例如一定要有足夠熱心公益的人來串連，地方發展才會有希望，主要參與者也要有吸引人的共好、共善想法，才能說服更多人參與，而且一定要珍惜並善用各種資源等等。

面對全球化的當下，如何打造一個讓人安居樂業的地方社會，相信是很多人共同的夢想。筆者深信，社造的原始理念仍可以是引領台灣地方社會發展的方向。王本壯與藍忻怡針對社造施政之策略，提出以下的三大方向：擴大公民參與社造工作、設置實體社造資源平台，以及公私協力支援創新發展。[28]每一方向都是大工程，值得仔細討論，也都涉及很多的問題。以公民參與為例，有關公民社會理念在台灣的發展過程便有很多相關文獻，實際執行上也面臨很多挑戰，例如地方派系、文化差異[29]等等。但若大家有共同的夢想，有共同的目標，捐棄成見、異中求同，或許創造出一個共好、共善的社會並非遙不可及。

想望地方未來發展

在《後事實追尋》這本書中，人類學家紀爾茲（Clifford Geertz）引用齊克果的這句名言：「日子必須向前走，但理解卻得回頭看。」表示我們無法從過去找到永恆的真理，也無法從過去預測未來。[30]筆者相當認同這樣的看法。

這本書是關於池上地方史的解讀，出發點是筆者對於「池上現象」的好奇，試圖從歷史文獻與田野調查資料，梳理出過去如何演變成今日樣貌的軌跡。這樣的探討本身就有主觀上的選擇，何況用來分析的資料也有侷限性，絕對稱不上是池上歷史過程的全貌，當然更無法預測未來的發展。

換言之，筆者關切的核心問題是：在新自由主義蓬勃發展的當代，全球資本主義帶來許多明顯的社會問題，例如大企業（尤其是跨國企業）的利益日漸與地方脫鉤，未必關心地方的發展；也造成許多全球化的受害者，例如貧富差距擴大、地球資源面臨耗盡等問題。在這樣的情況下，如何找出可能的出路，不但是執政者的當務之急，也是值得大家思考的課題。

位於東台灣一隅的池上鄉，可謂全球政經體系邊緣中的邊緣，但是在順應國家與市場的前提下，仍能根據其特殊條件與機緣，發展出來一些具有社會創新意義的社會行動與地方治理模式，有可能成為其他地方發展的借鏡，因此特別值得探討。筆者無意說池上目前的做法就是最佳解決之道，也不認為目前的模式未來一定能持續下去。因為世局在變，年輕世代的經驗、知識、關係與對未來的想像，在在都跟打造出目前樣貌的上一世代不同，所以未來會如何發展，的確無法預測。[31] 然而，不論是池上還是其他地方，對於未來的發展，筆者仍想提出一些想像與期望。

筆者認為，當前世界最重要的問題根源仍是資本主義的發展，而目前修正全球資本主義危機的策略有兩種：一是以發展社會學的學術傳統為基礎，研究邊陲工業國家的發展策略，藉由探討邊陲工業國家企業組織透過協調與修正核心工業國家企業組織間的合作關係，從而打破核心國家企業壟斷全球市場與資源優勢的研究取向；[32] 另一則是歐洲的社會經濟（social economy）理論脈絡，亦即在歐洲社會，面臨不同階段的資本主義經濟危機時，出現了各式各樣的社會經濟組織，公民社會透過此種社會經濟組織降低國家的負擔，做出了另類的發展模式，例如合作社（co-operatives）、互助組織（mutual societies）、社團法人（associations）、基金會（foundations）與社會企業（social enterprises）等等。[33]上述的觀點，美國社會學者萊特在《真實烏托邦》一書中有完整的陳述，例如資本主義的問題在哪裡、為什麼要提真實烏托邦等等，更重要的是，他在書中提出另類發展模式的社會實踐有三個路徑，第一個是公民社會透過國家影響經濟行動，第二個是公民社會透過介入資本家或企業組織的經濟權力影響經濟行動，第三個是公民社會直接參與並控制經濟活動。[34]由此可以看出，在資本主義另類社會經濟組織的發展過程中，公民社會所扮演的推動社會實踐之角色相當重要。筆者認為，這是值得期待與繼續探討實驗的方向。

日本學者柄谷行人則面對資本主義與國家的存在現實，提出不同可能性的思考。[35]他的起點是資本主義所造成的問題，其一是經濟上的階級對立與貧富差距擴大，其二則是環境破壞與能源糧食不足。他的思考著眼於人類共同的未來圖像。這不僅牽涉到對現代性的共同肯認，以及肯認面對牽涉歷史文化條件而有不同模式的現代化。柄谷行人一方面承自後現代對現代性的批判與解構的知識系譜，同時又思考日本社會政治的語境下實現對現代性的反思，並對後現代的核心問題如「差異化」、「他者」與「外部」等觀念做出獨特的思考。在二〇〇〇年前後，柄谷行人積極倡導並正式組織「新聯合主義運動」（New Associationist Movement，簡稱ＮＡＭ），提出從消費領域來抵抗資本主義制度的鬥爭原理。在NAM原理中，柄谷行人將「新聯合主義運動」定位為「倫理性-經濟」的運動。所謂「倫理性」是來自康德思想「對於你自身及其所有人的人格中存在的人性，無論何時何地都要將其視為目的，而不能單單作為手段來使用」。換句話說，新聯合主義運動的道德倫理基礎不是由國家或共同體外在規定的道德，而是源自追求人的主體自由這一自律的目的。柄谷行人認為，社會主義運動在其出發點上，本是以人的自由和全面解放為倫理目的，而不僅僅是追求經濟上的平等和富裕。強調運動的倫理性質，並不是要以超然的態度對待資本和國家。實際上，在資本主義無孔不入的當今世界，任何抵抗運動，其方式、途徑和場域都無法脫離資本主義體系本身。因此，新聯合主義運動是在承認資本經濟的存在，並在資本運行的內部實行抵抗的運動。

在九一一事件後，柄谷行人出版《邁向世界共和國》一書，試圖從康德的「世界大同主義」和蒲魯東的「合作型社會主義」，找到新的選擇方向。柄谷行人主張根據馬克思的政治經濟學，來批判當代市場所造成的經濟和人的異化現象。人已成了利潤的介質，而不再具有人的目的意義。因而他試圖從康德哲學裡「把人視為目的，而非手段」這個前提，強調人的意義之復歸。認為只有透過這種人的意義重建，才可避免把人變成單純的利潤工具，也才可以抵抗世界市場的壓力。這種重建人的倫理性的意圖，十分接近社區主義的思考。當人類有了互為一體的社區感，互助合作始有可能。柄谷行人強調，要「將『他者』絕不僅僅作為手段來對待，同時將『他者』始終當作目的」作為普遍的道德法則。也就是說把人始終當作自由的存在對待，而不僅僅異化為一種手段。柄谷行人進一步指出「他者」不只是活著的人而已，還包括死了的人以及尚未出生的未來他者在內。據此，柄谷行人得以批判破壞環境而獲得繁榮的行為。在這個意義上，作為交換模式的「理念聯合運動」實際上是一種倫理道德的運動，是一種探尋「全球化時代人的意義之復歸」的運動。

柄谷行人的構思與論述已提供一個擴展到全人類未來的視野。在《倫理21》中，柄谷行人指出康德從國家的考量抽離出來，以個人為基礎來思考，像這樣的個人，康德稱之為「世界公民」。而所謂的「世界公民」，並沒有任何實體。也就是說我們可以出於自己的意願，以「世界公民」的立場來思考，因為這樣的意願，我們成為「世界公民」，也只有在這樣的情況下，「世界公民」才能存在，這種態度康德稱之為「公眾的」。如何能達到公眾的共通的評價標準，這個共通感覺是築基於多數主觀之間的對話與共識。在此柄谷行人進一步引入「他者」的概念，我們要能與抱持不同共通感覺的「他者」取得共識，包括死者以及未來的人類。他認為，我們不僅要認真對待現在活著的他人，面對死去的（過去的）他者，也要對「尚未出生的他者」有應負的倫理義務。那是從「做個自由的主體」、「不只把他人視為手段，同時也要將他人當作目的來對待」，這兩個倫理的義務所產生的需求，而一切意義與目的只存在於實踐的（倫理的）世界。柄谷行人透過康德所闡述的倫理觀，並不是為了重建國家共同體而建構的，看重的是全人類「最終」會基於自由和共同情感實現普世共同體，這樣普遍主義的立場。

以上的討論，陳列了未來理想社會發展的各種想像。回到台灣，筆者認為社區營造政策提供了民間社會往此發展的助力。誠如陳欽春的觀察，我國的政黨政治效能不彰，民主的深化不能僅靠政黨，民間亦必須努力從理念及行動上來推動公民意識的健全與民主實質的落實，而社區主義之實踐亦在反映這種狀況，以進一步彌補政府與民眾之間的信任；其次，社區主義在公共事務上的實踐並非想取代國家中心或市場中心而成為一優勢典範，其重要的是，它在政府以及市場之間，提供另一種基於人性之關懷、信任，以及集體群性的本質思考管道；最後，社區主義更重要的目的是，重新建構以公民資格為基礎的公民社會。[36] 柯于璋也指出，在全球化之趨勢下，社區必須培養多元的產業及經濟特色，以降低全球化之影響。[37] 韓保中更進一步認為，社區治理是一種回歸地方的民主參與，擺脫政府主導及議會菁英控制的問題，公民參與社區活動培養公民意識，並透過參與地方公共事務之決策、執行，以及監督之過程，達到公民自我治理之目的。更重要的是，社區治理開始強調社區能力的培植與充權，藉由政府與公民間的信任關係及社會網絡，作為合作與共同生產的社會基礎，讓社區居民與政府共同發展經濟活動，使社區進行再生。[38]

要言之，為了解決社會正義問題和不公平問題，由下而上的社會運動是公民積極參與的重要管道。一九八七年台灣解嚴之後，是台灣社會運動發生的極盛時期。不過當政黨競爭成為主要政治運作模式，吸納了大多數的資源，社會運動的發生及動員力銳減。作為體制外的權力制衡和抗爭機制，社會運動是非常重要的，但是社會運動並非公民政治參與常規性的管道。我們必須發展出一種融入公民日常生活的、能夠持久進行的公共參與模式。公民不但有意願接受這種參與模式，而且能夠非常自然地參與公共事務。審議民主的公眾參與，尤其是社區據點的參與，是一個可能的選擇方案。

回頭檢視社區營造政策在台灣的崛起，多數學者認為與台灣政治經濟發展的社會脈絡有密切關連，尤其是一九八〇年代政治解嚴後的社會運動，激發地方社區行動意識，並認為社造毋寧是社運的街頭展演後，回歸到在地生活實踐的場域，並以「社區行動」稱之。追根究底，這是民間社會力量釋放與國家倡議共同形構的結果。從國家政策的角度分析，黃麗玲指出當時的李登輝總統有利用「生命共同體」的論述，回應社會風潮，進而建立（新）國家認同的意圖，[39]而當年在社造政策的重要推手陳其南也不否認，「社造本身在地方就是一種民主政治能力的培養過程。」[40]但無論如何，這一系列的政策在台灣的確造成不少社會影響，例如節省國家社會成本、培養不少社造人才、帶動企業參與社造意願等等。

當然，在社造的推行過程中，也產生不少值得改進的缺陷，例如中央政府部會間缺乏橫向連結，政策方針也有越來越經濟導向的疑慮。但以池上為例，或許目前還不能說已達到公民社會的階段，然而在居民參與地方公眾事務、追求經濟、環境與社會文化皆能永續發展、努力做到共好與共享等方面，其發展模式仍然值得稱許。而其目前的發展，的確受惠於社區總體營造政策之處甚多，也相當程度符合社區營造的基本精神。所以筆者主張，社造的政策值得繼續支持，其背後的精神與鼓吹的方法仍然值得重視。

然而，從社造開始推動的一九九〇年代中期，至今將近三十年，時空背景已經大不相同。特別是二〇〇〇年之後，政府在新自由主義思潮影響下，推動了四化政策，許多相關政策也就因應而生。舉例來說，與社造相關的政策目前便轉型為「地方創生」，其中的一個精神便是地方依照自身狀況，擬定未來發展方向，撰寫計畫爭取經費，繼續往前行；其次則是鼓勵鄉鎮市區公所負起更大的責任，成為競爭取得經費、執行計畫的主責機構。再如，政府也在二〇一〇年發布了「上市上櫃公司企業社會責任實務守則」，鼓勵企業負起社會責任，協助地方發展。這些政策都意味著，國家-市場-社會的關係必須做適當的調整，也意味著政府提供地方社會更多的動能，讓地方對未來發展有更大的自主性。

從另一個角度來看，這也表示在全球化的趨勢下，我們的生活世界同時面對不同尺度的「多面向」挑戰，從小地方（例如社區、部落）、到鄉鎮，乃至更大的區域、國家到全球。而當代資本主義經濟的全球性運作與影響，特別是幾次金融風暴的全球性衝擊，使得世界的經濟、政治、社會與文化處於多變的局勢，全球性的環境變遷也是當前相當棘手的問題。面對當前處境與問題，不僅要有全球性及多面向的視野、認識與思考，也更有必要重新連結跨學科的視界，並以新的知識結合來認識與想像地方發展的可能性。

跨學科的合作，在學術界不乏先例。以人類學來說，早期張光直主持的「濁大計畫」以及之後莊英章主持的「四溪計畫」都是著名的例子，[41]但其強調的都是學術上的探討，而這也反映了台灣人文社會學界長期以來偏向學理的探討、疏於關心地方面臨實質問題的狀況。這種情形，因為二〇一三年起行政院科技部開始「人文創新與社會實踐計畫」，二〇一八年起教育部展開「大學社會責任實踐計畫」，開始有較大的轉變，有關在地知識、社會實踐、地方治理等課題，越來越受到學界的重視。但正如布爾克利（H. Bulkeley）指出的：很多發展的議題，其實是多尺度的（multi-scale），而問題的解決和策略，需要多尺度、多層次、跨學科共同探討。[42]因此不同學科、不同學門間的合作，仍然需要大力提倡。

由此可見，在政府的政策鼓勵下，學術界跟企業界某種程度都已經有所調整，然而地方要如何往環境、經濟與社會文化皆能永續的方向走，關鍵因素仍需政府與民間扮演更積極的角色。回顧最近二十年的政府舉措，為處理台灣社會基層的政治、經濟與社會問題，不斷地透過不同行政部門推動各項計畫，例如：社區總體營造、文化產業化與產業文化化、農業再生培力，乃至於近期的社會企業等等。根據已有的一些個案研究，這些舉措往往成效欠佳，癥結則通常在於政府部門本位主義、地區資源難以整合、未能充分掌握地方民眾的多元需求等問題。不過在東台灣，我們還是可以看到一些有啟發性的個案。

例如，「花東地區產業六級化發展輔導」[43]，在花蓮南區輔導了四個合作社：春德儲蓄互助社、肉品運銷合作社、富糧稻米運銷合作社與山里部落原住民社區合作社，不但符合環境、經濟與社會永續的精神，也因合作社屬於一種社會經濟，有可能在東台灣尋覓出異於資本主義發展的另類可能。[44]另一個非常值得一提的案例是水利署第九河川局的「鱉溪流域管理平台」。[45]往昔大多數的河川治理，基本上是以水患治理為主軸，主要是以防洪與環境改善為施政重點，重視的是修築堤防與建立聯合排水系統，儘管也有安排公聽會等讓居民參與意見的活動，但對於生態環境的保護仍不夠重視，更遑論考慮到當地的社會文化發展。鱉溪的治理雖然具體成效仍待檢證，至少是朝著政府與民間共同治理的正確方向。[46]

其實我們也相信，政府部門長期以來不斷在改善其效能，繼續朝「政府領航，人民划槳」、「以多元協調途徑，將公民社會化為治理助力」而努力，以期達到「全觀型治理」的目標。[47]但是另一方面，地方的發展仍須強韌的民間動能，需要有健全的公民社會來配合。

也就是說，在民主政治中，不能只是要求政府部門，也需要民眾自己積極參與公眾事務。夏鑄九指出，「全球經濟穿透國家、國族國家角色已經轉化」是當前世界的新歷史條件，他因而剴切地呼籲：「在這種時勢下，草根社區更必須懂得拿捏社會與國家間關係的分寸。」[48]哲學家納思邦（Martha Nussbaum）如此描述古希臘斯多葛派論者的觀點：「他們建議我們不要將自己想成缺乏在地關連，而是要設想為受到一連串同心圓包圍。第一個圓圈包含了自我，下一個包含了直系家庭，接下來是擴大家族，然後，依序是鄰居或地方團體、同一座城市的居民，以及本國同胞。……在這所有圓圈之外，有個最大圓圈是全人類。……」[49]任何一個接受多元價值觀的人，應該都會同意，前述的所有圓圈都必須給予適當的尊重。共同關切一個地方的過去、現在與未來，或許是區域內居民參與地方公眾事務的一個重點。至於要如何創造、建構一個區域共同想像，則有賴結合地方的能動性與外部資源，共同形塑一個「藍圖」，如此才能打破部落、村與人群的界線，一層層地往外擴展，為共同願景而努力。

儘管池上鄉的發展是個值得參考的案例，以鄉鎮為單位的研究也值得重視，但並不表示筆者認為每個地方的發展都要以鄉鎮為基本單位，因為台灣各地的區位條件不同。更重要的是，在筆者的分析架構中，個人才是社會生活中最重要的環節。儘管不同地方的人都受到結構性力量（如環境、人群的互動、國家、市場）的限制與影響，但人都會為了生存及追求美滿人生而努力，並以各種創造性的想法、行動與實踐，構作出（making）混合著矛盾、衝突、可能與希望的生活世界。

社造的出發點是：對地方的了解與掌握，然後擬出發展方向與策略。誠如李永展所言，都市社區與鄉村社區應有不同的發展策略。以非都市型的社區來說，往往本身就展現獨特性與豐富性，構成了一個極其自明性的潛在「地方」，不一定要強調傳統的經濟基礎，也不一定要引進大型開發計畫或大型企業作為經濟成長的核心，而是可以利用既有的非都市型社區特色，發展成為「生態社區」或「永續社區」。[50]

在這樣的思考脈絡下，筆者期待參與地方公共事務者，不妨對當代社會有更多的了解，尤其是掌握新自由主義影響下政府、人民的共變關係，然後秉持社造的原始理念，謀求地方的整體發展。產業當然是其中最重要的一環，不論要舉辦小旅行、產地餐桌，還是發展文創產業，都值得鼓勵，但若要在日常的經濟事務中落實公民社會的理念，最好有一些新觀念，例如創辦社會企業[51]，而李丁讚提出的公民農業或許也是一個值得參考的方向。[52]此外，地方原有文化傳統與西方的公民社會邏輯或許會有衝突，但未必就沒有共善、共好的因子，妥善運用未必不能在肯認當代國家與市場的情況下，替不同地理條件與歷史背景的地方找到「第三條路」。如此政府與民間攜手合作、相互幫襯，有朝一日台灣還是可以達到善治、民主治理的境界。

註釋

導論

1 PPT簡報資料（池上遊客問卷調查分析統計）由鄉公所提供。

2 江昱仁，《增修臺東縣史．觀光產業篇》，台東：台東縣政府，2018年，頁202。

3 資料來源為縣政府每月統計資料，筆者自行加總。

4 當地人慣稱為「飯包」而不是「便當」。

5 本節主要參考：夏黎明，〈東台灣邊界：歷史、社會建構與地理想像〉，《東台灣研究》第16期，2011年，頁3-26；夏黎明、林玉茹、黃宣衛，〈差距與差異：國家內部次區域發展議題〉，收入於王振寰、簡旭伸主編，《發展研究與當代臺灣社會》，台北：巨流出版社，2016年，頁103-129。

6 從國土空間規畫的角度來看，1970年代之後台灣一共有三次主要的空間尺度變化：1979年的「台灣地區綜合開發計畫」、1996年的「國土綜合開發計畫」，以及2009年的「2030國土空間發展策略規畫」。參見：周志龍，〈臺灣區域發展與縣市跨域整合治理之實踐：國土規劃觀點〉，《國土及公共治理季刊》第2卷第4期，2014年，頁9-25。

7 依據2020年2月底的統計，全台人口為23,600,903人，行政院原民會登記的原住民族有16族，約占總人口2.37%。

8 亦即原住民、閩南、客家與外省。

9 例如清軍與阿美族間的大港口事件，以及與噶瑪蘭、撒奇萊雅聯軍間的加禮宛事件。

10 舉例來說，政府「為推動花東地區的產業發展，維護自然生態景觀，發展多元文化特色，提升生活環境品質及增進居民福祉，促使花東地區永續發展，立法院於2011年6月13日三讀通過《花東地區發展條例》，並經總統於同年6月29日頒布施行」（行政院經建會，《花東地區發展條例》，2012年，頁1）。這個《花東地區發展條例》，便是針對花蓮縣和台東縣發展之需而頒布的特別法，依據該條例，行政院將於2012至2022年的十年內匡列花東發展基金400億，投資於花蓮與台東。這應是2009年國土空間規畫下，台灣北中南六大都會形成後，針對東部地區的特殊性而設計。

11 例如外籍配偶，以及因工作、生活而島內遷徙的台灣人。

12 大坡池堪稱花東縱谷最大的天然湖泊，坐落於池上鄉人口最多的福原村與慶豐村、錦園村之間，距離大坡村、福文村、大埔村、萬安村也不遠，因此成為許多池上居民共同美好童年記憶的所在。1990年代中期發展觀光熱潮下，大坡池受到水泥化的衝擊，生態環境被嚴重破壞，因而醞釀出池潭源流協進會這個組織，也吸引許多人加入成為志工。

13 1984年6月，台灣省政府經中央核定公布實施之「台灣東部區域計畫」，將工業與觀光設定為花東兩縣未來的發展重點。當時池上鄉預定設立兩個大型工業區：「台鐵池上機車修護廠」以及「池上綜合工業區」。交通部觀光局也在1988年成立東部海岸風景特定區後，又於1996年設置花東縱谷國家風景區管理處。只不過，後來工業在池上發展並不順遂，倒是稻米產業在各種條件的配合下，越來越顯得耀眼，觀光業也逐漸興盛。

14 社區總體營造就符合這樣的趨勢。

15 以社造研究為例，呂欣怡在檢討台灣人類學界的社造研究後，提出三項值得思索的現象：研究社區的學者甚少引用1990年以前的漢人的社會文獻，也沒有銜接先前關於社群概念的省思；其次，尚未出現跨文化的比較研究；第三，既有文獻中較缺乏的是對一個社造過程的長期觀察。參見：呂欣怡，〈地方文化的再創造：從社區總體營造到社區文化產業〉，收入於林淑蓉、陳中民、陳瑪玲主編，《重讀臺灣：人類學的視野——百年人類學回顧與展望》，新竹：清華大學出版社，2014年，頁253-280。

16 2010年，當時的行政院國科會人文處公告一份專案計畫徵求書，鼓勵台灣學術界「西進」，展開對中國大陸的研究，引起普遍的回應。台灣人類學界也不例外，積極討論如何組成團隊，撰寫整合型計畫構想。筆者有幸以「國家、基督宗教與社會文化變遷：西部苗族與台灣阿美族的比較」為主題，進行為期三年的計畫，見：黃宣衛（主編兼作者）、劉芳主編，《國家、族群與基督宗教：西部苗族調查報告》，台北：唐山出版社，2016年。該計畫阿美族的部分主要在池上進行，見：黃學堂、黃宣衛，〈台東縣客家族群之分布及其社會文化特色〉，《東台灣研究》第14期，2010年02月，頁89-150；黃學堂、黃宣衛，〈池上阿美與客家的互動——以大坡林氏家族婚姻方式為中心的探討〉，發表於莊英章教授榮退學術研討會「族群、社會與歷史：臺灣在地研究的實踐與開展」，新竹縣竹北市國立交通大學客家文化學院國際會議廳：國立中央大學客家學院，2013年06月26、27日；張振岳、黃學堂、黃宣衛，〈從宗教層面看池上地區的族群互動〉，《中央研究院民族學研究所資料彙編》第22期，2012年03月，頁19-78；黃宣衛，〈東臺灣西拉雅祀壺

的隱沒與再興——臺東縣池上鄉的初步觀察〉，《臺東文獻復刊》第18期，2012年12月，頁3-21；黃宣衛，〈多元宗教下的東台灣——以台東縣池上鄉為例〉，發表於「第三屆中國宗教人類學論壇」，蘭州大學：中國社科院世界宗教研究所、蘭州大學民族學院，2013年9月19-22日；黃宣衛，〈弱者的抵抗、現世的幸福與來世的救贖——兩個阿美族聚落早期接受基督宗教的初步比較〉，《宗教人類學第六輯》，2015年，頁259-284（本文另刊於《層巒疊翠一甲子——中央研究院民族學研究所同仁自選集》）；Huang, "The Development of Christianity Under the Domination of Han Culture: An Example of Chihshang, Taitung"，發表於「2014太平洋歷史學會雙年會：從台灣到大洋之路——太平洋與亞洲歷史之再現與重繫」，2014年12月3-6日。

17 黃宣衛，《共築蓬萊新樂園：一群池上人的故事》，台北：唐山出版社，2018年。

第一章　池上這個地方

1 本段落參考：蕭春生，〈第一篇：地理〉，《池上鄉志》，台東：池上鄉公所，2001年，頁9-63。

2 劉益昌，〈公埔遺址〉，《田野考古》第3卷第1期，1992年6月，頁63-66。

3 林聖欽，《花東縱谷中段的土地開發與聚落發展（1800-1945）》，台北：國立台灣師範大學地理研究所碩士論文，1995年，頁12。孟祥瀚，《臺東縣史．開拓篇》，台東：台東縣政府，2001年，頁7-13。

4 潘繼道，〈清光緒初年臺灣後山中路的「烏漏事件」〉，收入於《「楊南郡先生及其同世代台灣原住民研究與台灣登山史」國際學術研討會論文集》，花蓮：東華大學原住民民族學院、東華大學原住民族發展中心，2010年，頁10。

5 依據潘英海的研究，廣義的「西拉雅」原先分布在台南、高雄、屏東一帶，又可細分成西拉雅（狹義）、大武壟、馬卡道等三群，是平埔族群中較早受到漢人文化影響者（見潘英海、劉益昌合編，《平埔族群的區域研究論文集》，南投：台灣省文獻委員會，1998年）。語言學家土田滋將台灣西南部平埔族群分為西拉雅（Siraya）、馬卡道（Makatao）與大武壟（Taivoan，或稱大滿，又稱台窩灣）三族；而李壬癸則有不同的看法，他認為西拉雅、馬卡道、大武壟應為同一族群，也就是西拉雅族下的三個亞族。本文暫持最後一種看法。

明末以來，受閩粵漢人移入台灣的影響，尤其是台南地區的平埔族，大半放棄原有的耕地，遷入比較偏遠的山區（見：石萬壽，《台灣的拜壺民族》，

台北：臺原出版社，1990年）。到了清領時期，更因漢人擴張等因素，不同群的平埔族陸續移居到當時人口壓力相對較小的東台灣。目前包括花蓮與台東兩縣的東台灣，主要有兩群的平埔後裔居住，其一是來自宜蘭地區的噶瑪蘭族，其由北而南，先居住在花蓮平原，後來陸續往南遷徙。另一則是來自台灣西南部的西拉雅族，由南向北遷入台東地區，包括鹿野鄉、關山鎮、池上鄉等地，有些人更遷到花蓮縣境內，主要是在富里鄉、玉里鎮一帶。

6 張堯城，〈第三篇：原住民．第一章：平埔族〉，收入於夏黎明總編纂，《池上鄉志》，台東：池上鄉公所，2001年，頁245。又，東台灣部分馬卡道系統的西拉雅後裔爭取成為一個獨立的「族群」，雖然尚未獲官方肯認，其後續值得觀察。

7 陳春榮，〈第三篇：原住民．第二章：阿美族〉，收入於夏黎明總編纂，《池上鄉志》，台東：池上鄉公所，2001年，頁259-261。

8 正式登錄名稱為《臺東州清丈圖冊》。

9 林玉茹，《殖民地的邊區：東臺灣的政治經濟發展》，台北：遠流出版，2007年，頁110表3-2、頁113表3-3。

10 同上註，頁336附表4。

11 陳孫華，〈第二篇：開發〉，《池上鄉志》，台東：池上鄉公所，2001年，頁171-172。

12 台東縣的行政區劃在日治時期曾歷經十四次變遷，依其特色可以歸納成四個階段：1895至1909（明治28-42）年、1909（明治42）至1920（大正9）年9月、1920（大正9）年9月至1937（昭和12）年10月、1937（昭和12）年10月至1945（昭和20）年10月。見林玉茹，〈第一章：沿革〉，收入於施添福總編纂，《臺東縣史．地理篇》，台東：台東縣政府，1999年，頁11-52。

13 有關池上平原的空間變遷過程，何玉雲與夏黎明先後做過研究。何玉雲的研究可見：《池上平原的土地利用與農業經營》，台北：國立台灣師範大學地理學系碩士論文，1996年。這本碩論不但有細膩的調查資料，提供許多有用的資料與觀察，整體的分析也相當精采。夏黎明的部分可見：〈池上平原文化景觀的空間過程：土地、社群與國家的論述〉，《東台灣研究》第4期，1999年12月。這篇期刊論文雖然篇幅較小，但著重在土地、社群與國家間的互動，如何形塑文化景觀的空間過程，並提綱挈領地將池上平原的空間過程分成四期：史前、初墾（1874-1912）、殖民時期（1912-1945）、農墾與兵墾（1945-1975），也很有啟發性。本小節即以前文的敘述為基礎，配合何玉雲與夏黎明的研究成果，輔以地圖，略述池上鄉的聚落分布與地景變化。

14 陳孫華，〈第二篇：開發〉，《池上鄉志》，台東：池上鄉公所，2001年，

頁217。

15 夏黎明，〈池上平原文化景觀的空間過程：土地、社群與國家的論述〉，《東台灣研究》第4期，1999年12月，頁170-172。

16 同上註，頁172。

17 1976年間成立。

18 陳孫華，〈第二篇：開發〉，《池上鄉志》，台東：池上鄉公所，2001年，頁200-201。

19 1963（民國52）年有3人租地承墾，5甲精耕，種甘蔗；20餘甲粗墾，種鳳梨。1965年，因土壤貧瘠，鳳梨園隨意種玉米與甘藷。後因颱風土壤流失，3人無力納租，呈廢耕狀態，後來轉手後全面水田化（同上註）。

20 陳孫華，〈第二篇：開發〉，《池上鄉志》，台東：池上鄉公所，2001年，頁213-214。

21 同上註，頁215；安倍明義，《臺灣地名研究》，台北：武陵出版，1940年，頁299。

22 陳孫華，〈第二篇：開發〉，《池上鄉志》，台東：池上鄉公所，2001年，頁220-221。

23 1980年代之後，玉米取代甘藷成為池上的次要作物。

24 何玉雲，《池上平原的土地利用與農業經營》，台北：國立台灣師範大學地理學系碩士論文，1996年，頁54-59、117。

25 在筆者先前參與的一個研究中，以池上客家移民為中心，主張產業興衰與國家政策是影響移民動向的重要因素，而依其歷史過程可分成四個階段：初墾期、成長期、擴張期與極盛期（黃學堂、黃宣衛、吳佩瑾，〈從國家政策與產業變遷探討池上的客家移民社會〉，《臺灣風物》第68卷4期，2018年12月，頁17-68）。就整個池上人口變遷而言，影響人口動向的因素大致相當，四個時期的區分也仍然可沿用，但客家只是池上住民的一部分，若要有更完整的討論，四個階段的名稱勢必有所調整，且因1970年代之後池上人口持續衰退，所以另外加上一個時期。本節即以此為基礎進行討論。

26 陳孫華，〈第二篇：開發〉，《池上鄉志》，台東：池上鄉公所，2001年，頁159、245、259等；潘繼道，〈日治初期日本人記錄與踏查下的奇萊地區原住民族概況（1896-1910）〉，收入於吳冠宏主編，《花蓮學——第一屆學術研討會論文集》，花蓮：花蓮縣文化局，2007年，頁183-215；張振岳，《後山西拉雅人物誌》，台北：常民文化出版，1996年。

27 夏黎明，〈池上平原文化景觀的空間過程：土地、社群與國家的論述〉，《東台灣研究》第4期，1999年12月，頁167；何玉雲，《池上平原的土地

利用與農業經營》，台北：國立台灣師範大學地理學系碩士論文，1996年，頁28；夏黎明總編纂，《池上鄉志》，台東：池上鄉公所，2001年，頁158-163。

28 〈第十二篇：人物〉，《池上鄉志》，台東：池上鄉公所，2001年，頁1059-1060。

29 〈第十二篇：人物〉，《池上鄉志》，台東：池上鄉公所，2001年，頁1057-1058。

30 夏黎明，〈池上平原文化景觀的空間過程：土地、社群與國家的論述〉，《東台灣研究》第4期，1999年12月，頁166；何玉雲，《池上平原的土地利用與農業經營》，台北：國立台灣師範大學地理學系碩士論文，1996年，頁27；夏黎明總編纂，《池上鄉志》，台東：池上鄉公所，2001年，頁163。

31 同上註夏黎明1999，頁167-170；夏黎明總編纂，《池上鄉志》，台東：池上鄉公所，2001年，頁163。

32 張素玢，《台灣的日本農業移民（1909-1945）：以官營移民為中心》，台北：國史館，2001年，頁35-37；林玉茹，《國策會社與殖民地邊區的改造：臺灣拓殖株式會社在東臺灣的經營（1937-1945）》，台北：中央研究院台灣史研究所，2011年，頁135-136。

33 林玉茹，《國策會社與殖民地邊區的改造：臺灣拓殖株式會社在東臺灣的經營（1937-1945）》，台北：中央研究院台灣史研究所，2011年，頁136-137。

34 施添福，〈日本殖民主義下的東部臺灣：第二臺灣的論述〉，收入於《臺灣社會經濟史國際學術研究會——慶祝王世慶先生七五華誕》，台北：中央研究院台灣史研究所籌備處，2003年，頁1-47。

35 1930年撤遷。

36 當時的「內地」指的是「日本」，與清代「內地化」用語中的「內地」指中國大陸不同。

37 林玉茹，《國策會社與殖民地邊區的改造：臺灣拓殖株式會社在東臺灣的經營（1937-1945）》，台北：中央研究院台灣史研究所，2011年，頁138。

38 鄭全玄，《台東平原的移民拓墾與聚落》，台北：五南圖書出版，2002年，頁48-49。

39 施添福編纂，《臺東縣史．大事篇》（上冊），台東：台東縣政府，2001年，頁351。

40 〈第十二篇：人物〉，《池上鄉志》，台東：池上鄉公所，2001年，頁1063-1064。

41 林玉茹，《國策會社與殖民地邊區的改造：臺灣拓殖株式會社在東臺灣的經營（1937-1945）》，台北：中央研究院台灣史研究所，2011年，頁140。
42 〈第十二篇：人物〉，《池上鄉志》，台東：池上鄉公所，2001年，頁1065。
43 何玉雲，《池上平原的土地利用與農業經營》，台北：國立台灣師範大學地理學系碩士論文，1996年。
44 〈第十二篇：人物〉，《池上鄉志》，台東：池上鄉公所，2001年，頁1062-1063。
45 〈第十二篇：人物〉，《池上鄉志》，台東：池上鄉公所，2001年，頁1066。
46 指1931至1937年。
47 林玉茹，〈國策會社的邊區開發機制：戰時臺灣拓殖株式會社在東臺灣的經營管理系統〉，《臺灣史研究》第9卷第1期，2002年06月01日，頁24表5；〈國家與企業同構下的殖民地邊區開發：戰時「臺拓」在東臺灣的農林栽培業〉，《臺灣史研究》第10卷1期，2003年06月01日，表3。
48 林玉茹〈國家與企業同構下的殖民地邊區開發：戰時「臺拓」在東臺灣的農林栽培業〉，《臺灣史研究》第10卷1期，2003年06月01日，表3。
49 林玉茹，《國策會社與殖民地邊區的改造：臺灣拓殖株式會社在東臺灣的經營（1937-1945）》，台北：中央研究院台灣史研究所，2011年，頁165。
50 同上註，頁150。
51 同上註，頁162。
52 同上註，頁160表4-2。
53 同上註，頁169。
54 同上註，頁179。
55 何玉雲，《池上平原的土地利用與農業經營》，台北：國立台灣師範大學地理學系碩士論文，1996年，頁44。
56 張維安主持，《臺灣客家族群史・產經篇》，南投：台灣省文獻委員會，2000年，頁219。
57 同上註，頁215。
58 〈第十二篇：人物〉，《池上鄉志》，台東：池上鄉公所，2001年，頁1068-69。
59 林玉茹，〈軍需產業與邊區政策：臺拓在東臺灣移民事業的轉向〉，《臺灣史研究》第15卷1期，2008年03月01日，頁114-115。
60 林玉茹，《國策會社與殖民地邊區的改造：臺灣拓殖株式會社在東臺灣的

經營（1937-1945）》，台北：中央研究院台灣史研究所，2011年，頁171註137。

61 鄭全玄，《台東平原的移民拓墾與聚落》，台北：五南圖書出版，2002年，頁77。

62 陳孫華，〈第二篇：開發〉，《池上鄉志》，台東：池上鄉公所，2001年，頁193-199。

63 榮民在農場地開鑿池上大圳第一支圳「農場支圳」，灌溉農場東半部地利較佳地帶，開闢稻田160公頃，西半部地利較差地帶則為旱作地區。農場初期經營者為單身榮民，採共墾、共耕、共生，如軍旅生活般的形式經營。1957年改採分耕合營制，生產歸莊，盈虧自負。1966年辦理戰士授田，部分土地由公有轉為私有。結婚場員紛紛離莊，個別耕作。1989年農場實施土地放領，凡連續耕作十年以上未中斷的場員，由農場核發土地所有權狀，每人平均約有0.6公頃的稻田、0.7公頃的旱田。見：陳孫華，〈第二篇：開發〉，《池上鄉志》，台東：池上鄉公所，2001年，頁195-196。

64 1958年預計開墾380公頃的河川地，以種植鑵頭鳳梨為目的，開墾主力部分為農民、部分為外役監獄的開墾部隊。鳳梨是耐旱的經濟作物，非常適合種在河川地，而且有改良土壤的作用。1967年開墾事業完成，共開墾了360餘公頃的河川地，全都種植鳳梨。但鳳梨推廣種植成功，一方面嚴重影響蔗作面積，且鳳梨連作會有病蟲害問題，糖廠因應改善，改為鳳梨、甘蔗輪作，成效顯著，兩種作物的產量都大增。見：陳孫華，〈第二篇：開發〉，《池上鄉志》，台東：池上鄉公所，2001年，頁197-198；何玉雲，《池上平原的土地利用與農業經營》，台北：國立台灣師範大學地理學系碩士論文，1996年，頁97-98。

65 1974年土銀收回保甲園附近土地，設立池上示範蠶桑場，初期經營面積50公頃，後期自營桑園25公頃，合作桑園83公頃，另有葡萄柚園12公頃。池上蠶桑場以「平面繭」著稱。因蠶桑場以保證價格收購蠶繭，初期有53戶加入植桑養蠶，以大坡村南溪、北溪與富興村保甲園、山棕寮的住戶最多。1998年6月奉令停止營業，到12月只剩7戶蠶農。見：夏黎明總編纂，《池上鄉志》，台東：池上鄉公所，2001年，頁199。

66 〈第十二篇：人物〉，《池上鄉志》，台東：池上鄉公所，2001年，頁1067。

67 溫紹炳、葉茂榮，《臺灣樟腦產業與客家人散佈研究》，台南：台南市客家文化協會，2003年。

68 1960年代之後，台灣工商業日漸發達，務農為主的東部人紛紛外移。1970年

代，當時的財政部長李國鼎巡視全台，東部也在行程之中。他發現此地農民在坡地種植的作物產值不高，生活艱苦，因此交代屬下研究，依據各地的自然條件，選擇經濟價值較高的作物，適地適作，以改善農民生活。池上由土地銀行代管的國有山坡地，土壤呈微酸性，適合種植桑樹，同時氣溫與濕度也適合養蠶。於是，1974年便在池上成立了蠶桑場。

在此之前，苗栗即有相當發達的蠶桑業，大湖農校還設有蠶桑科，畢業於該科的獅潭客家人黃燦琪經由學校老師推薦，一開始是約僱技工，1981年升約僱助理技師，1985年升為正式技師，1987年成為副場長，1988年當上場長。

池上養蠶最盛的時期，除了土地銀行的蠶桑場，還有欣欣蠶絲公司、輔導會的台東農場及馬蘭的東台蠶絲公司，都是蠶桑場的合作機構。當時與蠶桑場合作的養蠶個體戶有54個，蠶繭集中交給蠶桑場，再交給欣欣蠶絲公司，整個池上約有200公頃的土地種桑樹，好的蠶繭拿來繅絲、織布，不好的蠶繭可製成蠶絲被，絲膠可以做面膜，可見蠶繭經濟價值很高。但中國大陸蠶桑業發展起來後，日本人漸漸不跟台灣買蠶繭。1984年，黃燦琪奉命研發平面繭，兩年後設計出吐絲台，讓蠶在上面吐出又白又亮的蠶絲，不需加工就可在上面畫畫寫字，比一般蠶繭效益更大。1987年，又研發出平面繭蠶絲被，不但結構完整，韌性也較好，被媒體譽為「五千年來第一被」。除了做絲被，平面繭還可做絲夾克、絲背心、絲絨衣及睡袋等，經濟價值更高。平面繭研發成功後，黃燦琪教導農戶改做平面繭，同時保價收購。黃燦琪也因此獲選為第25屆「十大傑出青年」。2000年前後榮景不再，國有財產局與土地銀行的合約期滿，土地銀行不再經營蠶桑場，一個曾有輝煌歷史的在地產業就此沒落。這個蠶桑場後來也轉型為觀光休閒農場，數年前歇業，如今現場只留下殘破的遺跡，令人不勝感慨。以上資料來源為田野調查，亦可參見：李香誼，《看見池上，看見時代：在地的故事大家一起說》，台東：池上鄉公所，2015年，頁169-186；黃宣衛，〈連結苗栗與臺東的蠶桑業：池上蠶桑場與前場長黃燦琪〉，國立中央大學客家學院電子報，第350期，20200601出刊。

69 參見林玉茹，《國策會社與殖民地邊區的改造：臺灣拓殖株式會社在東臺灣的經營（1937-1945）》，台北：中央研究院台灣史研究所，2011年，尤其是第五章。

70 前者位於台東農場與新武呂溪中間一帶，原係一般農業區，預定用地約97公頃，預定完工啟用後，一年將有4,600多輛車在此維修。後者位於新武呂溪、萬安溪及富興溪三溪環繞的河川新生地，土地權為省有，規畫包括47.1公頃工業用地、13.7公頃道路用地與13.5公頃公共設施，含變電所、服務中心、自

來水和環保中心，池上鄉爭取在此成立綠藻及農產品加工區。
71 欣欣蠶業公司1985年12月首度停工，此後兩度易手，但最後仍在1989年關閉。
72 夏黎明總編纂，《池上鄉志》，台東：池上鄉公所，2001年，頁1057-1077。
73 陳春榮，〈第三篇：原住民．第二章：阿美族〉，收入於夏黎明總編纂，《池上鄉志》，台東：池上鄉公所，2001年，頁259-262。
74 以下論及池上阿美林家的段落，參見：黃學堂、黃宣衛，〈池上阿美與客家的互動——以大坡林氏家族婚姻方式為中心的探討〉，收入於張維安、連瑞枝編，《族群．社會與歷史：莊英章教授榮退學術研討會論文集（上）》，新竹：國立陽明交通大學出版社，2015年，頁267-307。
75 夏黎明總編纂，《池上鄉志》，台東：池上鄉公所，2001年，頁1069。
76 〈第十二篇：人物〉，《池上鄉志》，台東：池上鄉公所，2001年，頁1061-1062。
77 同上註，頁1060-1061。
78 另一資料來源說，官派有5名（夏黎明總編纂，《池上鄉志》，台東：池上鄉公所，2001年，頁394），此點待查證。
79 見〈昭和十二年新設街庄第二回總選舉結果調〉，《臺灣地方行政》第7期第12卷，1941年12月，頁106-108。
80 此處指的是一般選區，山地原住民與平地原住民不包括在內。
81 福原、福文、大坡、大埔、新興、錦園、萬安、水墜。
82 1945年11月，臺東州接管委員會指派曾貴春為官派鄉長。1946年1月政府公布「台灣省鄉鎮組織規程」，鄉鎮公所置鄉鎮長與副鄉鎮長各一人，由鄉鎮代表會無記名投票選舉之，任期兩年。而依台灣省行政長官公署制訂之《台灣省各級民意機關成立方案》及「各縣市籌設各級民意機構工作預定進度表」規定，1946年1月鄉公所籌備鄉民代表選舉。2月27日選出第一屆鄉民代表13名，3月24日代表會成立，並選出曾貴春為鄉長，選舉陳清水為主席。1948年3月24日選出鄉民代表13名，組成第二屆鄉民代表，選出吳泉興為鄉長，選舉蔡連山為主席。
83 當時台東農場已成立多年。
84 有關池上鄉的宗教，筆者幾年前曾做過探討，可參見：張振岳、黃學堂、黃宣衛，〈從宗教層面看池上地區的族群互動〉，《中央研究院民族學研究所資料彙編》第22期，2012年03月，頁19-78。當時的研究雖然並不詳細、全面，但仍可掌握概括狀況，且迄今沒有太大的變化，本小節即以之為基礎。
85 潘添丁是富興村Cikowa'ay（吉瓜愛部落）的首任頭目，其父潘馬里自恆春

移來時，跟大多數恆春阿美族一樣，本是拿香拜拜的，潘添丁的母親李阿蜜之弟和妹夫，還曾經當過乩童。1950年，李阿蜜生了一場病，潘馬里以傳統竹占採草藥為她治病，但是無效，潘添丁就送她到關山看西醫，因沒錢未獲治療，不過醫生告訴他：「如果信仰基督教，到花蓮看病可以半價。」兩人因此前往花蓮的教會醫院求診，開刀治療後病情好轉，終得痊癒。李阿蜜此行聽了基督的福音，回家後便向家人傳播福音，潘家因而受洗為基督徒，之後並向村人傳布福音。潘添丁熱心傳道，信徒漸多，就自己用木頭、竹子、茅草等材料，在現今富興村活動中心北側搭建一間茅草屋，成為最早的聚會所。後來，茅草聚會所被颱風吹倒，潘添丁就在自家旁邊建了一間木造鐵皮的聚會所，其後移到197縣道路邊，最後移到現在教堂的所在地。

86 林萬祥原係道教徒，17歲到日本跟日本師父學習「先天密」，據稱其密法得自某中國和尚。釋維光乃赴中國尋訪該和尚，和尚傳法給他之後即告圓寂。

87 保安宮之五穀先帝是西拉雅馬卡道族人張生仔（張保之父、張明鳳之祖父）由高雄旗山移民到池上時帶到新開園的（參照張振岳，《後山西拉雅人物誌》，台北：常民文化出版，1996年，頁71、73），後來張氏移居萬安庄，但此一信仰已在新開園地區（包括慶豐、大坡、錦園、萬安、富興、振興村）廣為傳開。

88 池上鄉福德宮管理委員會n. d.。又，筆者最新的研究顯示，本廟最早可能是平埔族（或阿美族）為狩獵而有的立石崇拜地點，1920年代之後由於漢人移入漸漸成為庄頭土地公。早期因慶豐村與大坡村未分治，所以稱之為大坡福德宮，後來慶豐由大坡村分出，所以亦稱為慶豐福德宮。

89 張振岳，〈第八篇：宗教．第五章：民間信仰〉，收入於夏黎明總編纂，《池上鄉志》，台東：池上鄉公所，2001年，頁766-769。

90 參見：趙川明，《臺東縣寺廟專輯》，台東：台東縣政府，1996年，頁122-123。

91 池上鄉玉清宮管理委員會，《池上玉清宮沿革誌》，台東：池上鄉玉清宮管理委員會，1991年，頁9。

92 張振岳，〈第八篇：宗教．第五章：民間信仰〉，收入於夏黎明總編纂，《池上鄉志》，台東：池上鄉公所，2001年，頁765-767。

93 借用張振岳，《台灣後山風土誌》，台北：臺原出版社，1994年，頁47的說法。

94 例如目前錦園慈善堂先前的尪姨陳清雲。

95 陳清雲係來自恆春的西拉雅裔平埔族，其所供奉的太祖祀壺有二百年歷史，陳清雲本身師承太祖尪姨，其家將軍柱有山豬頭骨以祖傳儀式施法，能以符

咒治病，對於幼兒發育不良之症（俗稱「著猴」），尤為靈驗，在山區盛極一時。

96 吳進法，1926年生，本係台南縣白河鎮關仔嶺仙草埔人，是閩南人。

97 慈善堂以觀音佛祖聞名，而每年農曆9月15日舉行的太祖夜祭，是源自開基住持吳進法之妻楊秋菊。楊氏本是新開園吳台興的女兒，係六堆客家女子，三歲時由陳清雲收養為女，陳清雲生前為太祖乩花，曾在錦園山區行乩救世，吳進法因病被媽祖廟法師治好，並受神明指示迎回觀音佛祖，自任「紅頭」開壇救世，其妻楊秋菊亦成為觀音佛祖的乩花，雖然「救世壇」供奉觀音佛祖，並以觀音佛祖之名開壇、降乩，但在行乩作法之時，卻以「太祖」的法力來救世，而其法力則是源自「楊氏之母曾為太祖乩花」的傳承。

98 據吳家人指出，習尪姨法術者，必致「貧、破、絕」之一，陳清雲因無子嗣，收年僅三歲的楊秋菊（阿有仔）為養女。

99 但太祖茹素修行期間，曾透過乩童表示想喝酒、吃肉，因而備辦酒肉供奉之。

100 本宮上帝公（玄天上帝）信仰的開端，始於原居萬安村的平埔族人劉基發。劉氏原係蕃薯寮廳（今高雄市旗山區，即鳳山八社系統之口隘社）人士，清末日初遷居萬安。據傳，移民時從蕃薯寮廳帶入三尊上帝公金身，由族人分別供奉於池上與關山，後因金身受損重塑。劉氏原任上帝公乩童，乃在富興村重拾舊業，建廟立祀。1974年，上帝公選擇張明鳳為乩童，1978年，張氏在富興村設立「北極玄天壇」行乩救世，並將他母親（陳西仔）從屏東滿州帶來的馬卡道「老祖」安置於壇內，並前所未有地為老祖創造了一個「金身」。神農大帝則是由張明鳳的祖父「張生仔」從家鄉旗山鎮口隘社帶來，算是張氏的家祀神祇，後來成為錦園村保安宮的開基神明，每年農曆4月26日神農大帝聖誕，也是北極玄天宮重要的節慶。

101 張振岳，《台灣後山風土誌》，台北：臺原出版社，1994年，頁79-80。

102 張堯城，〈第一篇：地方〉，收入於張勝雄主編，《池上鄉辛未（民國八十）、庚辰（民國八十九）年慶成祈安圓醮專輯》，台東：池上鄉玉清宮管理委員會，2001年，頁743。如此記載：「農曆正月十五日老祖（阿立祖）聖誕日。早期由『尪姨』唱曲頭、跳戲等西拉雅族祭儀，後來改由阿美族舞蹈取代祝壽儀式。」

103 黃宣衛，〈弱者的抵抗、現世的幸福與來世的救贖——兩個阿美族聚落早期接受基督宗教的初步比較〉，《宗教人類學第六輯》，2015年，頁259-284；Huang, Shiun-wey. “Deprivation, Compensation and Religion: The Rise and Fall of Jehovah’s Witnesses in Han Chinese Dominant Chishang Township, Eastern Taiwan.”

Studies in World Christianity 23(2), 2017, pp. 141-161.

104 除了耶和華見證人之外，對池上阿美族而言，二戰以後進入且建有教堂的基督教派有富興村長老教會和池上天主教會，不過阿美族的信徒不多。

105 阿美族1980年代起開始創設的漢人宮廟有：大坡太子宮、福文北極玄武宮、福原無極天宮、福文開天府。

106 劉枝萬，《臺灣民間信仰論集》，台北：聯經出版，1983年，頁184。

107 從2000年建醮時捐款超過15,000元者，可以看出以住在街區（福文與福原兩村）者明顯居多，在職業方面，雖然總人數以務農者最多，但金額在60,000以上的25位斗燈首中，仍以商人（15位）占絕對多數。

108 張振岳，〈第八篇：宗教・第五章：民間信仰〉，收入於夏黎明總編纂，《池上鄉志》，台東：池上鄉公所，2001年，頁774；簡淑瑩、黃宣衛，〈台東縣池上鄉的元宵節祈福平安遶境〉，《田野與文獻》第84期，2016年7月，頁11-14。

109 目前全鄉分成五個地區輪流辦理，基本原則如下：（一）福原村負責，用餐地點設在福原國小；（二）福文村負責，用餐地點設在玉清宮；（三）錦園、萬安、富興、振興四村負責，用餐地點設在保安宮；（四）慶豐村和大坡村負責，用餐地點設在大坡國小；（五）大埔村和新興村負責，用餐地點慣例是設在大埔福德祠。這樣的劃分，其實也反映各村戶數、人數的多寡，至於地點每年也會微調。台灣類似的習俗頗多，例如雲林縣褒忠鄉鎮安宮的五年王爺遶境。

110 福原、大埔、新興三村為一區，原來在新興村福蓮寺舉行，後因寺方要恢復為佛教清修地，於是改在大埔福德祠前舉行普渡。福文、慶豐、大坡三村為一區，在玉清宮前舉辦，錦園、萬安、富興、振興四村為一區，則在錦園保安宮舉辦。見張振岳，〈第八篇：宗教・第五章：民間信仰〉，收入於夏黎明總編纂，《池上鄉志》，台東：池上鄉公所，2001年，頁774。《池上鄉志》中亦提及，活動由該區中的一村全權負責，其值年總爐主是自願產生，不同於其他宮廟，爐主透過擲筊選出，採取自願的方式，而所需經費則和一般宮廟活動相同，以「撿緣金」方式籌措。

111 謝國雄，《茶鄉社會誌——工資、政府與整體社會範疇》，台北：中央研究院社會學研究所，2010年，頁274。

插曲一：轉型期的台灣

1 翁嘉禧，〈台灣經濟發展路向的解析〉，《興大歷史學報》13期，2004年10月，頁221-243。

2 若林正丈著，何義麟、陳添力譯，張炎憲審訂，《轉型期的台灣：「脫內戰化」的政治》，台北：故鄉出版社，1989年。

3 翁嘉禧，〈台灣經濟發展路向的解析〉，《興大歷史學報》13期，2004年10月，頁221-243。

第二章　社造與地方社會

1 蘇昭英、蔡季勳主編，《臺灣社區總體營造的軌跡》，台北：行政院文化建設委員會，1999年。

2 王培勳，〈我國社區發展工作之回顧〉，《社區發展季刊》第100期，2002年12月，頁44-60。

3 多年後，在這個學會的規畫下推出了兩本論文集，堪稱有關社區營造的代表性著作，分別為2014年出版的《落地生根：台灣社區營造的理論與實踐》以及2016年出版的《社區X營造：政策規劃與理論實踐》。兩書具有互補的作用，對於社區營造政策在台灣的產生背景、發展脈絡、相關理論，乃至效益與檢討，都有頗為詳細的紀錄。

4 依行政院文建會（2012）的統計，1994-2010年間，政府社造相關出版品有250項，社造相關博碩士論文有289本。

5 林秀幸，〈新港社區運動：從文化的象徵圖譜裡尋找社會運動的軌跡〉，收入於何明修、林秀幸主編，《社會運動的年代：晚近二十年來的台灣行動主義》，新北：群學出版社，2011年，頁363-398。

6 呂欣怡，〈地方文化的再創造：從社區總體營造到社區文化產業〉，收入於林淑蓉、陳中民、陳瑪玲主編，《重讀臺灣：人類學的視野——百年人類學回顧與前瞻》，新竹：清華大學出版社，2014年，頁253-280。

7 1990年初期，白米地區是台灣主要石灰石產地，居民多數因工作機會而遷入，1993年白米社區發展協會剛成立時，原本構想涵蓋永春、永樂、長安、永光四個里，但永光社區理事會不同意加入，所以形成只有三個里的組成。1994年協會改組，僅剩設籍永春里居民為主，但許多設籍外里的原有會員仍以「贊助會員」名義留在協會之中。

8 容邵武，〈社區的界限：權利與文化的研究——台中東勢的個案分析〉，《考古人類學刊》第62期，2004年06月，頁93-121。

9 楊弘任，《社區如何動起來？：黑珍珠之鄉的派系、在地師傅與社區總體營造（增訂版）》，新北：群學出版社，2007年（初版）；2014年（增訂版）。

10 康培德，〈族群、歷史與地域社會：「地域」一詞的理解與討論〉，收入於

詹素娟主編，《族群、歷史與地域社會：施添福教授榮退論文集》，台北：中央研究院台灣史研究所，2011年，頁353-371。

11 Tim Cresswell 著，徐苔玲、王志弘譯，《地方：記憶、想像與認同》，新北：群學出版社，2006年。

12 阿格紐認為，「地方一詞在日常用語中經常用來單純指涉區位。……我們通常是指某種區位觀念——『哪裡』的單純意思。」（同上註，p.14）比較複雜的是「場所」與「地方感」的面向：「阿格紐以『場所』來指社會關係的物質環境——那是真實的地方樣貌，置身其中的人，以個人、男人或女人、白人或黑人、異性戀或同性戀的身分來生活。……地方是物質性的事物。」（p.14-15）「除了有其定位，並具有物質視覺形式外，地方還必須與人，以及人類製造和消費意義的能力有些關係。阿格紐所謂的『地方感』，是指人類對於地方有主觀和情感上的依附。」（p.15）

13 中華民國社區營造學會祕書處，〈什麼是社區營造？〉，2018年。這樣的觀點其實普遍可見，例如曾旭正在《台灣的社區營造》一書中也表示，「社區」是從英文community翻譯而來，相應的華文有「社群」與「社區」兩個詞彙（p.12），但他也表示，「在華文中，『社區』這個詞是近年才開始使用的，以往我們較常使用的是『鄰里』、『庄頭』、『村落』、『部落』等，用來指稱特定地理範圍內的集居狀態。」（p.11）

14 關於關山鎮之作為區域的行政與商業交易中心，可參見施添福，《關山鎮志》（下），關山：關山鎮公所，2002年。

15 1990年代以前、傳統形態的民間團體包括台東縣池上鄉民眾服務社、池上婦女會、台東縣池上鄉婦女會、台東縣池上鄉教育會、池上社教工作站、池上鄉社區衛生促進委員會、中國青年救國團台東縣池上鄉團務指導委員會（簡稱池上團委會）等；慈善團體方面有菩提寺功德會、甘露慈善會、國際獅子會等；桌球社、龍泉登山隊等，則是以興趣為導向的團體。

1990年以後，地方上蓬勃發展的老人會有台東縣池上鄉錦園老人會、台東縣池上鄉大埔老人會、台東縣池上鄉福文老人會等；宗教性團體則有國際佛光會中華總會台東池上分會、台東縣池上鄉仁善堂慈善發展協會、台東縣池上鄉福文福德祠發展協會、台東縣池上鄉萬朝福德宮發展協會、台東縣池上鄉新興村天上聖母發展協會等；國際性的團體增加了同濟會；以興趣為導向的團體則增加了池上網球委員會、池上晨泳會、池上社交舞聯誼會、池上羽球俱樂部、台東縣池上鄉社交舞發展協會、台東縣池上鄉晨泳會、台東縣池上鄉慢速壘球協會、台東縣池上鄉體育會、黑潮書法社、台東縣池上鄉阿美部落文化協會、台東縣池上鄉喇密特文化藝術發展協會等；經濟性的團體則有

台東縣池上鄉攤販協會、台東縣池上米自產自銷協會；為全鄉服務的非宗教性社團包括中華搜救協會池上分隊、台東縣池上鄉池潭源流協進會、台東縣池上鄉文化解說員協會、台東縣池上鄉不倒翁長青關懷協會、台東縣池上鄉文化藝術協會等。

16 資料來源：田野調查。

17 從1920年代開始，透過長期參與觀察的田野調查，以蒐集來的一手資料探討社會生活功能式關連，成為社會／文化人類學的研究傳統。這股潮流後來傳到中國，1929年，吳文藻從美國哥倫比亞大學留學歸國，任教於燕京大學。在一片移植西學的教育環境下，提倡「社會學中國化」。1933年，吳文藻邀請美國芝加哥大學社會學教授羅伯特．帕克（Robert Park）到燕京講學。在比較研究了西方各類社會學、人類學學派後，他最後選擇美國芝加哥學派的人文區位理論和英國功能學派理論，作為中國社會學的理論框架。在吳文藻的帶動下，中國社會學者和社會人類學者在中國社會科學界的「社區」和「功能派」展開大量的討論。吳文藻本人則提出對「社區」的系統化界說，主張「社區」是了解社會的方法論和認識論單位，是「社會生活的各方面都密切地相互關連而成的一個整體」，「一個特殊的社會結構」，一個「社會功能和社會結構二者合併起來」的「社會體系」。（參見：王銘銘，《社會人類學與中國研究》，北京：三聯書店，1997年，頁30。）此後，在這樣的風潮下，出現許多漢人社會的社區調查結果，例如費孝通的《江村經濟》、林耀華的《金翅》、楊懋春的《山東台頭》，以及許烺光的《祖蔭下》都是其中的佼佼者。這樣的研究傳統延續到二次大戰結束後，到1950年代才因政治因素中斷，但在1980年代改革開放前後又再度復興。

18 黃應貴，1984，〈光復後臺灣地區人類學研究的發展〉，《中央研究院民族所研究所集刊》第55期，1984年06月，頁105-146。

19 本小節以下內容改寫自筆者碩士論文（黃宣衛，《社會關係與個人網絡：一個濱海聚落的初探》，台北：台大考古人類學研究所碩士論文，1982年）。

20 蔡文輝，〈中國家庭制度之演變〉，《思與言》第2卷第1期，1964年05月，頁11。

21 Myron L. Cohen "Developmental Process in the Chinese Domestic Group," Maurice Freedman ed. *Family and Kinship in Chinese Society,* Stanford: Stanford University Press, 1970, p. 22.

22 學術上稱為家戶或家庭（household）。

23 其實，梁漱溟很早就指出：漢人特別倚重家族組織，缺乏集體生活的經驗。他也認為，中國與西洋之不同，主要是社會生活著重點不同，中國社會強

調家庭組織，但是所有的社會關係是始於家庭關係，而不止於家庭關係，所以不是家族本位的社會，而是倫理本位的社會。所謂倫者，指的是人們彼此之相與，倫理便是人們彼此相與的道理。人與人相與之間，關係遂生，家人之間是最自然的人際基本關係，故倫理首重家庭，但倫理始於家庭，而不止於家庭，因為隨著一個人年齡和生活之開展，而漸有其四面八方若近若遠數不盡的關係。每一個人對於其四面八方的倫理關係，各負有其相關義務，同時，其四面八方與他有倫理關係的人，亦各有對他的義務，全社會之人不期而輾轉互相聯鎖起來，無形中成為一種組織的特性。正因為漢人以倫理來組織社會，與團體組織是不相合的，所以不重集團生活就很可以理解了。（參見：梁漱溟，《中國文化要義》，台北：正中書局，1974年，頁78-95。）

梁漱溟提出「倫理本位」的社會一詞，使我們對中國漢人社會的了解有撥雲見日之感，對於漢人社會文化之研究頗具啟發性。費孝通很可能便是深受其影響的一位學者。他在《鄉土中國》一書中，提出差序格局為漢人社會的基本特性，茲引一段他的見解如下：「……我們的格局不是一捆一捆扎清楚的柴，而是好像把一塊石頭丟到水面上所發生的一圈圈推出去的波紋。每個人都是他社會影響所推出去的圈子的中心。被圈子的波紋所推及的就發生聯繫。每個人在某一時間某一地點所動用的圈子是不一定相同的。」（費孝通，《鄉土中國》，北京：中信出版集團，2019年，頁32。）費孝通利用上述生動的比喻，把中國漢人社會差序格局的特性表露無遺。不過大體而言，費孝通所用的差序格局一詞，與梁漱溟所用的倫理本位的社會一詞十分近似，然而兩人的觀念，仍有一些差異。梁漱溟認為，家庭是中國社會的基本單位，也是個人參與社會活動的基礎，其重要性不言而喻。相形之下，個人在社會中的地位變顯得微不足道了。在強調家庭的情況下，降低了個人的重要性無可厚非，但梁漱溟認為家庭與個人之間的關係不明確，就留下了一個有待澄清的問題。針對這點，費孝通很明白地指出：在社會生活中，隨時隨地都以一個「己」做中心，如此一來，不啻點明了個人在差序格局中的重要性，而個人與社會的關係也隨之明朗化。

不論梁漱溟或費孝通都很明確地指出：在漢人社會中人與人間的社會關係有遠近之別，而且這種差別十分有意義。但是他們兩人皆未詳細指明，什麼原則造成社會關係有遠近不同的差別，或者這種差別應當做何解釋。楊聯陞則指出：「報」是中國社會的基礎。（Yang, Lien-sheng “The Concept of ‘Pao’ as Basis for Social Relations in China”, in J. K. Fairbank ed. *Chinese Thought and Institutions,* Chicago: University of Chicago Press, 1957, pp: 291-309.）此一說法對「社會關係何以有遠近不同的差別？」以及「不同性質的社會關係何以

會有各樣的社會行為？」提供了解釋的方向。事實上，報的觀念近似交換或互惠，而不論交換或互惠皆是社會之所以為社會的必要條件，否則每個人自行其事，勢必無法組成社會。然而交換或互惠之於漢人社會，其重要性可能不止於此，因為漢人缺乏集團生活的經驗，在社會行為中缺乏絕對的規範可循，如果沒有報的觀念來維繫社會關係，整個社會是將呈現無秩序的狀況。

24 黃應貴，〈農業機械化：一個臺灣中部農村的人類學研究〉，《中央研究院民族學研究所集刊》第46期，1978年，頁31-76。文中，黃應貴將此四個特質視為一個叢結（complex），並繪成圖以與日本社會比較。該文最重要的貢獻，便是點明漢人社會中多線多向社會關係的特質，此點與日本社會只重視某種特定的社會關係，相形之下更是明顯。事實上，梁漱溟也曾隱約提及這點，但是經黃應貴一提，漢人社會的此一特質才益形突出。

25 例如參見：林瑋嬪，〈漢人「親屬」概念重探：以一個台灣西南農村為例〉，《中央研究院民族學研究所集刊》第90期，2000年12月，頁1-38。

26 參見：王銘銘，《社區的歷程：溪村漢人家族的個案研究》，天津：天津人民出版社，1997年。

27 參見：周大鳴，《鳳凰村的變遷：《華南的鄉村生活》追蹤研究》，北京：社會科學文獻出版社，2006年。

28 例如參見：華若璧（Rubie S. Watson），〈中國宗族的創立：廈村鄧氏（1668-1751）〉，華琛、華若璧著，《鄉土香港：新界的政治、性別及禮儀》，香港：香港中文大學出版社，2011年，頁15-40。

29 例如參見：Burton. Pasternak, *Kinship and Community in Two Chinese Villages,* California: Stanford University Press, 1972。以及莊英章，〈臺灣漢人宗族發展的若干問題——寺廟宗祠與竹山的墾殖型態〉，《中央研究院民族學研究所集刊》第36期，1973年09月，頁113-140。

30 參見：David K. Jordan, *Gods, Ghosts and Ancestors: The Folk Religion of a Taiwanese Village.* Berkeley: University of California Press, 1972.

31 謝國雄，《茶鄉社會誌——工資、政府與整體社會範疇》，台北：中央研究院社會學研究所，2010年。謝國雄在新北市坪林區的研究，雖然是從探討資本主義發展的角度出發，且當地主要產業是茶業，與池上是以稻米為主要產業、本研究關心重點是社造略有不同，但基於兩方面理由，他的研究值得特別重視：（一）研究區域是一個更大的範圍：鄉，而不是一個村落，這點與本研究相同；（二）關照的社會生活包括親屬、政治、經濟與宗教，這與本研究的旨趣相符。

32 同上註，頁284-5。

33 同上註，頁299-300。

34 陳弱水，《公共意識與中國文化》，台北：聯經出版，2005年，頁82。

35 費孝通和王銘銘的研究中都有提到這一點。費孝通在《鄉土中國》中的這段話講得相當清楚：「在差序格局裡，公和私是相對而言的，站在任何一圈裡，向內看也可以說是公的。其實當西洋的外交家在國際會議裡為了自己國家爭利益，不惜犧牲世界和平和別國合法權益時，也是這樣的。所不同的是，他們把國家看成一個超過一切小組織的團體，為這個團體，上下雙方都可以犧牲，但不能犧牲它來成全別種團體。這是現代國家觀念，鄉土社會中是沒有的。」（p. 38）

王銘銘在福建漳州溪村的研究也呈現出這一點，當地宗族制度相當發達，在這樣的地方社會中，公與私的分別也是相對的：「『公』和『私』的範疇有很大的相對性。全家族作為獨立的整體與異族或村外人對照，被稱為『自家人』，即『私』或『自己』的一個部分；對於聚落房支和個別家戶而言，則轉化為『公』的單位。聚落房支於家族而言，稱為『私房』，是『私』的單位；而對於亞房和家戶卻被稱為『公』的單位。」（參見：王銘銘，《社區的歷程：溪村漢人家族的個案研究》，天津，天津人民出版社，1997年，頁72。）

36 楊弘任，《社區如何動起來？：黑珍珠之鄉的派系、在地師傅與社區總體營造（增訂版）》，新北：群學出版社，2007年（初版）；2014年（增訂版）。

37 謝國雄，《茶鄉社會誌——工資、政府與整體社會範疇》，台北：中央研究院社會學研究所，2010年。

38 陳弱水，《公共意識與中國文化》，台北：聯經出版，2005年，頁117。

39 同上註，頁117-118。

40 同上註，頁117。

41 謝國雄，《茶鄉社會誌——工資、政府與整體社會範疇》，台北：中央研究院社會學研究所，2010年，頁320。

42 同上註，頁303。

43 比較不同的是王明經，他應該是因為家族在此開發致富，才在日治時期獲選為保正。

44 陳弱水，《公共意識與中國文化》，台北：聯經出版，2005年，頁121-122。

45 參見：T. Skocpol, “How Americans Become Civil”, in Theda Skocpol & Morris P. Fiorina (eds.), *Civil Engagement in American Democracy,* 1999, pp: 27-80.

46 感謝孟祥瀚指出：大陂池並非「訛化」為大坡池，而是1920（大正9）年台灣

地方官制變革，舊地名用字也統一變更，其中「陂」一律改成「坡」。此可參見廖泫銘：http://gis.rchss.sinica.edu.tw/mapdap/?p=6730&lang=zh-tw。

47 以下段落資料，主要參考夏黎明總編纂，《池上鄉志》，台東：池上鄉公所，2001年。

48 同上註，頁1043；黃宣衛，《共築蓬萊新樂園：一群池上人的故事》，台北：唐山出版社，2018年，頁46-48。

49 1957年，政府將大坡池的一半用地撥給大同農場經營。

50 以下資料，可詳見黃宣衛，《共築蓬萊新樂園：一群池上人的故事》，台北：唐山出版社，2018年，頁49。

51 資料來源：田野調查，亦可參見：黃宣衛〈池上地牛館與客家校長張勝雄〉，國立中央大學客家學院電子報第342期，20200201 出刊。

52 中國青年救國團（簡稱救國團）於1952年成立，前身是「中國青年反共救國團」，隸屬於中華民國國防部政治作戰局，團長由中華民國總統兼任，首位主任是蔣經國，當時是有官方色彩的政治性組織。1969年脫離國防部，1989年向中華民國內政部及台北地方法院申請，登記為「教育性、服務性與公益性之社團法人，服務對象主體是大專院校、高中職的學生」。2000年更名為中國青年救國團。以下有關救國團之資料，可詳見黃宣衛，《共築蓬萊新樂園：一群池上人的故事》，台北：唐山出版社，2018年，頁17-21。

53 資料來源：田野調查；亦可參見：黃宣衛，《共築蓬萊新樂園：一群池上人的故事》，台北：唐山出版社，2018年，第一章。

54 與池上地方發展有密切關係的社教工作站，屬於早期的「台東社會教育館」。它的前身是「台東廳鄉土館」，1946年更名為「台東縣立鄉土館」，不久升格為「台灣省立台東鄉土館」，同年9月又易名為「台灣省立台東民眾教育館」。1948年改制為「台灣省立台東圖書館」。1955年再改制為「台灣省立台東社會教育館」，以花蓮、台東兩縣為業務輔導區，除社教館原有業務外，還兼辦圖書館業務。1980年，「社會教育館」在各鄉鎮市設置社會教育工作站，協助推展社會教育，此時與地方的連結更為緊密。1999年由「省立」變為「國立」改隸教育部，更名為「國立台東社會教育館」。2008年，改隸行政院文建會，更名為「國立台東生活美學館」，2012年改隸文化部。

55 以下有關社教站之詳細資料，可參見黃宣衛，《共築蓬萊新樂園：一群池上人的故事》，台北：唐山出版社，2018年，頁21。

56 資料來源：田野調查；亦可參見：黃宣衛，《共築蓬萊新樂園：一群池上人的故事》，台北：唐山出版社，2018年，第一章。

57 楊弘任，《社區如何動起來？：黑珍珠之鄉的派系、在地師傅與社區總體

營造（增訂版）》，新北：群學出版社，2007年（初版）；2014年（增訂版），頁195-196。

58 義工參加活動服務要簽到、簽退，每年都送救國團表揚，榮譽徽章分為愛心、康輔、勤學、友誼、創意、力行六種，全國只有池上向總團部申請這六種徽章，對受獎的義工來說，是全國獨一無二的殊榮。另外，池上鄉團委會向徽章公司訂購個人專屬榮譽獎章的紅色絨布精緻木盒，這也是只有池上獨創貼心義工的服務。

59 資料來源：田野調查；亦可參見：黃宣衛，《共築蓬萊新樂園：一群池上人的故事》，台北：唐山出版社，2018年，第二章。

60 資料來源：田野調查；亦可參見：黃宣衛，《共築蓬萊新樂園：一群池上人的故事》，台北：唐山出版社，2018年，第二章。

61 有關賴永松的資料，亦可詳見黃宣衛，《共築蓬萊新樂園：一群池上人的故事》，台北：唐山出版社，2018年，頁54-59。

62 本小節有關大坡池成為國家級濕地的過程，亦可參見黃宣衛，《共築蓬萊新樂園：一群池上人的故事》，台北：唐山出版社，2018年，頁60-68。

63 即水中看不見的懸浮固體物，經物理碰撞或凝聚作用，結合成肉眼可見的顆粒。

插曲二：新自由主義的挑戰與政府的治理

1 萬毓澤，《新自由主義全球化的起源與矛盾：批判實在論的馬克思主義觀點》，台北：國立台灣大學社會學研究所碩士論文，2005年；黃應貴，《新自由主義秩序下的地方社會（1999迄今）》，《「文明」之路》第三卷，台北：中央研究院民族學研究所，2012年。

2 黃應貴，《新自由主義秩序下的地方社會（1999迄今）》，《「文明」之路》第三卷，台北：中央研究院民族學研究所，2012年，頁3。

3 Jean Comaroff and John Comaroff, “Millennial Capitalism: First Thoughts on a Second Coming.” *Public Culture,* 12.2 (2000): 333。類似觀點亦見諸Alain Touraine, *A New Paradigm for Understanding Today's World,* Cambridge: Polity Press, 2006.

4 G.Esping-Andersen, *The Three Worlds of Welfare Capitalism,* Princeton University Press, 1990.

5 呂建德，〈從福利國家到競爭式國家？：全球化與福利國家的危機〉，《台灣社會學》第2期，2001年12月，頁263-313。

6 同上註。

7 吳偉立，《血汗超商：連鎖加盟如何變成鏈鎖枷盟》，新北：群學出版社，2010年；林宗弘、洪敬舒等，《崩世代：財團化、貧窮化與少子女化的危機》，台北：台灣勞工陣線（群學經銷），2011年。

8 呂建德，〈從福利國家到競爭式國家？：全球化與福利國家的危機〉，《台灣社會學》第2期，2001年12月，頁263-313。

9 黃協源、劉素珍、蕭文高等，〈英國社區新政對台灣社區工作的啟示與借鏡：社區治理觀點的分析〉，《台大社會工作學刊》第23期，2011年06月，頁3。

10 「四化」指的是：（一）地方化——係指將中央部會的職能下放給地方政府自行處理。使政府服務品質與行政效率提高，使得政策的執行更符合地域性及地利性。（二）法人化——將原由政府組織所負責的業務，改以行政法人辦理，傚法企業管理精神，替代公部門組織運行模式。使得政府在政策執行上能更具有彈性，並且不受目前行政機關有關人事、會計等制度的束縛，業務推動更為專業、有效。（三）委外化——指勞力性、事務性工作可交由民間處理，並以較具效率的方式，透過契約委由民間團體處理（包括業務外包、民間投資經營、BOT、BOO），以減少施政成本。（四）去任務化——即「解除管制」原屬政府職能，免除政府的責任，轉由民間或個人自行處理，政府不再涉入。

11 黃應貴，《新自由主義秩序下的地方社會（1999迄今）》，《「文明」之路》第三卷，台北：中央研究院民族學研究所，2012年，頁8。

第三章　稻米產業、無敵稻景與新自由主義

1 本小節主要參考：鄧耀宗，〈台灣稻作之回顧與展望〉，《高雄區農業改良場研究彙報》第14卷第3期，2003年12月，頁1-23。

2 參見鍾怡婷，《台灣稻米品質與品味的轉變》，台北：國立台灣大學生物產業傳播暨發展學研究所博士論文，2013年，頁69-70。

3 劉志偉，〈國際農糧體制與國民飲食：戰後臺灣麵食的政治經濟學〉，《中國飲食文化》第7卷第1期，2011年01月01日，頁5。

4 王思慧，〈做伙來呷飯！國產米食嘉年華周末總統府前登場〉，《中時電子報》，2019年02月15日，https://www.chinatimes.com/realtimenews/20190215001897-260405?chdtv（20200201瀏覽）。

5 依據行政院農業委員會2019年4月30日的公告，該年第1期稻作公糧稻穀收購的主要計價方式有兩要點：（一）每公頃收購數量（乾穀）：計畫收購2,000公斤、輔導收購1,200公斤。另本期稻熱病疫情蔓延，為確保農民收益，按各縣（市）近五年每公頃產量去高低之平均值加計10%取整，為每公頃公糧

總收購數量之上限，專案提高餘糧收購數量。（二）每公斤收購價格（乾穀）：計畫收購稉種稻穀26元、秈種及糯種稻穀25元；輔導收購稉種稻穀23元、秈種及糯種稻穀22元；餘糧收購稉種稻穀21.6元、秈種及糯種稻穀20.6元。

這樣的收購價格跟歷年相較是持平，但每公頃收購的量則被評為「卯起來收購」，有為選舉考量的因素。相關報導可見：彭宣雅，〈公糧爆倉每年收購耗資百億 學者籲檢討〉，《聯合晚報》，2019年04月24日，https://udn.com/news/story/7314/3774128（20190802瀏覽）。

6 林倖妃，〈稻米出口破紀錄，真相卻是愈賣賠愈多〉，《天下雜誌》，2019年02月21日，https://www.cw.com.tw/article/article.action?id=5094062（20190804瀏覽）。

7 亦即農村是都市失業人口、高齡人口安養、幼兒照護的緩衝地帶。

8 江昺崙，〈鬼王對決白米炸彈客：台灣農業辯論〉，《端傳媒》，2016年04月19日，https://theinitium.com/article/20160419-opinion-bingjiang-farming/（20190803瀏覽）。

9 根據《池上鄉志》（夏黎明總編纂，台東：池上鄉公所，2001年，頁517）引自水利會的資料，2001年時，池上有水田1,118甲，約有900甲的水田由池上圳灌溉。

10 昭和7年調查手稿，轉引自何玉雲，《池上平原的土地利用與農業經營》，台北：國立台灣師範大學地理學系碩士論文，1996年，頁27。

11 例如，當時已具有相當規模的萬安圳，其圳道仍簡陋且多為土渠，加上當時圳道尚無調節控制的構造與措施，因此在第1期稻作枯水期時，容易發生上游任意取水，而下游缺水灌溉的問題。池上水利工作站將所有渠道以混凝土材質取代原有的土堤，並且規畫輪灌措施，大幅改善了灌溉問題。此外，原為土渠的「浮圳」，日治末期已改成砌石混凝土的圳溝，1963年池上水利工作站進一步改建為鋼筋混凝土建築的圳道。

12 夏黎明，〈池上平原文化景觀的空間過程：土地、社群與國家的論述〉，《東台灣研究》第4期，1999年12月，頁170-172。

13 李文良，〈林野整理事業與東臺灣土地所有權之成立形態（1910-1925）〉，《東台灣研究》第2期，1997年12月01日，頁170-172。

14 同上註，頁178-179。

15 黃學堂、黃宣衛、吳佩瑾，〈從國家政策與產業變遷探討池上的客家移民社會〉，《臺灣風物》第68卷4期，2018年12月，頁17-68。

16 池上平原的耕地土壤成分主要是山脈沖積物，平原西側多為中央山脈之片岩

新沖積土，屬砂礫石地，而東側則為海岸山脈之沖積與崩積物，屬壤土和坋質粘壤土，參見：何玉雲，《池上平原的土地利用與農業經營》，台北：國立台灣師範大學地理學系碩士論文，1996年，頁12。

17 夏黎明總編纂，《池上鄉志》，台東：池上鄉公所，2001年，頁55。

18 吳清吉，〈池上鄉良質米發展的歷程成果與展望〉，《臺東區農業專訊》第18期，1996年12月，頁16。

19 相關統計資料可見台東縣政府主計處網站：https://ebas1.ebas.gov.tw/pxweb2007P/Dialog/Statfile9y.asp?strCC=14。

20 張勝雄，〈人物篇：徐連春〉，收入於孟祥瀚總編纂，《增修臺東縣史》，台東：台東縣政府，2018年，頁19-20。

21 黃秋蘭、江瑞拱，〈台東良質米生產與輔導〉，《臺東區農業專訊》第35期，2001年03月，頁10-13；〈加入WTO台東稻米產業因應對策〉，《臺東區農業專訊》第38期，2001年12月，頁2-6。

22 李香誼，《看見池上，看見時代：在地的故事大家一起說》，台東：池上鄉公所，2015年，頁196。

23 資料來源：田野調查；亦可參見：黃宣衛，《共築蓬萊新樂園：一群池上人的故事》，台北：唐山出版社，2018年，第三章。

24 MOA自然農法的創始者是岡田茂吉（Mokichi Okada），1935年在日本東北地區發生大寒害之後，為了救濟農家，自己拿起鋤頭開墾，在東京的上野毛開始栽培作物。一開始他使用化學肥料來栽培，卻未能順利進行，在實施學習自然以追求土地力量本質的「無肥料栽培」後才獲得成果。之後，為建立自然農法的原理原則，訴求發揮土地本來的力量很重要，而不斷展開「破除肥料迷信運動」，另一方面，也從事「農村天國」、「一產地一支部構想」，作為普及自然農法之一環。此後他的理念為許多人追隨，乃以其名組成Mokichi Okada Association（簡稱MOA）致力推廣。2000年4月27日，國內一群關懷自然生態與環境公害的有心人結合日本MOA國際協會（Mokichi Okada Association International），成立了財團法人國際美育自然生態基金會，宗旨是「共同為研究追求人類真正健康與幸福，及確保地球生態環境的MOA自然農法而努力」。

25 本段落部分內容來自：賴郁如、黃宣衛，〈第三章：池上米認證：池上米®的出現〉，《池上二十年蛻變史》，2017年，頁32-41，未出版。

26 雖然池上鄉公所在2004年8月24日一度受鄉民代表會干預而終止鄉徽授權，但在地方多方斡旋下，池潭源流協進會在2004年2期稻作開始使用綠盾及池潭徽章，繼續辦理認證工作。

27 課程內容除了宣導性的「池上米認證執行階段性工作說明」以外，還包括「水稻生育促、控、養之結合技術」、「提升池上良質米品質之理念及做法」、「生產良質米之病蟲害防治」、「堆肥製作原理」和「堆肥實作」等水稻種植相關知識與技藝，與後續稻米加工和分級知識：「稻米加工及烘乾原理」、「池上米加工與分級」，以及「池上冠軍水稻田的經驗分享」和「冠軍水稻田參觀、觀摩」等。

28 「瘋狂追求品質」字眼屢屢出現在研習講義中，從十個面向落實品質追求：土壤、水質、氣候、肥培管理、田間栽培紀錄簿、烘乾機作業、食味值分級、冷藏作業、加工要領和包裝後管理。

29 「食味計」此種儀器可客觀評定米質好壞。檢測項目包括蛋白質、直鏈性澱粉與水分，前兩項數字越低，代表米越黏越鬆越好吃，水分則在14-15%之間為優，三個項目總計則為「食味值」，分數越高，代表越好吃。

30 黃宣衛，《共築蓬萊新樂園：一群池上人的故事》，台北：唐山出版社，2018年，頁100。

31 以2018年第2期的糧價為例，池上糧價分級收購的區間每百台斤落在1,500-1,800元之間，關山則在1,450元，玉里則在1,200-1,250左右。

32 本段資料來源有二：魏榮增、谷栗英，《池上萬安社區：一個小村的成長故事》，台東：池上鄉萬安社區發展協會，2014年；劉亮佑、黃宣衛，〈第二章：從無名產業道路到著名觀光景點：伯朗大道的形成〉，《池上二十年蛻變史》，2017年，頁16-31，未出版。

33 資料來源：田野調查。

34 「池上浮圳」是日治時期最特別的水圳建設，正式名稱是「盛土圳」，由於圳溝位於土堤上，高過兩側農田，地方又俗稱「浮圳」，起點始於新興村，終點靠近錦園村，全長1,195.5公尺，最寬處約10公尺，最高處近6公尺，屬於池上大圳第六支圳，2004年12月16日被登錄為歷史建築。相關資料可參見國立台東生活美學館，《日出臺東，縱谷文化景觀》，台東：國立台東生活美學館，2011年，頁83-84。

35 不過，一旦農地變更使用後，將依法課徵高額稅金，土地所有權若經轉移，更需繳納上百萬的土地增值稅。最後，業者們只有打消就地合法的策略，並在縣府規定的期限內，於2016年底紛紛撤離農地，改利用閒置建地經營生意，由於空間不如農地寬廣，所以引來不少業者的抱怨。

插曲三：觀光產業的興起與東台灣

1 曾聖元，〈觀光篇〉，《臺東縣史》，台東：台東縣政府，2000年。

2 江昱仁，《增修臺東縣史．觀光產業篇》，台東：台東縣政府，2018年，頁29。

3 2000至2008年的觀光穩定成長期呈現穩定成長的觀光市場，遊客人數在2003年為428萬7,846人次，2007年為425萬794人次，2008年為385萬3,604人次，穩定在400萬人次左右；一般旅館從2003到2008年落在102到106家之區間；民宿業則從2003年的28家增加到283家。

2009至2018年的觀光快速成長期，遊客人數從2009年的415萬9,484人次，增加到2017年的770萬4,981人次，增幅為85.2%；一般旅館從2009年的92家增加到2017年的114家，增幅為24%；民宿業則是更從2009年的313家增加到2017年的1,183家，增幅為278%，住宿人數亦從2009年的4萬8,118人次增加到2017年的50萬1,650人次，增加了943%。可參見《增修臺東縣史．觀光產業篇》，頁263-4。

4 夏黎明總編纂，《池上鄉志》，台東：池上鄉公所，2001年，頁1039-1048。

第四章　觀光、在地性與地方治理

1 〈日暉國際渡假村．台東池上，隆重開幕〉，《更生日報》，2008年06月02日。

2 以下段落可參見：黃宣衛，《共築蓬萊新樂園：一群池上人的故事》，台北：唐山出版社，2018年，第四章。

3 早餐店包括中式早餐、西式早餐、中西式早點、早午餐；中式料理有無菜單料理、合菜、北方麵食、便當店、中式小吃、素食料理、創意料理、台式麵食、原住民料理、熱炒、火鍋；異國料理有義式料理、越南料理、韓式料理、日式料理、南洋料理、美式料理、創意料理、酒吧；咖啡廳包括咖啡廳和咖啡簡餐；特色小點有中式小點、日式小點、下午茶、點心、炸物、甜品、夜市。資料來源：池上鄉時空地理資料平台，https://gisapp.map.net.tw/fs/chishang/。

4 資料來源：田野調查；亦可參見：黃宣衛，《共築蓬萊新樂園：一群池上人的故事》，台北：唐山出版社，2018年，第四章。

5 資料來源：〈雲門在池上秋收起舞，背後推手梁正賢〉，《中央通訊社》，2018年10月28日，https://www.cna.com.tw/news/acul/201810280181.aspx；〈天籟加上海洋之音，齊豫陳建年首度池上稻浪開唱〉，《中央通訊社》，2019年08月29日，https://www.cna.com.tw/news/acul/201908290175.aspx。

6 比賽主辦單位福原國小文教基金會委託池上鄉農會及池上多力米公司，將得獎稻穀碾製成特等米及冠軍米，限量13,000包，並貼上由池上鄉公所印發的

客製化標章控管數量。福原國小文教基金會將本批池上特等冠軍米的販售所得，除了部分提供獲選農民獎金，並將扣除獎金後盈餘之70%，捐作「池上鄉秋收稻穗藝術節」的基金，讓池上鄉秋收音樂會能永續辦理；30%捐給「池上鄉福原國小文教基金會」，補助考上公立大學的池上鄉清寒學子四年的學雜費和生活費。此外，池上鄉農會及池上多力米公司也各捐出30萬元的特等米，捐助八仙塵爆之傷者。

7 資料來源：田野調查；亦可參見：黃宣衛，《共築蓬萊新樂園：一群池上人的故事》，台北：唐山出版社，2018年，第五章。

8 截至2019年，檢驗已經辦了十五年，共取樣1,907份，合格率100%，代表池上農民對農藥的使用相當謹慎。

9 認證的數量從一開始的50幾萬、70幾萬，到現在已經高達170幾萬，增加100多萬張。

10 池上鄉第一示範公墓的納骨塔為了鼓勵志工參與，服務滿1,000小時可成為榮譽志工，其中一項福利就是可用半價購買納骨塔櫃位。

11 意指人體處於一個健康與疾病之間的過渡時期，換言之，即是生理上無明確患病的證據，就醫檢驗檢查也都無異常狀況，卻感到沒有精神或不太舒服的感覺。

12 目前九個部落中，有陸安、振興、富興、福文、大埔及新興部落設有文化健康站，慶豐及福原部落則在申辦中。

第五章　以鄉為社造單位如何可能？

1 施添福，〈日治時代臺灣地域社會的空間結構及其發展機制——以民雄地方為例〉，《臺灣史研究》第8卷1期，2001年10月01日，頁1-39。

2 康培德，〈族群、歷史與地域社會：「地域」一詞的理解與討論〉，收入於詹素娟主編，《族群、歷史與地域社會：施添福教授榮退論文集》，台北：中央研究院台灣史研究所，2011年，頁358。

3 施添福，〈日治時代臺灣地域社會的空間結構及其發展機制——以民雄地方為例〉，《臺灣史研究》第8卷1期，2001年10月01日，頁1。

4 施添福，〈地域社會與警察官空間：以日治時代關山地方為例〉，發表於「東台灣鄉土文化學術研討會」，主題演講，2000年10月6-7日。

5 施文所謂的「關山地方」，由於主題是警察官空間，除了關山鎮之外，也包括池上鄉與鹿野鄉，所以參考性更高。

6 關山鎮便曾與鹿野鄉互換疆域。

7 吳文星總編纂，《關山鎮志》（上），台東：關山鎮公所，2002年，頁43-

44。

8 黃唯玲，〈日治時期「平地蕃人」的出現及其法律上待遇（1895-1937）〉，《臺灣史研究》第19卷2期，2012年06月01日，頁102-103。

9 與1911（明治44）年的王經仔為同一人。

10 根據施添福，〈地域社會與警察官空間：以日治時代關山地方為例〉，發表於「東台灣鄉土文化學術研討會」，主題演講，2000年10月6-7日，頁7，加上筆者田野資料。

11 1919（大正8）年，大坡社被併入新開園庄，「蕃社役場」制度亦應停止，但部落仍在，是否單獨設立保甲或蕃社青年團等組織，仍待查證。感謝孟祥瀚提供的意見。

12 黃唯玲，〈日治時期「平地蕃人」的出現及其法律上待遇（1895-1937）〉，《臺灣史研究》第19卷2期，2012年06月01日，頁142。

13 同上註。

14 吳文星總編纂，《關山鎮志》（上），台東：關山鎮公所，2002年，頁44。

15 林玉茹，《國策會社與殖民地邊區的改造：臺灣拓殖株式會社在東臺灣的經營（1937-1945）》，台北：中央研究院台灣史研究所，2011年。

16 施添福，〈地域社會與警察官空間：以日治時代關山地方為例〉，發表於「東台灣鄉土文化學術研討會」，主題演講，2000年10月6-7日，頁23。

17 這方面夏黎明已有精彩討論，此處仍沿襲其基本論點，參見：夏黎明，《台灣地名辭書（卷三）台東縣》，南投：國史館台灣文獻館，1999年。

18 夏黎明，〈池上平原文化景觀的空間過程：土地、社群與國家的論述〉，《東台灣研究》第4期，1999年12月，頁171。

19 林玉茹，《國策會社與殖民地邊區的改造：臺灣拓殖株式會社在東臺灣的經營（1937-1945）》，台北：中央研究院台灣史研究所，2011年。

20 有關池上元宵遶境的詳細資料，可以參見簡淑瑩、黃宣衛，〈台東縣池上鄉的元宵節祈福平安遶境〉，《田野與文獻》第84期，2016年7月，頁11-14。

21 Tim Cresswell 著，徐苔玲、王志弘譯，《地方：記憶、想像與認同》，新北：群學出版社，2006年。

22 阿格紐轉引自上註，頁15。

23 李麗梅、鄭萃群，〈1980年西貢蠔涌太平清醮考察報告〉，收入於蔡志祥、韋錦新編，《延續與變革：香港社區建醮傳統的民族誌》，香港：香港中文大學出版社，2014年，頁143。

24 李豐楙，〈臺灣慶成醮與民間廟會文化——一個非常觀狂文化的休閒論〉，《寺廟與民間文化研討會論文集》(上冊)，台北：漢學研究中心，1995年，頁

41-64。

25 R. Michael Saso, *Taoism and the Rite of Cosmic Renewal,* Seattle: Washington State University, 1972, p. 60.

26 在儀式進行時會進入寺廟的人，除了禁止吃肉，也不能吃精緻食物，嚴禁夫妻關係，同時不能穿著白色的內衣（同上註，頁34-35）。

27 同上註，頁56。

28 在《社區發展工作綱要》修訂發布之前，社區發展業務是由「社區理事會」推動，由9名理事組成，理事長多由村長擔任。相關資料可參見：王培勳，〈我國社區發展工作之回顧〉，《社區發展季刊》第100期，2002年12月，頁44-60。

29 詳細資料可見賴郁如，〈社區營造與基層行政機關：池上社區工作的觀察〉，《臺灣文獻季刊》第70卷第1期，2019年03月，頁196-223。

30 藍忻怡，〈導讀：一段創新且影響深遠的社會轉型歷程〉，收入於王本壯、藍忻怡主編，《社區X營造：政策規劃與理論實踐》，台北：唐山出版社，2016年，頁i-v。

31 前者指社區活動中心新建、改建或修繕，社區綠化美化，增置社區圖書室設備、社區老人休閒活動設施、守望相助設備等。後者以敬老、育幼和青少年文康活動為主，包括研習訓練、示範觀摩、評鑑表揚、全民運動會、體育團隊、民俗技藝隊活動、社區文化或福利活動等。

32 2001年，萬安社區建立自導性指標系統，是文建會之社區環境改造工程計畫中的一個項目：「以牌樓式的自導式指標系統，將萬安社區營造的初步成果轉化為農村產業未來發展的主軸，……，此系統對未來社區觀光，產業發展非常有助益。外地遊客來到萬安可利用社區自導式指標系統，導覽遊客了解社區的觀光景點……。」至於稻米原鄉館本是閒置多年的肥料倉庫，萬安社區發展協會於2003年提出新故鄉社區營造計畫「池上鄉萬安社區生活圈——農會倉庫再利用計畫」，希望獲得補助，予以改建。原鄉館位在萬安村入口，地方人士在完工後將之規畫為池上米食文化參訪解說及展示空間，成為提供旅遊服務和諮詢的櫃台，也可作為社區民眾休閒活動中心。參見：吳姝芳，《社區總體營造對地方發展之影響——以台東縣池上鄉福原、萬安社區為例》，台東：國立台東大學區域政策與發展研究所碩士論文，2009年，頁60-61。

33 曾旭正，《台灣的社區營造》，新北：遠足文化，2007年。

34 黃肇新，〈半世紀社區政策與國家發展〉，《社區發展季刊》第154期，2016年06月，頁165-170。

35 相關內容可參見「農村再生歷程整合發展平台」，https://ep.swcb.gov.tw/ep/Default.aspx

36 參見本書第三章。有關萬安社區之社造過程，詳見黃宣衛，《共築蓬萊新樂園：一群池上人的故事》，台北：唐山出版社，2018年，頁103-128。

37 參見本書第二章。

38 詳見黃宣衛，《共築蓬萊新樂園：一群池上人的故事》，台北：唐山出版社，2018年，頁13-42。

39 經濟部智慧財產局，〈民國93年發布地理標示申請證明標章註冊作業要點〉，《經濟部智慧財產局》網站，https://www1.tipo.gov.tw/ct.asp?xitem=285196&ctnode=7051&mp=1（20170319瀏覽）。

40 經濟部智慧財產局，〈我國商標法有關地理標示的保護規定如何？〉，《經濟部智慧財產局》網站，https://topic.tipo.gov.tw/trademarks-tw/cp-508-859040-01756-201.html（20170319瀏覽）。

41 關於張堯城與池上鄉的關係，可參見本書第四章。詳細資料可參見黃宣衛，《共築蓬萊新樂園：一群池上人的故事》，台北：唐山出版社，2018年，頁131-153。

42 參考自國家文化資產網「池上新開園老田區」，https://nchdb.boch.gov.tw/assets/overview/culturalLandscape/20140530000007（20191018瀏覽）。

43 當時由於受制於地方財政自治權限的問題，所以與台東縣政府協商頗久。

44 參見池上鄉公所，《臺東縣池上鄉地景維護津貼濟助自治條例》，https://www.cs.gov.tw/home/images/phocadownload/e06.pdf（2019年）。

45 在經濟部智慧財產局的產地證明標章登錄中，「池上米」相關的商標註冊資訊有兩筆，分別是84與85註冊號。84號是證明標章圖示。85號是「池上米®」三字的註冊。池上鄉公所現在是以85註冊號「池上米®」作為認證標示。

46 當時池上鄉農會契作農民有274人，98年2期契作面積1,242公頃，建興碾米廠（多力米）契作農民有155人，契作面積644公頃，陳協和契作農民有93人，契作面積336公頃。因為此處的契作面積將兩期合併計算，所以單一期的契作面積約在1,100公頃左右，占該年池上水田面積（1,769.48公頃）的六成以上。

47 吳勁毅、徐肇尉，〈花東縱谷稻作產區家庭農戶（自產自銷戶）的生存處境與策略研究〉，《新作坊：HISP人文創新與社會實踐電子報》第21期，2015年7月（https://www.hisp.ntu.edu.tw/archive?page=12）。他們的研究中發現還有一些現象值得留意，例如領取產地認證標章的自產自銷戶中，超過九成的經營者年齡分布在25-45歲，大都曾在外地工作，職業類別主要是營建業勞工，

例如裝潢、泥水、鐵工等。促成他們返家的動力，基本上都是因為要照顧日漸年邁的父母，而關鍵的轉折因素有兩類，一是父母實際出現了需要人照顧的病痛，另一是在外地的工作告一個段落，例如生意結束、決定辭職，還包括軍警退休等。

48 至於一般非務農居民與農業從事者之間，則設計了池上福利米的制度。可參見本書第四章。

49 根據2015年最新版的〈臺東縣池上鄉公所「池上米」註冊證明標章自治使用規約〉，在申請標章的過程中會涉及的規費包括：（1）檢驗費每分地30元；（2）申請標章規費：0.3-3公斤包裝認證池上米每枚標章1.5元、3.1-6公斤每枚2.0元、6.1-12公斤每枚3.0元、12.1-30公斤每枚4.0元；（3）自產自銷戶透過本所網路平台或行銷活動達成交易之產品，每包收取手續費3元。其中也明確規定：標章規費總收入之20%作為地方教育、公益、治安及慈善事業。

結語　想望「地方」的未來

1 在池上一年水稻可種植兩期。

2 呂欣怡，〈地方文化的再創造：從社區總體營造到社區文化產業〉，收入於林淑蓉、陳中民、陳瑪玲主編，《重讀臺灣：人類學的視野——百年人類學回顧與展望》，新竹：清華大學出版社，2014年，頁253-280。

3 參見賴昱錡，《Misakoliay kiso anini haw？你今天做苦力了嗎？：日治時代東台灣阿美人的勞動力釋出》，台東：東台灣研究會，2013年，頁116-133。

4 參見林玉茹，《國策會社與殖民地邊區的改造：臺灣拓殖株式會社在東臺灣的經營（1937-1945）》，台北：中央研究院台灣史研究所，2011年。

5 曾旭正，〈從社區發展到社區營造〉，收入於王本壯等著，《落地生根：台灣社區營造的理論與實踐》，台北：唐山出版社，2014年，頁9。

6 同上註，頁10。

7 Erik Olin Wright著，陳信宏譯，《如何在二十一世紀反對資本主義》，台北：春山出版，2020年。

8 黃應貴、陳文德主編，《21世紀的地方社會：多重地方認同下的社群性與社會想像》，新北：群學出版社，2016年。

9 張正衡，〈根莖狀的社區：新自由主義下的日本地方社會〉，收入於黃應貴、陳文德主編，《21世紀的地方社會：多重地方認同下的社群性與社會想像》，新北：群學出版社，2016年。池上的「黑色騎士」即有這樣的傾向。

10 陳東升，〈社群治理與社會創新〉，《臺灣社會學刊》第49期，2012年06月01日，頁1-40。

11 其實除了稻米之外，池上鄉一度也試圖推行放山雞的產地認證，但因產品的性質不同，最後不了了之。

12 這種現象其實也見於其他地方，參見劉立偉，〈社區營造的反思：城鄉差異的考量、都市發展的觀點、以及由下而上的理念探討〉，《都市與計劃》第35卷4期，2008年12月01日，頁315。

13 李丁讚，〈社區營造與公民社會〉，收入於王本壯等著，《落地生根：台灣社區營造的理論與實踐》，台北：唐山出版社，2014年，頁30。

14 轉引自劉立偉，〈社區營造的反思：城鄉差異的考量、都市發展的觀點、以及由下而上的理念探討〉，《都市與計劃》第35卷4期，2008年12月01日，頁328。

15 李永展，〈社區組織運作〉，收入於王本壯等著，《落地生根：台灣社區營造的理論與實踐》，台北：唐山出版社，2014年，頁79。

16 王本壯、藍忻怡，〈社區營造3.0政策規劃之芻議〉，收入於王本壯、藍忻怡主編，《社區X營造：政策規劃與理論實踐》，台北：唐山出版社，2016年，頁17。

17 曾旭正，〈公部門如何整合推動社區協力政策〉，收入於王本壯、藍忻怡主編，《社區X營造：政策規劃與理論實踐》，台北：唐山出版社，2016年，頁25-46。

18 曾旭正，〈公部門如何整合推動社區協力政策〉，收入於王本壯、藍忻怡主編，《社區X營造：政策規劃與理論實踐》，台北：唐山出版社，2016年，頁35表2-1。

19 同上註，頁33。

20 同上註。

21 同上註。

22 參見林文彬，《臺灣的第三條路：社區營造政治學》，台北：博客思出版社，2015年再版。

23 周芳怡，〈社區總體營造運動20年之回顧與展望〉，收入於王本壯、藍忻怡主編，《社區X營造：政策規劃與理論實踐》，台北：唐山出版社，2016年，頁47-68。

24 同上註。

25 同上註，頁63。

26 同上註。

27 行政院定位2019年為「地方創生元年」。

28 王本壯、藍忻怡，〈社區營造3.0政策規劃之芻議〉，收入於王本壯、藍忻怡

主編，《社區X營造：政策規劃與理論實踐》，台北：唐山出版社，2016年，頁19-21。

29 如漢人文化中公與私的分際。

30 Clifford Geertz著，方怡潔、郭彥君譯，《後事實追尋：兩個國家、四個十年、一位人類學家》，新北：群學出版社，2009年，頁224-225。

31 以稻米認證來說，目前池上就有將區塊鏈科技導入稻米產業的新做法，與目前鄉公所主導的產地認證迥然不同，未來將如何發展值得關注。

32 陳東升，《積體網路：臺灣高科技產業的社會學分析（增訂版）》，新北：群學出版社，2008年；田畠真弓、莊致嘉，〈引進技術的過程和發展結果：比較台灣與日本液晶面板產業〉，《台灣社會學》第20期，2010年12月，頁145-184。

33 F. Moulaert, M. Flavia, S. Erik, & S. Gonzalez, "Towards Alternative Model(s) of Local Innovation." *Urban Studies* 42(11), 2005, pp. 1969-1990；陳東升，〈社群治理與社會創新〉，《臺灣社會學刊》第49期，2012年06月01日，頁1-40。

34 Erik Olin Wright著，黃克先譯，《真實烏托邦》，新北：群學出版社，2015年。

35 柄谷行人著，墨科譯，《邁向世界共和國》，台北：臺灣商務，2007年；柄谷行人著，林暉鈞譯，《倫理21》，台北：心靈工坊，2011年。

36 陳欽春，〈社區主義在當代治理模式中的定位與展望〉，《中國行政評論》第10卷第1期，2000年12月，頁183-213。

37 柯于璋，〈社區主義治理模式之理論與實踐——兼論台灣地區社區政策〉。《公共行政學報》第16期，2005年09月，頁33-57。

38 韓保中，《公民社會觀點之民主行政理論——以Denhardt新公共服務論為主軸》，台北：國立台灣大學政治學研究所博士論文，2006年。

39 黃麗玲，〈新國家建構過程中社區角色的轉變：「社區共同體」之論述分析〉，台北：國立台灣大學建築與城鄉研究所碩士論文，1995年。

40 陳其南，〈社造思想的一些理論性的回顧〉，收入於王本壯等著，《落地生根：台灣社區營造的理論與實踐》，台北：唐山出版社，2014年，頁213。

41 「濁大計畫」全名為：台灣省濁水溪與大肚溪流域自然史與文化史科技研究計畫。獲得行政院國家科學委員會、美國國家科學基金和哈佛燕京學社經費資助，是由中央研究院歷史語言研究所、國立台灣大學和耶魯大學共同合作執行，總計畫包含六個學科：考古、民族、地質、地形、動物、植物，自1972年開始實施，於1976年結束，主要目的是對台灣的濁水溪、大肚溪流域進行古今的人地關係研究。這個計畫重要的意義在於將科技合作和生態研究

的概念帶進了台灣考古學，使得台灣的考古可以有更進一步的發展。「四溪計畫」的主標題為：台灣客家族群的聚落、歷史與社會變遷，因為是以四條溪的流域為研究範圍，故簡稱「四溪計畫」，執行期間是2008至2010年。這四條溪包括了以客家與賽夏、泰雅族互動的中港溪，與平埔族道卡斯族接觸的鳳山溪，與閩南語族交錯的頭前溪及後龍溪，總計畫涵蓋語言、經濟與產業研究、家族與知識精英、族群關係與地方認同、民間信仰、聚落與建築等六個研究群。由於「四溪計畫」是以交通大學客家學院為主體的研究團隊，所以傾向於客家文化的比較研究，與前述的「濁大計畫」偏向考古學不同。

42 轉引自王振寰、簡旭伸，〈發展研究概述：理論發展與研究方法〉，收入於王振寰、簡旭伸主編，《發展研究與當代臺灣社會》，台北：巨流出版社，2016年，頁10。

43 此為行政院國發會正在推動六級化產業，亦即將產業的一級（農業）、二級（加工、製造）與三級（物流、販售與體驗）加以整合。此案由東華大學王鴻濬等教授接受委託執行，可參見：國立東華大學，〈103年度「花東地區產業6級化發展輔導」委託辦理計畫案期末報告書〉，2016年，未出版。

44 王鴻濬、王翠菱、洪嘉瑜，〈花東地區產業：六級化之合作事業發展〉，《國土及公共治理季刊》第4卷第2期，2016年06月，頁22-35。

45 鱉溪是秀姑巒溪的支流，位於花蓮縣富里鄉的海岸山脈這端，因有鱉群出沒而得名。鱉溪有豐富多樣的自然生態，阿美族、平埔族及漢人先後到此開墾，也造就了不同的人文景觀。1980年代開始，人們利用河床中的大小石塊，興建各式堤防、護岸、駁坎與田埂，造成河床逐漸下切，再加上兩岸農田引水灌溉，陸續興建引水堰及固床工程，生態環境因而被逐漸破壞，還阻斷了迴游生物回家的路。2006年，經濟部水利署第九河川局開始投入鱉溪復育計畫，2013年起，水利規畫試驗所也陸續辦理棲地生態調查計畫。2019年，第九河川局成立了「鱉溪流域管理平台」，邀請所有與鱉溪流域環境管理相關的公部門單位（包括林務局、水土保持局、河川局、富里鄉公所等），以及民間團體（包括社區、部落協會等）一起進入平台，透過「大平台會議」，讓大家「同步」了解要做什麼，再透過「小平台會議」來分組解決屬性相似的問題。

46 參見：吳昌鴻主編，《鱉溪生活圈》，經濟部水利署第九河川局出版，2019年。

47 參見：韓保中，《公民社會觀點之民主行政理論——以Denhardt新公共服務論為主軸》，台北：國立台灣大學政治學研究所博士論文，2006年，頁282。

48 夏鑄九，〈做為社會動力的社區與城市：全球化下對社區營造的一點理論上

的思考〉，《台灣社會研究季刊》第65期，2007年03月，頁237。

49 轉引自：David Harvey著，王志宏、徐苔玲譯，《寰宇主義與自由地理》，新北：群學出版社，2014年，頁265。

50 李永展，《永續國土・區域治理・社區營造：理論與實踐》，台北：詹氏書局，2012年。

51 按設立目的可分成四型：工作整合型、社區發展型、社會合作型、公益創投型。參見：林怡君，〈社會企業在台灣的發展與限制：以多元就業開發方案經濟型計畫為例〉，http://www.tri.org.tw/research/impdf/947.pdf。

52 李丁讚，〈公民農業與社會重建〉，《台灣社會研究季刊》第84期，2011年09月，頁431-464。

徵引書目

一、專書

(一) 中文專書

王銘銘，《社會人類學與中國研究》，北京：三聯書店，1997年a。
______，《社區的歷程：溪村漢人家族的個案研究》，天津：天津人民出版社，1997年b。
田代安定，《臺東殖民地豫察報文》，臺灣總督府民政部殖產課，1896年。
石萬壽，《台灣的拜壺民族》，台北：臺原出版社，1990年。
安倍明義，《臺灣地名研究》，台北：武陵出版，1940年。
江昱仁，《增修臺東縣史．觀光產業篇》，台東：台東縣政府，2018年。
池上鄉玉清宮管理委員會，《池上玉清宮沿革誌》，台東：池上鄉玉清宮管理委員會，1991年。
池上鄉公所，《池龍重返米鄉圓滿——2002～2009池上鄉公所施政專輯》，台東：池上鄉公所，2009年。
______，《安居池上》，台東：池上鄉公所，2018年。
吳文星總編纂，《關山鎮志（上）》，台東：關山鎮公所，2002年。
吳偉立，《血汗超商：連鎖加盟如何變成鏈鎖枷盟》，新北：群學出版社，2010年。
李永展，《永續國土．區域治理．社區營造：理論與實踐》，台北：詹氏書局，2012年。
李香誼，《看見池上，看見時代：在地的故事大家一起說》，台東：池上鄉公所，2015年。
李國銘，《族群、歷史與祭儀——平埔族研究論文集》，新北：稻鄉出版社，2004年。
周大鳴，《鳳凰村的變遷：《華南的鄉村生活》追蹤研究》，北京：社會科學文獻出版社，2006年。
林文彬，《臺灣的第三條路：社區營造政治學》，台北：博客思出版社，2015年再版。
林玉茹，《殖民地的邊區：東臺灣的政治經濟發展》，台北：遠流出版，2007

年。
______，《國策會社與殖民地邊區的改造：臺灣拓殖株式會社在東臺灣的經營（1937-1945）》，台北：中央研究院台灣史研究所，2011年。
林宗弘、洪敬舒等，《崩世代：財團化、貧窮化與少子女化的危機》，台北：台灣勞工陣線（群學經銷），2011年。
施添福，《關山鎮志（下）》，台東：關山鎮公所，2002年。
施添福總編纂，《臺東縣史．開拓篇》，台東：台東縣政府，1997年。
施添福總編纂、劉益昌編纂，《臺東縣史．史前篇》，台東：台東縣政府，2001年。
胡傳（清），《臺東州採訪修志冊》，台東：台東縣文獻委員會，1952年。
范雅鈞、林慧貞，《與時俱進：池上鄉農會發展史》，台東：池上鄉農會，2017年。
梁漱溟，《中國文化要義》，台北：正中書局，1974年。
夏黎明，《台灣地名辭書（卷三）台東縣》，南投：國史館台灣文獻館，1999年。
______，《鹿野鄉志》，台東：鹿野鄉公所，2007年。
夏黎明總編纂，《池上鄉志》，台東：池上鄉公所，2001年。
______，《池上鄉志》，台東：池上鄉公所，2001年，頁1039-1048。
徐重仁，《走一條利他的路：徐重仁的9堂共好見學課》，台北：寫樂文化，2017年。
國立臺東生活美學館，《日出臺東，縱谷文化景觀》，台東：國立臺東生活美學館，2011年。
張振岳，《臺灣後山風土誌》，台北：臺原出版社，1994年。
______，《後山西拉雅人物誌》，台北：常民文化出版，1996年。
張素玢，《台灣的日本農業移民（1909-1945）：以官營移民為中心》，台北：國史館，2001年。
張維安主持，《臺灣客家族群史．產經篇》，南投：台灣省文獻委員會，2000年。
張勝雄主編，《池上鄉辛未（民國八十）、庚辰（民國八十九）年慶成祈安圓醮專輯》，台東：池上鄉玉清宮管理委員會，2001年。
莊英章，《家族與婚姻：台灣北部兩個閩客村落之研究》，台北：中央研究院民族學研究所，1994年。
陳東升，《積體網路：臺灣高科技產業的社會學分析（增訂版）》，新北：群學，2008年。

陳弱水，《公共意識與中國文化》，台北：聯經出版，2005年。
曾旭正，《台灣的社區營造》，新北：遠足文化，2007年。
曾聖元，《臺東縣史．觀光篇》，台東：台東縣政府，2000年。
黃宣衛，《異族觀、地域性差別與歷史：阿美族研究論文集》，台北：中央研究院民族學研究所，2005年。
______，《國家、村落領袖與社會文化變遷：日治時期宜灣阿美族的例子》，台北：南天書局，2005年。
______，《共築蓬萊新樂園：一群池上人的故事》，台北：唐山出版社，2018年。
黃宣衛（主編兼作者）、劉芳主編，《國家、族群與基督宗教：西部苗族調查報告》，台北：唐山出版社，2016年。
黃宣衛、羅素玫，《臺東縣史．阿美族篇》，台東：台東縣政府，2001年。
黃瑞茂，《104年臺東縣文化景觀「池上萬安老田區」保存維護計畫》，台東：台東縣政府，2016年。
黃應貴，《新自由主義秩序下的地方社會（1999迄今）》，《「文明」之路》第三卷，台北：中央研究院民族學研究所，2012。
黃應貴、陳文德主編，《21世紀的地方社會：多重地方認同下的社群性與社會想像》，新北：群學出版社，2016年。
費孝通，《鄉土中國》，北京：中信出版集團，1974年。
楊弘任，《社區如何動起來？：黑珍珠之鄉的派系、在地師傅與社區總體營造（增訂版）》，新北：群學出版社，2007年（初版）；2014年（增訂版）。
溫紹炳、葉茂榮，《臺灣樟腦產業與客家人散佈研究》，台南：台南市客家文化協會，2003年。
臺灣總督官房臨時國勢調查部，《國勢調查結果中間報．臺東廳》，臺灣總督官房臨時國勢調查部，1932年。
臺灣總督府，《臺灣現住人口統計》，臺灣總督府，1937年。
趙川明，《臺東縣寺廟專輯》，台東：台東縣政府，1996年。
劉枝萬，《臺灣民間信仰論集》，台北：聯經出版，1983年。
劉亮佑、黃宣衛，〈第二章：從無名產業道路到著名觀光景點：伯朗大道的形成〉，《池上二十年蛻變史》，2017年，頁16-31，未出版。
潘英海、劉益昌合編，《1998平埔族群的區域研究論文集》，南投：台灣省文獻委員會，1998年。
潘繼道，《清代臺灣後山平埔族移民之研究》，台北：稻鄉出版社，2001年。
鄭全玄，《台東平原的移民拓墾與聚落》，台北：五南圖書出版，2002年。

賴昱錡，《Misakoliay kiso anini haw？你今天做苦力了嗎？：日治時代東台灣阿美人的勞動力釋出》，台東：東台灣研究會，2013年。

賴郁如、黃宣衛，〈第三章：池上米認證：池上米®的出現〉，《池上二十年蛻變史》，2017年，頁32-41，未出版。

謝國雄，《茶鄉社會誌——工資、政府與整體社會範疇》，台北：中央研究院社會學研究所，2010年。

魏榮增、谷栗英，《池上萬安社區：一個小村的成長故事》，台東：池上鄉萬安社區發展協會，2014年。

蘇昭英、蔡季勳主編，《臺灣社區總體營造的軌跡》，台北：行政院文化建設委員會，1999年。

(二) 中文譯著

（日）木下齊著，張佩瑩譯，《地方創生：小型城鎮、商店街、返鄉青年的創業10鐵則》，新北：不二家，2017年。

（日）門倉貴史著，龔婉如譯，《窮忙族：新貧階級時代的來臨》，台北：聯經出版，2008年。

（日）柄谷行人著，墨科譯，《邁向世界共和國》，台北：臺灣商務，2007年。

______，林暉鈞譯《倫理21》，台北：心靈工坊，2011年。

（日）若林正丈著，何義麟、陳添力譯，張炎憲審訂，《轉型期的台灣——脫內戰化的政治》，台北：故鄉出版社，1989年。

（日）湯淺誠著，蕭秋梅譯，《反貧困：逃出溜滑梯的社會》，台北：早安財經，2010年。

（英）Cresswell, Tim（1998）著，徐苔玲、王志弘譯，《地方：記憶、想像與認同》，新北：群學出版社，2006年。

（英）Dicken, Peter著，劉衛東譯，《全球性轉變：重塑21世紀的全球經濟地圖》，北京：商務印書館，2007年。

（英）Geertz, Clifford 著，方怡潔、郭彥君譯，《後事實追尋：兩個國家、四個十年、一位人類學家》，新北：群學出版社，2009年。

（英）Harvey, David 著，王志弘、徐苔玲譯，《寰宇主義與自由地理》，新北：群學出版社，2014年。

（英）Held, David et al.著，沈宗瑞、高少凡、許湘濤、陳淑鈴等譯，《全球化趨勢與衝擊：全球化對政治、經濟與文化的衝擊》，台北：韋伯，2007年。

（英）Wright, Erik Olin 著，黃克先譯，《真實烏托邦》，新北：群學出版社，2015年。

______，陳信宏譯，《如何在二十一世紀反對資本主義》，台北：春山出版，2020年。

(三) 外文專書

（英）G. Esping-Andersen, *The Three Worlds of Welfare Capitalism,* Princeton University Press, 1990.

（英）Jordan, David K., *Gods, Ghosts and Ancestors: The Folk Religion of a Taiwanese Village*, Berkeley: University of California Press, 1972.

（英）McMichael, P., *Development and Social Change: A Global Perspective,* California: SAGE, 2012.

（英）Pasternak, Burton, "Kinship and Community in Two Chinese Villages," California: Stanford University Press, 1972.

（英）Saso, Michael R., *Taoism and the Rite of Cosmic Renewal*, Pullman, Wash.: Washington State University Press, 1972.

（英）Touraine, Alain, *A New Paradigm for Understanding Today's World*, Cambridge: Polity Press, 2006.

二、論文

(一) 中文論文

中華民國社區營造學會秘書處，〈什麼是社區營造？〉，收入於《落地生根：台灣社區營造的理論與實踐》，台北：唐山出版社，2014年，頁1-4。

王培勳，〈我國社區發展工作之回顧〉，《社區發展季刊》第100期，2002年12月，頁44-60。

王本壯、藍忻怡〈社區營造3.0 政策規劃之芻議〉，收入於王本壯、藍忻怡主編，《社區X營造：政策規劃與理論實踐》，台北：唐山出版社，2016年，頁3-24。

王振寰、簡旭伸，〈發展研究概述：理論發展與研究方法〉，收入於王振寰、簡旭伸主編，《發展研究與當代臺灣社會》，台北：巨流出版社，2016年，頁1-27。

王鴻濬、王翠菱、洪嘉瑜，〈花東地區產業：六級化合作事業發展〉，《國土及公共治理季刊》第4卷第2期，2016年06月，頁22-35。

田畠真弓、莊致嘉，〈引進技術的過程和發展結果：比較台灣與日本液晶面板產業〉，《台灣社會學》第20期，2010年12月，頁145-184。

江瑞拱，〈臺灣良質米栽培現況與挑戰〉，收入於常玉強等編，《臺灣米產銷及

經營技術研討會專刊》，台北：行政院農業委員會，2005年，頁53-65。
吳文星總編纂，〈第一章　政事篇·第三節　社會團體〉，收入於吳文星總編纂，《關山鎮志（上冊）》，台東：關山鎮公所，2002年，頁103-130。
吳清吉，〈池上鄉良質米發展的歷程成果與展望〉，《臺東區農業專訊》第18期，1996年12月，頁16-17。
呂欣怡，〈地方文化的再創造：從社區總體營造到社區文化產業〉，收入於林淑蓉、陳中民、陳瑪玲主編，《重讀臺灣：人類學的視野——百年人類學回顧與展望》，新竹：清華大學出版社，2014年，頁253-280。
呂建德，〈從福利國家到競爭式國家？：全球化與福利國家的危機〉，《台灣社會學》第2期，2001年12月，頁263-313。
李丁讚，〈公民農業與社會重建〉，《台灣社會研究季刊》第84期，2011年09月，頁431-464。
______，〈社區營造與公民社會〉，收入於王本壯等著，《落地生根：台灣社區營造的理論與實踐》，台北：唐山出版社，2014年，頁19-39。
______，〈導言：農業人文的誕生〉，《文化研究期刊》第22期，2016年09月30日。
李文良，〈林野整理事業與東臺灣土地所有權之成立形態（1910-1925）〉，《東台灣研究》第2期，1997年12月01日，頁169-195。
李永展，〈全球時代下的台灣社區營造〉，收入於李永展著，《永續國土·區域治理·社區營造：理論與實踐》，台北：詹氏書局，2012年，頁95-106。
______，〈社區組織運作〉，收入於王本壯等著，《落地生根：台灣社區營造的理論與實踐》，台北：唐山出版社，2014年。
______，〈社區營造與韌性社會之鏈結〉，收入於王本壯、藍忻怡主編，《社區X營造：政策規劃與理論實踐》，台北：唐山出版社，2016年，頁89-113。
李宜憲，〈日治時期阿美族之水稻種植下的社會變貌〉，《國立政治大學民族學報》第29期，2011年08月，頁25-46。
李國祁，〈清代臺灣社會的轉型〉，《中華學報》第5卷第2期，1978年07月，頁131-159。
李豐楙，〈臺灣慶成醮與民間廟會文化——一個非常觀狂文化的休閒論〉，收入於漢學研究中心編輯，《寺廟與民間文化研討會論文集（上冊）》，台北：漢學研究中心，1995年，頁41-64。
李麗梅、鄭萃群，〈1980年西貢蠔涌太平清醮考察報告〉，收入於蔡志祥、韋錦新編，《延續與變革：香港社區建醮傳統的民族誌》，香港：香港中文大學出版社，2014年，頁141-166。

杜發庭，〈人民團體〉，收入於花蓮縣富里鄉公所主編，《富里鄉誌（中卷）》，花蓮：富里鄉公所，2005年，頁841-848。
周志龍，〈臺灣區域發展與縣市跨域整合治理之實踐：國土規劃觀點〉，《國土及公共治理季刊》第2卷第4期，2014年，頁9-25。
周芳怡，〈社區總體營造運動20年之回顧與展望〉，收入於王本壯、藍忻怡主編，《社區X營造：政策規劃與理論實踐》，台北：唐山出版社，2016年，頁47-68。
林玉茹，〈第一章　沿革〉，收入於施添福總編纂，《臺東縣史．地理篇》，台東：台東縣政府，1999年，頁11-52。
______，〈國策會社的邊區開發機制：戰時臺灣拓殖株式會社在東臺灣的經營管理系統〉，《臺灣史研究》第9卷第1期，2002年06月01日，頁1-54。
______，〈國家與企業同構下的殖民地邊區開發：戰時「臺拓」在東臺灣的農林栽培業〉，《臺灣史研究》第10卷1期，2003年06月01日，頁85-139。
______，〈軍需產業與邊區政策：臺拓在東臺灣移民事業的轉向〉，《臺灣史研究》第15卷1期，2008年03月01日，頁81-129。
林秀幸，〈新港社區運動：從文化的象徵圖譜裡尋找社會運動的軌跡〉，收入於何明修、林秀幸主編，《社會運動的年代：晚近二十年來的台灣行動主義》，新北：群學出版社，2011年，頁363-398。
林美容，〈中國親屬稱謂的語形擴展與語意延展〉，《中央研究院民族學研究所集刊》第52期，1981年09月，頁33-114。
______，〈由祭祀圈來看草屯鎮的地方組織〉，《中央研究院民族學研究所集刊》第62期，1987年12月，頁53-114。
______，〈從祭祀圈來看臺灣民間信仰的社會面〉，《臺灣風物》第37卷4期，1987年12月，頁143-168。
______，〈彰化媽祖的信仰圈〉，《中央研究院民族學研究所集刊》第68期，1990年06月，頁41-104。
林瑋嬪，〈漢人「親屬」概念重探：以一個台灣西南農村為例〉，《中央研究院民族學研究所集刊》第90期，2001年12月，頁1-38。
施振民，〈祭祀圈與社會組織——彰化平原聚落發展模式的探討〉，《中央研究院民族學研究所集刊》第36期，1973年09月，頁191-206。
施添福，〈日治時代臺灣地域社會的空間結構及其發展機制——以民雄地方為例〉，《臺灣史研究》第8卷1期，2001年10月01日，頁1-39。
______，〈日本殖民主義下的東部臺灣：第二臺灣的論述〉，收入於《臺灣社會經濟史國際學術研討會——慶祝王世慶先生七五華誕》，台北：中央研究院

台灣史研究所籌備處，2003年，頁1-47。
科大衛，〈國家與禮儀：宋至清中葉珠江三角洲地方社會的國家認同〉，《中山大學學報（社會科學版）》第39卷第5期，1999年，頁65-72。
科大衛、劉志偉，〈「標準化」還是「正統化」？——從民間信仰與禮儀看中國文化的大一統〉，《歷史人類學學刊》第6卷1、2期合刊，2008年10月，頁1-21。
范郁文，〈榮民成為農民：退輔會農場的歷史分析（1954-1980）〉，《中央研究院近代史研究所集刊》第60期，2008年06月，頁127-168。
柯于璋，〈社區主義治理模式之理論與實踐——兼論台灣地區社區政策〉，《公共行政學報》第16期，2005年09月，頁33-57。
唐曉濤，〈三界神形象的演變與明清西江中游地域社會的轉型〉，《歷史人類學學刊》第6卷1、2期合刊，2008年10月，頁67-109。
夏黎明，〈池上平原文化景觀的空間過程：土地、社群與國家的論述〉，《東台灣研究》第4期，1999年12月，頁159-191。
______，〈國家支配、個人遭逢與池上平原三個外省榮民的地方認同〉，《東台灣研究》第7期，2002年12月，頁45-66。
______，〈宗教、社群與地方：台東池上與成功的比較研究〉，收入於夏黎明主編，《邊陲社會及其主體性論文集》，台東：東台灣研究會，2005年，頁107-141。
______，〈東台灣邊界：歷史、社會建構與地理想像〉，《東台灣研究》第16期，2011年，頁3-26。
夏黎明、林玉茹、黃宣衛，〈差距與差異：國家內部次區域發展議題〉，收入於王振寰、簡旭伸主編，《發展研究與當代臺灣社會》，台北：巨流出版社，2016年，頁103-129。
夏鑄九，〈做為社會動力的社區與城市：全球化下對社區營造的一點理論上的思考〉，《台灣社會研究季刊》第65期，2007年03月，頁227-247。
容邵武，〈社區的界限：權利與文化的研究——台中東勢的個案分析〉，《考古人類學刊》第62期，2004年06月，頁93-121。
翁嘉禧，〈台灣經濟發展路向的解析〉，《興大歷史學報》13期，2004年10月，頁221-243。
康培德，〈族群、歷史與地域社會：「地域」一詞的理解與討論〉，收入於詹素娟主編，《族群、歷史與地域社會：施添福教授榮退論文集》，台北：中央研究院台灣史研究所，2011年，頁353-371。
張小軍，〈歷史的人類學化和人類學的歷史化——兼論被史學「搶註」的歷史人

類學〉，《歷史人類學學刊》第1期，2003年04月，頁1-28。

張正衡，〈根莖狀的社區：新自由主義下的日本地方社會〉，收入於黃應貴、陳文德主編，《21世紀的地方社會：多重地方認同下的社群性與社會想像》，新北：群學出版社，2016年，頁47-100。

張振岳，〈第二篇　醮祭記實〉，收入於張勝雄主編，《池上鄉辛未（民國八十）、庚辰（民國八十九）年慶成祈安圓醮專輯》，台東：池上鄉玉清宮管理委員會，2001年，頁54-128。

______，〈第八篇　宗教·第五章　民間信仰〉，收入於夏黎明總編纂，《池上鄉志》，台東：池上鄉公所，2001年，頁763-778。

張振岳、黃學堂、黃宣衛，〈從宗教層面看池上地區的族群互動〉，《中央研究院民族學研究所資料彙編》第22期，2012年03月，頁19-78。

張珣，〈祭祀圈研究的反省與後祭祀圈時代的來臨〉，《考古人類學刊》第58期，2002年06月，頁78-111。

張堯城，〈第三篇　原住民·第一章　平埔族〉，收入於夏黎明總編纂，《池上鄉志》，台東：池上鄉公所，2001年a，頁258-341。

______，〈第一篇　地方〉，收入於張勝雄主編，《池上鄉辛未（民國八十）、庚辰（民國八十九）年慶成祈安圓醮專輯》，台東：池上鄉玉清宮管理委員會，2001年b，頁22-53。

張維安，〈產業經濟篇〉，收入於徐正光主編，《臺灣客家研究概論》，台北：行政院客家委員會、台灣客家研究學會合作出版，2007年，頁132-151。

張勝雄，〈人物篇·徐連春〉，收入於孟祥瀚總編纂，《增修臺東縣史》，台東：台東縣政府，2018年。

許嘉明，〈彰化平原福佬客的地域組織〉，《中央研究院民族學研究所集刊》第36期，1973年09月，頁165-190。

陳孔立，〈清代臺灣社會發展的模式問題——評「土著化」和「內地化」的爭論〉，收入於陳孔立編，《臺灣研究十年》，台北：博遠出版社，1991年，頁371-408。

陳其南，〈第六章　清代漢人社會的轉型〉，收入於陳其南，《臺灣的傳統中國社會》，台北：允晨文化，1987年，頁151-180。

______，〈社造思想的一些理論性的回顧〉，收入於王本壯等著，《落地生根：台灣社區營造的理論與實踐》，台北：唐山出版社，2014年，頁211-219。

陳東升，〈社群治理與社會創新〉，《臺灣社會學刊》第49期，2012年06月01日，頁1-40。

陳春榮，〈第三篇　原住民·第二章　阿美族〉，收入於夏黎明總編纂，《池上

鄉志》，台東：池上鄉公所，2001年，頁259-280。
陳春聲，〈信仰空間與社區歷史的演變——以樟林的神廟系統為例〉，《清史研究》第2期，1999年02月，頁1-13。
______，〈正統性、地方化與文化的創制——潮州民間神信仰的象徵與歷史意義〉，《史學月刊》第1期，2001年，頁123-133。
______，〈明末東南沿海社會重建與鄉紳之角色〉，《中山大學學報（社會科學版）》第42卷第4期，2002年，頁35-43。
陳孫華，〈第二篇：開發〉，《池上鄉志》，台東：池上鄉公所，2001年。
陳欽春，〈社區主義在當代治理模式中的定位與展望〉，《中國行政評論》第10卷第1期，2000年12月，頁183-213。
陳麗華，〈從忠義亭到忠義祠——臺灣六堆客家地域社會的演變〉，《歷史人類學學刊》第6卷1、2期合刊，2008年10月，頁147-171。
莊英章，〈臺灣漢人宗族發展的若干問題——寺廟宗祠與竹山的墾殖型態〉，《中央研究院民族學研究所集刊》第36期，1973年09月，頁113-140。
曾旭正，〈從社區發展到社區營造〉，收入於王本壯等著，《落地生根：台灣社區營造的理論與實踐》，台北：唐山出版社，2014年，頁5-18。
______，〈公部門如何整合推動社區協力政策〉，收入於王本壯、藍忻怡主編，《社區X營造：政策規劃與理論實踐》，台北：唐山出版社，2016年，頁25-46。
賀喜，〈土酋歸附的傳說與華南宗族社會的創造——以高州冼夫人信仰為中心的考察〉，《歷史人類學學刊》第6卷1、2期合刊，2008年10月，頁23-66。
黃志繁，〈二十世紀華南農村社會史研究〉，《中國農史》第1期，2005年01月，頁116-126。
黃協源、劉素珍、蕭文高等，〈英國社區新政對台灣社區工作的啟示與借鏡：社區治理觀點的分析〉，《台大社會工作學刊》第23期，2011年06月，頁1-46。
黃宣衛，〈傳統社會與西洋宗教：三個臺灣高山族的例子〉，《思與言》第18卷第1期，1980年05月，頁101-115。
______，〈奇美村阿美族的宗教變遷〉，收入於瞿海源、章英華主編，《台灣社會與文化變遷（下）》，中央研究院民族學研究所專刊乙種第十六號，台北：中央研究院民族學研究所，1986年，頁401-441。
______，〈「語言是文化的本質嗎？」——從認知人類學的發展談起〉，《考古人類學刊》第53期，1998年09月，頁81-104。
______，〈國家力量、區域形態與聚落性質：再談阿美族文化的地域性差別〉，

收入於陳文德、黃應貴主編，《「社群」研究的省思》，台北：中央研究院民族學研究所，2002年，頁227-263。
______，〈語言、社會生活與田野工作──Maurice Bloch從認知人類學角度所做的一些觀察〉，《考古人類學刊》第62期，2005年06月，頁122-135。
______，〈心靈、學習與文化傳承：認知人類學最近發展的一些觀察〉，《思與言》第45卷4期，2007年12月，頁179-200。
______，〈從認知角度探討族群：評介五位學者的相關研究〉，《臺灣人類學刊》第8卷2期，2010年06月，頁113-136。
______，〈東臺灣西拉雅祀壺的隱沒與再興──臺東縣池上鄉的初步觀察〉，《臺東文獻復刊》第18期，2012年12月，頁3-21。
______，〈弱者的抵抗、現世的幸福與來世的救贖──兩個阿美族聚落早期接受基督宗教的初步比較〉，《宗教人類學第六輯》，2015年，頁259-284。（本文另刊於《層巒疊翠一甲子──中央研究院民族學研究所同仁自選集》）。
黃秋蘭、江瑞拱，〈台東良質米生產與輔導〉，《臺東區農業專訊》第35期，2001a年03月，頁10-13。
______，〈加入WTO台東稻米產業因應對策〉，《臺東區農業專訊》第38期，2001b年12月，頁2-6。
黃唯玲，〈日治時期「平地蕃人」的出現及其法律上待遇（1895-1937）〉，《臺灣史研究》第19卷2期，2012年06月01日，頁99-150。
黃肇新，〈半世紀社區政策與國家發展〉，《社區發展季刊》第154期，2016年06月，頁165-170。
黃學堂、黃宣衛，〈台東縣客家族群之分布及其社會文化特色〉，《東台灣研究》第14期，2010年02月，頁89-150。
黃學堂、黃宣衛，〈池上阿美與客家的互動──以大坡林氏家族婚姻方式為中心的探討〉，收入於張維安、連瑞枝編，《族群．社會與歷史：莊英章教授榮退學術研討會論文集（上）》，新竹：國立交通大學出版社，2015年，頁267-307。
黃學堂、黃宣衛、吳佩瑾，〈從國家政策與產業變遷探討池上的客家移民社會〉，《臺灣風物》第68卷4期，2018年12月，頁17-68。
黃應貴，〈農業機械化：一個臺灣中部農村的人類學研究〉，《中央研究院民族學研究所集刊》第46期，1978年09月，頁31-76。
______，〈光復後臺灣地區人類學研究的發展〉，《中央研究院民族學研究所集刊》第55期，1984年06月，頁105-146。
華若璧（Rubie S. Watson），〈中國宗族的創立：廈村鄧氏（1668-1751）〉，收

入於華琛、華若璧著，《鄉土香港：新界的政治、性別及禮儀》，香港：香港中文大學出版社，2011年，頁15-40。

蔡文輝，〈中國家庭制度之演變〉，《思與言》第2卷第1期，1964年05月，頁11-19。

劉立偉，〈社區營造的反思：城鄉差異的考量、都市發展的觀點、以及由下而上的理念探討〉，《都市與計劃》第35卷4期，2008年12月01日，頁313-338。

劉志偉，〈國際農糧體制與國民飲食：戰後臺灣麵食的政治經濟學〉，《中國飲食文化》第7卷第1期，2011年01月01日，頁1-59。

劉亮佑，〈稻景、品質與文化景觀：池上慣行與有機稻業的交織政治〉，《東台灣研究》第24期，2017年02月，頁43-84。

劉益昌，〈台灣地區重要考古遺址圖說：公埔遺址〉，《田野考古》第3卷第1期，1992年06月，頁63-66。

潘繼道，〈日治初期日本人記錄與踏查下的奇萊地區原住民族概況（1896-1910）〉，收入於吳冠宏主編，《花蓮學——第一屆學術研討會論文集》，花蓮：花蓮縣文化局，2007年，頁183-215。

______，〈清光緒初年臺灣後山中路的「烏漏事件」〉，收入於《「楊南郡先生及其同世代臺灣原住民研究與臺灣登山史」國際學術研討會論文集》，花蓮：東華大學原住民民族學院、東華大學原住民族發展中心主辦，2010年11月6-7日。

鄧耀宗，〈台灣稻作之回顧與展望〉，《高雄區農業改良場研究彙報》第14卷第3期，2003年12月，頁1-23。

鄭振滿，〈中國家族史研究——歷史學與人類學的不同視野〉，《廈門大學學報（哲社版）》第4期，1991年04月，頁120-127。

蕭春生，〈第一篇　第一、二、三章〉，收入於夏黎明總編纂，《池上鄉志》，台東：池上鄉公所，2001年，頁9-63。

蕭鳳霞、劉志偉，〈宗族、市場、盜寇與蛋民——明以後珠江三角洲的族群與社會〉，《中國社會經濟史研究》第3期，2004年，頁1-13。

鍾淑敏，〈政商與日治時期東臺灣的開發——以賀田金三郎為中心的考察〉，《臺灣史研究》第11卷第1期，2004年6月，頁79-116。

謝曉輝，〈苗疆的開發與地方神祇的重塑——兼與蘇棠棣討論白帝天王傳說變遷的歷史情境〉，《歷史人類學學刊》第6卷1、2期合刊，2008年10月，頁111-146。

賴郁如，〈社區營造與基層行政機關：池上社區工作的觀察〉，《臺灣文獻季刊》第70卷第1期，2019年03月，頁196-223。

簡淑瑩，〈第四篇　漢族〉，收入於夏黎明總編纂，《池上鄉志》，台東：池上鄉公所，2001年，頁297-340。
簡淑瑩、黃宣衛，〈台東縣池上鄉的元宵節祈福平安遶境〉，《田野與文獻》第84期，2016年7月，頁11-14。
藍忻怡，〈導讀：一段創新且影響深遠的社會轉型歷程〉，收入於王本壯、藍忻怡主編，《社區X營造：政策規劃與理論實踐》，台北：唐山出版社，2016年，頁i-v。
羅烈師，〈宗教信仰篇〉，收入於徐正光主編，《臺灣客家研究概論》，臺北：行政院客家委員會、台灣客家研究學會合作出版，2006年，頁179-201。
蘇麗瓊、田基武，〈「新故鄉社區營造計畫」與「社區營造條例草案」的介紹〉，《社區發展季刊》第107期，2004年09月，頁5-21。

(二)外文論文

作者不詳，〈新竹州支部通信〉，《臺灣地方行政》第3期第12卷，1937年12月，頁112-114。
______，〈昭和十二年新設街庄第二回總選舉結果調〉，《臺灣地方行政》第7期第12卷，1941年12月，頁106-108。
Cohen, Myron L., "Developmental Process in the Chinese Domestic Group," Maurice Freedman ed. *Family and Kinship in Chinese Society*, Stanford: Stanford University Press, 1970, pp. 21-36.
Comaroff, Jean and John Comaroff, "Millennial Capitalism: First Thoughts on a Second Coming." *Public Culture*, 12.2(2000): 291-343.
Huang, Shiun-wey, "'Times' and Images of Others in an Amis Village, Taiwan." *Time and Society* 13.2&3(2004): 321-337.
______, "Deprivation, Compensation and Religion: The Rise and Fall of Jehovah's Witnesses in Han Chinese Dominant Chishang Township."*Eastern Taiwan. Studies in World Christianity* 23.2(2017): 141-161.
Michael Saso, "Lu Shan, Ling Shan, and Mao Shan: Taoist Fraternities and Rivalries in North Taiwan."，《中央研究院民族學研究所集刊》第34期，1972年秋季。
Moulaert, F., Flavia, M., Erik, S. & Gonzalez S., "Towards Alternative Model(s) of Local Innovation." *Urban Studies* 42.11(2005): 1969-1990.
Schipper, Kristofer. "Vernacular and Classical Ritual in Taoism." *Journal of Asian Studies* 45.1(1985): 21-57.
Skocpol, T., "How Americans Become Civil", in Scopol, T. & M. P. Fiorina (eds.), *Civil*

Engagement in American Democracy, 1999, pp: 27-80.

Yang, Lien-sheng, "The Concept of 'Pao' as Basis for Social Relations in China," in J. K. Fairbank ed. *Chines Thought and Institutions*, Chicago: University of Chicago Press, 1957, pp: 291-309.

三、畢業論文

何玉雲，《池上平原的土地利用與農業經營》，台北：國立台灣師範大學地理學系碩士論文，1996年。

吳姝芳，《社區總體營造對地方發展之影響──以台東縣池上鄉福原、萬安社區為例》，台東：國立台東大學區域政策與發展研究所碩士論文，2009年。

吳書維，《台灣農產品地區品牌發展關鍵成功因素之探討》，台北：國立台灣科技大學科技管理研究所碩士論文，2012年。

林佩樺，《臺灣東部客家分布研究：以臺東縣為例》，高雄：國立高雄師範大學客家文化研究所碩士論文，2011年。

林聖欽，《花東縱谷中段的土地開發與聚落發展（1800-1945）》，台北：國立台灣師範大學地理研究所碩士論文，1995年。

徐麗鳳，《台東縣立池上國民中學發展過程之研究》，台東：國立台東大學教育學系碩士論文，2008年。

萬毓澤，《新自由主義全球化的起源與矛盾：批判實在論的馬克思主義觀點》，台北：國立台灣大學社會學研究所碩士論文，2005年。

黃大勝，《地方場域神聖性的建構：以馬鳴山鎮安宮祭祀圈為例》，嘉義：私立南華大學環境與藝術研究所碩士論文，2007年。

黃麗玲，《新國家建構過程中社區角色的轉變：「生命共同體」之論述分析》，台北：國立台灣大學建築與城鄉研究所碩士論文，1995年。

劉育成，《池上米在地品牌個案研究》，花蓮：國立東華大學公共行政研究所碩士論文，2009年。

劉亮佑，《自由的兩難：臺東池上慣行與有機稻作的交織政治（1984-2016）》，新竹：交通大學人文社會學系暨族群與文化碩士班碩士論文，2014年。

賴榮盛，《WTO與稻米產業競爭力研究：以臺東縣池上鄉池上米為例》，台東：國立台東大學區域政策與發展研究所碩士論文，2007年。

鍾怡婷，《台灣稻米品質與品味的轉變》，台北：國立台灣大學生物產業傳播暨發展學研究所博士論文，2013年。

韓保中，《公民社會觀點之民主行政理論──以Denhardt新公共服務論為主軸》，台北：國立台灣大學政治學研究所博士論文，2006年。

四、會議論文

施添福，〈地域社會與警察官空間：以日治時代關山地方為例〉，發表於「東臺灣鄉土文化學術研討會」，國立台東大學師範學院，2000年10月6-7日。

黃宣衛，〈多元宗教下的東台灣——以台東縣池上鄉為例〉，發表於「第三屆中國宗教人類學論壇」，蘭州大學：中國社科院世界宗教研究所、蘭州大學民族學院合辦，2013年9月19-22日。

______，“The Development of Christianity Under the Domination of Han Culture: An Example of Chihshang, Taitung”，發表於「2014太平洋歷史學會雙年會：從台灣到大洋之路——太平洋與亞洲歷史之再現與重繫」，2014年12月3-6日。

黃學堂、黃宣衛，〈池上阿美與客家的互動——以大坡林氏家族婚姻方式為中心的探討〉，發表於莊英章教授榮退學術研討會「族群、社會與歷史：臺灣在地研究的實踐與開展」，新竹縣竹北市國立交通大學客家文化學院國際會議廳：國立中央大學客家學院，2013年06月26-27日。

五、網路資訊

文化部，〈社區營造三期及村落文化發展計畫〉，《文化部》網站，http://www.moc.gov.tw/information_302_45992.html（20170913瀏覽）。

文化部文化資產局，〈池上新開園老田區〉，《國家文化資產網》網站，https://nchdb.boch.gov.tw/assets/overview/culturalLandscape/20140530000007（20191018瀏覽）。

台東縣池上鄉公所，〈池上米介紹－池上米四大保證〉，《池上鄉農畜業服導推廣網》網站，http://atp.cs.gov.tw/rguarantee.php（20170322瀏覽）。

台灣濕地網，〈大坡池濕地：重新尋回魚米豐美的伊甸園〉，《台灣濕地網》網站，http://wetland.e-info.org.tw/file/east/773。

台東縣政府主計處網站，https://ebas1.ebas.gov.tw/pxweb2007P/Dialog/Statfile9y.asp?strCC=14。

行政院農業委員會，〈農業統計要覽（106年）〉，《行政院農業委員會》網站，http://agrstat.coa.gov.tw/sdweb/public/book/Book.aspx（20190902瀏覽）。

行政院環境保護署，〈本署簡介〉，《行政院環境保護署》網站，https://www.epa.gov.tw/Page/8FC0D10E3EF3C50E。

作者不詳，〈保育機關與組織——各地民間社團〉，《許嘉恩的台灣自然保育》網站，http://www1.geo.ntnu.edu.tw/jiaen/2-2.htm。

作者不詳，〈黑潮宗旨〉，《黑潮海洋文教基金會》網站，http://www.kuroshio.

org.tw/newsite/article02.php?class_item_id=107。
林怡君，〈社會企業在臺灣的發展與限制——以多元就業開發方案經濟型計畫為例〉，《臺灣綜合研究院》網站，http://www.tri.org.tw/research/impdf/947.pdf。
財團法人國際美育自然生態基金會，〈MOA自然農法〉，《財團法人國際美育自然生態基金會》網站，http://www.moa.org.tw/33258289823678627861.html（20170325瀏覽）。
黃宣衛，〈池上地牛館與客家校長張勝雄〉，國立中央大學客家學院電子報，第342期，20200201出刊。
黃宣衛，〈連結苗栗與臺東的蠶桑業：池上蠶桑場與前場長黃燦琪〉，國立中央大學客家學院電子報，第350期，20200601出刊。
國家重要濕地保育計畫，http://wetlandtw.tcd.gov.tw/wetlandweb/wetland.php?id=205（20170915瀏覽）。
曾旭正，〈行政社造化——讓區公所成為社造中心〉，https://enews.url.com.tw/cesroc/75735（20170915瀏覽）。
經濟部智慧財產局，〈民國93年發布地理標示申請證明標章註冊作業要點〉，《經濟部智慧財產局》網站，https://www1.tipo.gov.tw/ct.asp?xitem=285196&ctnode=7051&mp=1（20170319瀏覽）。
______，〈我國商標法有關地理標示的保護規定如何？〉，《經濟部智慧財產局》網站，https://topic.tipo.gov.tw/trademarks-tw/cp-508-859040-01756-201.html（20170319瀏覽）。
______，〈什麼是產地證明標章？〉，《經濟部智慧財產局》網站，https://topic.tipo.gov.tw/trademarks-tw/cp-508-859044-26dd2-201.html（20170319瀏覽）。
______，〈產地證明標章－池上米　池上鄉 CHIH SHANG TOWNSHIP及圖〉，《經濟部智慧財產局》網站，https://topic.tipo.gov.tw/trademarks-tw/cp-589-861145-0e02e-201.html（20170324瀏覽）。
______，〈產地證明標章－池上米〉，《經濟部智慧財產局》網站，https://topic.tipo.gov.tw/trademarks-tw/cp-589-861146-0cfcd-201.html（20170324瀏覽）。
農村再生歷程網，https://ep.swcb.gov.tw/ep/Search.aspx（20170910瀏覽）。
維基百科，〈臺灣環境運動〉，《維基百科》網站，https://zh.wikipedia.org/wiki/臺灣環境運動。

六、報紙與一般雜誌

王思慧，〈做伙來呷飯！國產米食嘉年華周末總統府前登場〉，《中時電

子報》，2019年02月15日，https://www.chinatimes.com/realtimenews/20190215001897-260405?chdtv（20200201瀏覽）。
江昺崙，〈鬼王對決白米炸彈客：台灣農業辯論〉，《端傳媒》，2016年04月19日，https://theinitium.com/article/20160419-opinion-bingjiang-farming/（20190803瀏覽）。
辛啟松、林秀麗、林盈凱、李誠偉，〈池上米申請專利　稻協抵制〉，《中國時報》，第6版，2002年11月15日。
林倖妃，〈稻米出口破紀錄，真相卻是愈賣賠愈多〉，《天下雜誌》，2019年02月21日，https://www.cw.com.tw/article/article.action?id=5094062（20190804瀏覽）。
林靜雯，〈日暉Villa落腳台東　鄭越才用美麗傳承下一代〉，《理財周刊》，第501期，2010年04月01日。
彭宣雅，〈公糧爆倉每年收購耗資百億　學者籲檢討〉，《聯合晚報》，2019年04月24日，https://udn.com/news/story/7314/3774128（20190802瀏覽）。
黃聰明，〈日暉池上國際渡假村7日開幕　鄭董：這裡是夢想的入口等待大家來實現願望〉，《更生日報》，2008年06月03日。
_____，〈董事長鄭越才：日暉已成明珠　在東部閃耀〉，《更生日報》，2008年12月31日。
羅之瑩，〈蔣勳駐村・提煉池上藝術派〉，《天下雜誌》第574期，2015年6月10日。

七、法規與公文

台東縣池上鄉公所函，〈發文字號：池鄉農字第0920008258號〉，受文者：台東縣池上鄉池潭源流協進會，2003年10月28日。
_____，〈發文字號：池鄉農字第0930007080號〉，受文者：台東縣池上鄉池潭源流協進會，2004年8月24日。
_____，〈發文字號：池鄉農字第0930009211號〉，受文者：台東縣政府，2004年11月4日。
行政院經濟建設委員會，《花東地區發展條例》，2012年。
池上鄉公所
_____，《台東縣池上鄉鄉徽使用辦法》，2003年a。
_____，《台東縣池上鄉鄉徽使用辦法「農產類-稻米」執行要點》，2003年b。
_____，《台東縣池上鄉公所「池上米」註冊證明標章使用管理規範》，2004.09.12版草案。

______，《台東縣池上鄉公所「池上米」註冊證明標章使用執行要點》，2015年。
______，《臺東縣池上鄉地景維護津貼濟助自治條例》，2019年。
池潭源流協進會
______，《池潭源流協進會「池上米」認證標章管理規範》，2003年a。
______，《台東縣池上鄉池潭源流協進會「池上米」認證標章執行計畫》，2003年b。
______，《池上米認證標章教育訓練研討會手冊》（第一梯次），2003年c。
______，《池上米認證標章教育訓練研討會手冊》（第四梯次），2003年d。
監察院函，〈發文字號：（九三）院台業貳字第0930707617號〉，受文者：台東縣池上鄉池潭源流協進會，2004年9月16日。

八、其他

池上鄉公所，《100年度國家重要濕地保育行動計畫——池上鄉大坡池濕地生態保育及教育推廣計畫期末報告》，台東：池上鄉公所出版，2011年。
______，《102年度國家重要濕地保育行動計畫——池上鄉大坡池國家重要濕地重要保育行動計畫成果報告書》，台東：池上鄉公所出版，2013年。
______，《池上鄉大坡池濕地生態保育暨教育推廣計畫期末報告》，台東：池上鄉公所出版，2015年。
______，〈池上遊客問卷調查分析統計（PPT簡報資料）〉，池上鄉公所提供，2017年。
吳昌鴻主編，《鱉溪生活圈》，經濟部水利署第九河川局出版，2019年。
國立東華大學，《103年度「花東地區產業6級化發展輔導」委託辦理計畫案期末報告書》（未出版），2016。

左岸｜人類學 331

成為池上

地方的可能性

作　　者　黃宣衛

總 編 輯　黃秀如
責任編輯　孫德齡
企劃行銷　蔡竣宇
校　　對　文　雅
封面設計　陳恩安
電腦排版　宸遠彩藝

社　　長　郭重興
發 行 人　曾大福
出　　版　左岸文化／遠足文化事業股份有限公司
發　　行　遠足文化事業股份有限公司
地　　址　23141新北市新店區民權路108-2號9樓
電　　話　02-2218-1417
傳　　真　02-2218-8057
客服專線　0800-221-029
E-Mail　rivegauche2002@gmail.com
左岸臉書　https://www.facebook.com/RiveGauchePublishingHouse/
團購專線　讀書共和國業務部　02-2218-1417分機1124、1135

法律顧問　華洋法律事務所　蘇文生律師
印　　刷　成陽印刷股份有限公司
初版一刷　2022年04月
初版三刷　2022年12月
定　　價　450元
ISBN　9786269564682（平裝）
　　　9786269588503（EPUB）
　　　9786269564699（PDF）

本書地圖資料來源：中研院人社中心GIS專題中心「秀姑巒溪流域百年歷史地圖」
網址：http://gissrv4.sinica.edu.tw/gis/xiuguluan-river.html

國家圖書館出版品預行編目資料

成為池上：
地方的可能性

黃宣衛作.
-- 初版. -- 新北市：左岸文化出版：遠足文化事業有限公司發行, 2022.04
面 ; 14.8 x 21公分（左岸人類學；331）

ISBN 978-626-95646-8-2（平裝）

1. 歷史　2. 地方發展　3. 社區總體營造　4. 臺東縣池上鄉

733.9/139.9/109.2　　111002906